基於不同放貸主體的供應鏈金融風險控制研究

蘇應生 編著

財經錢線

前　言

　　應收帳款是流動資產，它不像固定資產那麼好監管。換句話來說，金融機構必須做出相應的制度安排來規避其中的風險。從 2002 年開始，深圳發展銀行（現更名為平安銀行）提出了供應鏈金融的「深發展模式」，即「把供應鏈上的相關企業作為一個整體，根據交易中構成的鏈條關係和行業特點設定融資方案，將資金有效注入處於相對弱勢的中小企業，並為大型企業提供資金理財服務，從而解決供應鏈中資金分配的不平衡問題，並提升整個供應鏈的企業群體競爭力」。然而，供應鏈融資作為一種新的融資模式，包含著供應鏈參與者之間錯綜複雜的財務關係，這與一般的企業融資有很大的不同。因此，供應鏈融資的風險與風險管理有其自身的特點和難點（見第一章第三節）。如果不從技術上突破風險控制的難點，金融機構要麼為了規避風險不願發展供應鏈金融模式，要麼索取較高的風險酬金導致中小企業出現「融資貴」的情況。

　　從本質上來說，風險是不確定性的度量。信息的不對稱和市場環境變化都會造成不確定性的增加。如何應對信息不對稱可能造成的「逆向選擇」和「道德風險」，如何在制定決策時充分考慮需求的不確定，這些都是供應鏈金融風險控制需要考慮的問題。

　　本書從研究的視角討論供應鏈金融風險控制的契約設計，對供應鏈金融風險控制是從四種類型的金融機構視角來研究的：從商業銀行的視角研究供應鏈金融保兌倉融資模式的風險控制，從保理公司的視角研究供應鏈金融雙保理融資模式的風險控制，從 P2P 借貸平臺的視角研究供應鏈金融在線融資模式的風險控制，從在線電商的視角研究供應鏈金融電商擔保融資模式的風險控制。

希望本書起到拋磚引玉的作用，能夠讓更多的研究者和實踐工作者投入對供應鏈金融風險控制的研究和實踐中，真正解決中小微企業「融資難」和「融資貴」的問題，促進中小微企業協調發展。

蘇應生

目　錄

第一章　緒論　1

　　第一節　供應鏈金融興起的時代背景　1
　　第二節　供應鏈金融的放貸主體及商業模式　2
　　第三節　供應鏈金融風險控制的難點　6
　　第四節　供應鏈金融及風險控制的國內外研究　6

第一部分　基於商業銀行的保兌倉模式合約風險管理研究

第二章　供應鏈金融保兌倉模式相關理論基礎　35

　　第一節　供應鏈金融保兌倉模式介紹　35
　　第二節　供應鏈金融的模式　38
　　第三節　供應鏈金融面臨的風險　42
　　第四節　供應鏈金融風險衡量一般方法　44
　　第五節　供應鏈融資模式風險一般化解措施　45

第三章　供應鏈金融保兌倉運作模式　47

第一節　供應鏈金融保兌倉參與主體　47
第二節　保兌倉融資模式　49
第三節　三方保兌倉融資模式和四方保兌倉融資模式的異同　52

第四章　保兌倉模式合約風險識別、評估與控制　54

第一節　保兌倉融資模式合約風險識別　54
第二節　保兌倉融資模式合約風險評估指標　56
第三節　保兌倉融資模式合約風險控制　57

第五章　保兌倉合約關鍵指標風險控制研究　61

第一節　變量符號及基本假設　61
第二節　模型建立與分析　62
第三節　實例分析　65
第四節　仿真分析　66
第五節　風險控制策略的結論　68

第六章　在不對稱信息下商業銀行風險控制研究　69

第一節　變量的符號及假設　69
第二節　模型建立與分析　70
第三節　風險控制策略總結　72

第二部分　基於商業保理的雙保理融資模式風險控制研究

第七章　雙保理融資模式的相關理論基礎　75

第一節　中國保理與國際保理　75
第二節　信息不對稱理論　78
第三節　重複博弈的定義及特徵　79

第八章　在信息不對稱模式下雙保理商的博弈分析　80

　　第一節　保理商之間的競合關係　80
　　第二節　保理商之間的博弈分析　81
　　第三節　重複博弈策略小結　86

第九章　在雙保理業務模式下合謀風險防範機制設計　87

　　第一節　合謀風險的提出　87
　　第二節　無信用擔保下雙保理商的博弈分析　88
　　第三節　信用擔保下雙保理商的博弈分析　93
　　第四節　有無擔保的結果比較分析　101
　　第五節　雙保理商合謀防範機制設計　106
　　第六節　風險策略總結　107

第十章　雙保理模式風險策略的數值分析　109

　　第一節　買方履約概率對各均衡值的影響　109
　　第二節　應收帳款訂單量對最優策略下各均衡值的影響　117

第三部分　基於 P2P 平臺在線貸款融資模式風險控制研究

第十一章　P2P 供應鏈金融相關理論基礎　123

　　第一節　P2P 供應鏈金融　123
　　第二節　多層次的 Stackelberg 博弈　131

第十二章　P2P 借貸平臺參與的供應鏈金融模型　134

　　第一節　問題描述　134
　　第二節　基本假設　134
　　第三節　模型建立　135

第四節　雙層博弈體系的分析　138
　　　第五節　模型拓展　144

第十三章　P2P 供應鏈線上融資風險控制策略數值分析　153

　　　第一節　算例參數說明　153
　　　第二節　算例分析結果　154
　　　第三節　供應鏈系統協調分析結果　163

第四部分　基於在線電商的電商擔保融資模式風險控制研究

第十四章　電商擔保融資模式的決策分析　167

　　　第一節　問題描述　167
　　　第二節　模型假設　167
　　　第三節　模型的建立及決策分析　168
　　　第四節　模型的比較分析　172

第十五章　電商擔保融資模式的數值分析　177

　　　第一節　供應商貸款利率分析　177
　　　第二節　零售商最優訂貨量分析　178
　　　第三節　零售商最優批發價格分析　179
　　　第四節　供應商的利潤分析　180
　　　第五節　零售商的利潤分析　181

第十六章　供應鏈金融風險控制研究的進一步探索　182

　　　第一節　供應鏈金融風險控制研究的總結　182
　　　第二節　研究的不足與展望　186

參考文獻　188

第一章　緒論

第一節　供應鏈金融興起的時代背景

在中國，中小企業處於十分尷尬的地位，雖然它對社會經濟發展發揮了十分重要的作用，但是其所獲得的金融資源卻十分有限。央行行長易綱在「2018陸家嘴論壇」上披露了一組數據：截至2017年年末，中國中小微企業法人約2,800萬戶，另外還有個體工商戶約6,200萬戶，中小微企業（含個體工商戶）占全部市場主體的比重超過90%，貢獻了全國80%以上的就業、70%以上的發明專利、60%以上的GDP和50%以上的稅收。長期以來，中小企業是中國經濟和社會發展的重要支撐力量，在確保國民經濟穩定增長、緩解社會就業壓力、拉動民間投資、優化經濟結構、促進市場競爭、推進技術創新、保持社會穩定等方面具有不可替代的重要作用。

然而，向中小企業提供的信貸規模擴大比例仍不及中小企業需求的增長速度，占全國企業總數九成以上的中小微企業只能獲得三成左右的貸款金額，大部分的中小企業依然面臨著資金短缺的狀況。2018年世界銀行公布的《中小微企業融資缺口：對新興市場微型、小型和中型企業融資不足與機遇的評估》中提到，中國中小企業潛在的融資需求高達4.4萬億美元，而相對應的融資供給只有2.5萬億美元，其中的潛在缺口高達1.9萬億美元，缺口比重高達43%。

這種尷尬的局面限制了中小企業的發展。在一定程度上可以認為，如果不打破融資這一瓶頸，中小企業就永遠只能是中小企業，無法成長，而一旦解決了這一問題，中小企業就可能像森林中之前長期被大樹遮蔽的小樹，有了充足的陽光與養分的滋養，飛速成長為大企業、名企、強企。因此積極探討解決中小企業融資難問題，成為中國當前經濟發展必不可少的一環。

近年來，國家對中小企業貸款難和貸款貴的問題越來越重視，各類金融機構不斷創新，研發了多類型的融資產品，旨在為中小企業緩解資金需求的壓力。從增速的角度來看，大型企業貸款需求的增速遠遠不及中小企業，這從側

面表明中國銀行等金融機構逐漸將更多業務轉向了中小企業。為解決中小企業融資難、融資貴的問題，供應鏈金融應運而生。供應鏈金融的資金提供方將中小企業與供應鏈中核心企業的交易憑證作為授信依據，在某種意義上來說這種交易憑證可看作信譽高、抗風險能力強的核心企業的擔保，這種模式在一定程度上解決了中小企業授信和融資難的問題。根據前瞻產業研究院《2018 年供應鏈金融行業市場規模與發展前景分析》報告，2018 年中國供應鏈金融的市場規模約為 2 萬億元。2019 年 2 月，中共中央辦公廳和國務院辦公廳印發《關於加強金融服務民營企業的若干意見》，其中第十二條提出，商業銀行應該減輕對抵押擔保的過度依賴，倡導商業銀行要依託產業鏈核心企業信用、真實交易背景和物流、信息流、資金流閉環，為上下游企業提供無需抵押擔保的訂單融資和應收、應付帳款融資的供應鏈融資模式。

第二節　供應鏈金融的放貸主體及商業模式

　　供應鏈金融行業的參與主體包括銀行、保理公司、電商企業、P2P 和供應鏈核心企業等各類企業。本書主要探討前四種放貸主體的供應鏈金融重要的商業模式。

一、商業銀行為放貸主體的供應鏈保兌倉融資模式

　　供應鏈金融是伴隨著 20 世紀全球經濟一體化的深入而產生的一種新型融資模式。該融資模式的出現打破了商業銀行對單一貸款企業的信用評估傳統方式，對整個供應鏈中的企業規模、商業信用、物流監管、信息傳遞進行綜合考慮，尤其關注與具有融資需求的中小企業建立商業關係的核心企業的資信水準。應鏈金融為中國外商業銀行提供了新的盈利模式　　開拓了新的競爭市成為場，眾多銀行主要的競爭領域之一。

　　供應鏈金融為中小企業提供融資便利、為銀行拓展收入來源的同時也存在許多始料未及的風險。中小企業與核心企業合謀獲取銀行貸款的風險、監管方沒有盡到監管義務的瀆職風險、物流企業在貨物運輸過程面臨的貨物滅失的風險、宏觀政策和法規的變化對供應鏈金融帶來的風險、業務開展過程中的協議和合同涉及的具體條款與參數的設置帶來的風險、參與者在業務開展過程中違約帶來的風險等，都在一定程度上影響參與者的收入與未來的合作意願。

　　本書第一部分主要討論以商業銀行為放貸主體的供應鏈保兌倉融資模式及其風險控制。

二、商業保理公司為放貸主體的供應鏈雙保理融資模式

2016年年初，國務院召開常務會議並在會上提出要拓寬中國中國融資渠道，大力發展有利於改善中小企業發展境況的應收帳款融資項目，致力於為商業保理行業發展打造出有利於其發展的寬鬆的外部環境。

商業保理既是特別針對中小企業以提供轉讓其應收帳款為前提的一種融資服務，也是在國外早已發展成熟並在中國仍有較好發展前景的一種金融服務。雖然商業保理行業近年來發展迅速，但仍面臨著諸多困難，也存在著許多亟待解決的難題。首先，受背景規模限制導致其自身的融資渠道不暢通且市場認知度有限導致業務開展更加艱難；其次，由於該行業發展過於迅速而相關的信用體系不健全使得融資過程中風險管理等也存在問題；最後，相關專業人才十分匱乏、融資產品類型單一且缺乏創新，急需更多模式去與飛速發展的新經濟相匹配。以上原因導致中國商業保理領域仍需大力拓展，以創造更多的跨越式成果，深入到更多的行業領域。

要解決以上問題，不僅需要來自國家政策方面的扶持、監管制度的制定與完善、相關行業機構和金融監管部門二者之間的協作合作等外部環境的支持，也需要採取措施以提高不同的商業保理公司之間相互協作的能力，發揮取長補短、協同作戰的優勢。

目前雙保理融資模式還主要出現在國際保理業務中。一般來說該業務的債務人與債權人是處於兩個不同國家的企業，由於不同國家的法律法規、融資環境和貨幣政策都有很大差異，這些不同導致企業很難實現在其他國家追索債權，因此，如果在債務人所在國家選定一個保理商來完成相應的應收帳款追索任務，那麼這一難題就能迎刃而解，於是國際雙保理融資模式應運而生。

本書第二部分基於國際雙保理融資模式，為緩解中國當今保理行業所面臨的困境，提出在中國實行雙保理模式，探討在這一融資模式下，各參與方為滿足自身利益的最大化，可能會做出哪些有礙雙保理業務正常發展的行為，並借助風險管理的信用風險緩釋工具，從融資風險的根源——信息不對稱入手，借助於博弈理論分析在該模式下雙保理商的合謀風險防範機制。

三、P2P平臺為放貸主體的供應鏈在線貸款融資模式

在P2P產業發展產生瓶頸和政策監管頻繁的背景下，P2P在線貸款在積極尋求優質資產。供應鏈金融與P2P在線借貸的結合，已成為政策監管和服務實體經濟、幫助P2P在線借貸服務走出困境的最佳選擇。根據「網貸之家」公布的信息，2018年涉及供應鏈金融服務的P2P在線貸款平臺約有100筆交易，1月至10月累計成交額在350億元左右（見圖1-1）。供應鏈金融業務標的綜合收益率在2018年呈現先升後降的趨勢，由於供應鏈金融的借款利率會

遠低於信貸的借款利率，因此，供應鏈金融業務的收益率往往會低於信貸業務主導的 P2P 在線借貸業的綜合收益率。供應鏈綜合收益率與 P2P 網貸收益率比較如圖 1-2 所示。

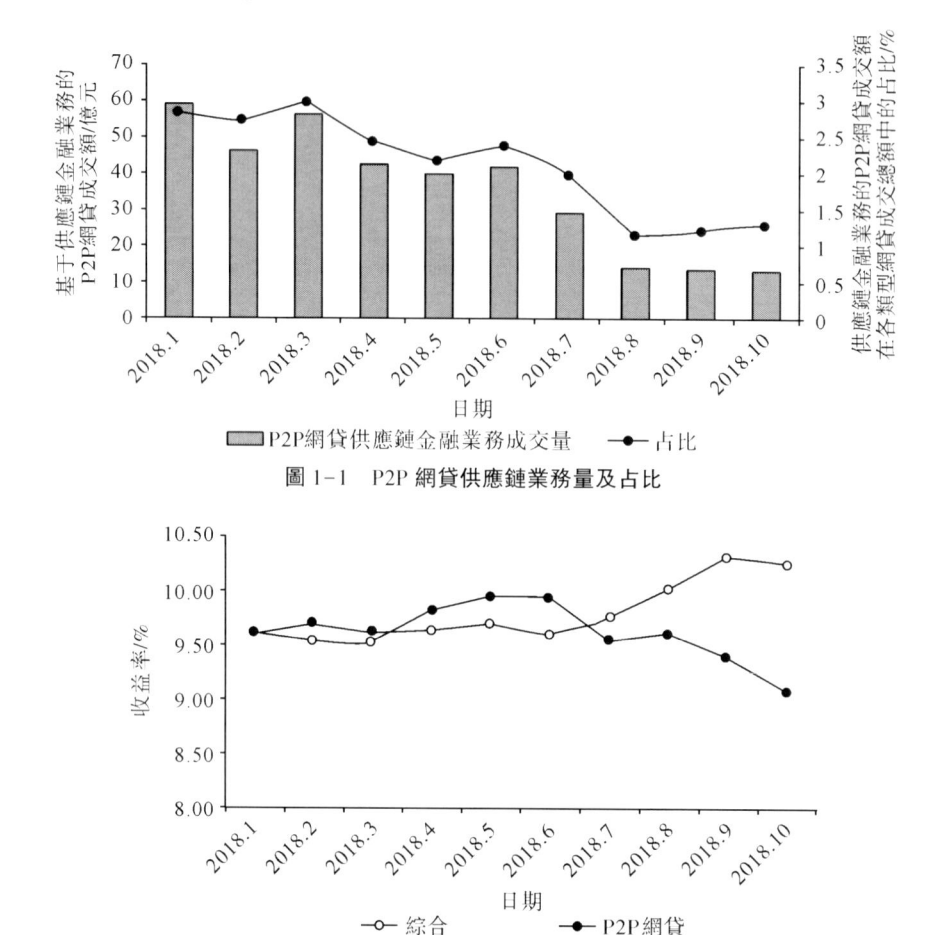

圖 1-1　P2P 網貸供應鏈業務量及占比

圖 1-2　供應鏈綜合收益率與 P2P 網貸收益率比較

　　本書的第三部分將具有風險控制的 P2P 平臺作為兩級供應鏈融資的參與者，並在生產者和零售商的約束下討論最優的 Stackelberg 策略，討論 P2P 平臺風險控制對生產者和零售商的影響。該研究有助於充實基於 P2P 平臺借貸的供應鏈融資模式的最優 Stackelberg 策略研究，為相應的經濟社會中的實際工作提供理論依據和指導。

四、電商擔保融資模式

　　隨著線上購物市場規模的擴大，更多的企業選擇加入在線零售市場。有資

本的大型企業通常選擇通過建立電商平臺或網上商城的方式開通線上直銷渠道；而有資金約束的中小型供應商則選擇與大型電商合作，通過電商巨頭的平臺銷售自己的產品。線上購物在增加企業銷售量的同時，由於退貨政策越來越寬鬆，居高不下的退貨現象也成了零售商和供應商面臨的一大難題。

  產品退貨是指消費者在購買商品後將不符合其要求的產品退還給零售商或者供應商的過程，主要包括零售商與消費者間的退貨、供應商與零售商之間的退貨兩種形式。退貨商品又因商品本身是否存在問題，可以分為缺陷產品與無缺陷產品。在零售行業，供應商的產品都會出現一定比例的問題，有些產品瑕疵是可以忽略的，有些產品缺陷是不可忽略的。這些不可忽略的缺陷產品可能因生產流程中某一設計或機械故障等原因呈批次出現，在發現這類產品後，消費者和零售商都會將產品退還給供應商，供應商也普遍採取召回的方式回收缺陷商品。根據國家市場監督管理總局公布的有關數據：2018年1月至6月，中國由於缺陷消費品而實施的召回活動共有352次，同比增長40%，這次活動所涉及的缺陷消費品總數高達3,625萬件，同比增長11倍，相較上年召回總數增長34.1%。這類因為缺陷產品而導致的退貨或召回的行為，會使供應商在這一期生產的商品沒有收益，進而可能陷入財務困境，特別是本就存在資金約束的中小型供應商。而無缺陷產品退貨的行為主要是由於消費者在購買商品時無法直接接觸商品，而在商品到手後發現不符合自身心理預期或是衝動型消費而產生的退貨行為。對於這類商品，零售商通常會折價進行二次銷售，這一方面會給零售商帶來較高的退貨成本，另一方面也會降低零售商的預期銷售收入。

  其中，可能存在缺陷產品是供應商向電商供貨後，其選擇延期支付貨款的關鍵因素。這與中國各大線上零售巨頭的做法一致，如京東在與供應商簽訂訂貨合約時就約定，京東會在供應商交貨後的未來一段時間（如45天）才會支付給供應商貨款，這是為了確保供應商提供的產品沒有缺陷或者賣得出去。基於存在這種為保證產品質量而簽訂延期支付貨款合約，對於供應商而言，尤其是中小型供應商，資金回流慢會產生資金鏈斷裂的問題，供應商往往在付款到期日之前就需要現金來支付日常營運成本並繼續生產，所以供應商需要從外部獲得融資。小型供應商在向第三方銀行貸款時，銀行由於信息不對稱，缺少中小型供應商的信用記錄，經常不會選擇向供應商放貸。即使銀行選擇貸款給供應商，在考慮到供應商可能因為產品缺陷被退貨或賣不出去而導致的破產風險，通常會讓供應商抵押一定物品，並收取較高的貸款利率。這就會使得供應商難以或者沒有能力獲得貸款，也會使得供應鏈的成本上升，整體效益下降。

  基於對以上現實問題的考慮，本書的第四部分研究了一種供應鏈融資方式，考慮了處於供應鏈中核心地位的大型電商，與其合作的供應商具有生產資金約束。電商給供應商提供擔保，向銀行承諾替供應商償還貸款，並考慮存在缺陷產品與無缺陷產品的退貨問題，探討電商的最優決策。

第三節　供應鏈金融風險控制的難點

　　供應鏈融資作為一種新的融資模式，包含著供應鏈參與者之間錯綜複雜的財務關係，這與一般的企業融資有很大的不同。因此，供應鏈融資的風險與風險管理有其自身的特點和難點：第一，供應鏈融資的核心價值之一就是解決供應鏈中小企業的財務困境，中小企業固有的高風險問題是無法避免的。如何進行合理的風險控制是供應鏈財務風險管理技術面臨的關鍵問題之一。第二，供應鏈金融中的融資服務涉及多種金融信用產品及其組合。近年來，隨著理論界和實務界的不斷探索，新的金融信用產品層出不窮。信貸創新不僅容易受到合同設計和流程操作方面的漏洞的影響，而且有可能觸及法律的邊緣，侵犯金融機構的權益。第三，融資服務的對象主要是中小企業。金融機構必須分析供應鏈中各成員企業的經營狀況和整個供應鏈的發展前景。受供應鏈中其他企業和行業環境的影響，融資企業的經營存在很大的不確定性，而且供應鏈的行業與金融機構業務相比跨度比較大，這增加了分析行業前景的難度。信貸人員除了要掌握融資企業的財務狀況外，還需要掌握更多的專業知識來分析企業的經濟技術水準。這些因素增加了金融機構判斷是否為融資企業提供貸款的難度。第四，當金融機構為供應鏈中的企業融資時，確定還款來源和保證還款的一個重要手段就是抵押貸款和抵押品。然而，在保兌倉融資方式下，它是通過第三方物流公司來監控產品的，如果融資企業和物流公司相互串通，騙取金融機構和抵押貸款，再加上抵押物的流動性非常大，這些因素使其很難在銀行抵押貸款，抵押無法得到有效監管。

第四節　供應鏈金融及風險控制的國內外研究

一、供應鏈金融及商業銀行保兌倉模式的研究

　　自從供應鏈金融的概念被提出以後，學術界對該創新業務進行了大量的研究。通過翻閱國外學者對該理念的研究文獻可以發現，供應鏈金融的概念沒有嚴格、統一的定義，只有整體架構，同時也沒有文獻直接對供應鏈融資模式進行系統的歸納、總結，但關於存貨質押融資模式、應收帳款融資模式、供應鏈管理、供應鏈金融存在的風險和防範風險措施的定性分析相對較多，對保兌倉融資模式的研究相對較少，即便涉及保兌倉融資模式的研究文獻，也主要分析

保兌倉融資模式的理論設計、風險規避以及物流企業的作用。

供應鏈金融作為一種集合的融資方式，是商業銀行面向整條供應鏈開展的創新業務。關於整條供應鏈組成的研究大體是類似的，主要包括：物流企業、核心企業、中小企業、以商業銀行為代表的金融機構。國外許多學者對供應鏈金融進行的大量研究主要是關於業務開展需要的依託對象，業務面臨的風險、化解風險的措施以及物流與信息流之間的協同作用給參與企業帶來的效果。

Smith（1987）[1] 對商業交易過程中存在的信息不對稱現象進行了研究，研究結果顯示：商業信用能促使中間商在貼現支付與全額支付之間做出抉擇，這一抉擇反應了銷售商對購買商違約風險的擔憂。因此如果銷售企業對購買者是否違約風險的瞭解只來源於市場，銷售企業將會提前對該風險產生警惕。在無法挽救的投資中，關於購買者違約風險的信息對於出售方而言是有價值的。Cohen、Lee（1988）[2] 對供應鏈金融中的物流和信息流進行了研究，研究結果表明：有效協調物流和信息流是供應鏈金融中重要的環節。

供應鏈金融不僅體現企業之間的合作關係，還體現企業之間因合作產生的高效物流、信息流傳遞，因而如何有效協調物流和信息流就顯得很重要。Lee、Billington（1992）[3] 對供應鏈金融管理的優劣勢進行了研究，研究結果表明：供應鏈金融的管理應當將缺陷與優勢進行分析，綜合考慮物流和信息流在整條供應鏈中的作用，有效協調物流和信息流之間的關係。Lee、Whang（1992）[4] 對供應鏈中成本節約、企業動機兼容性、分散化信息機制進行了研究，研究表明：參與供應鏈的節點企業越多，企業之間達成統一的業績計劃的困難就越大，分散化將是不同企業達成共識的措施，因此暢通的信息流、迅速的物流將有助於分散化。Lee、Tang（1997）[5] 建立模型研究企業產品差異化延遲策略的成本和利潤，並認為：對每一個倉儲點進行恰當的管理，準確把握產品延遲時點，結合物流與差異時點反應的信息流將有利於企業在不同階段採取適當的策略，有利於企業在行業中的競爭。

Gavirneni 等（1999）[6] 對供應鏈金融中的存貨管理進行了研究，並指出：

---

[1] SMITH J K. Trade credit and informational asymmetry [J]. The Journal of Finance, 1987 (62): 863-871.

[2] COHEN M A, LEE H L. Strategic analysis of integrated production-distribution systems: Modeling and methods [J]. Operation Research, 1988 (2): 216-228.

[3] LEE H L, BILLINGTON C. Supply Chain management: pitfalls and opportunities [J]. Sloan Management Review, 1992 (3): 65-73.

[4] LEE H L, WHANG S. Decentralized multi-echelon inventory control systems: Incentives and information [J]. Management Science, 1992 (5): 633-640.

[5] LEE H L, TANG C S. Modeling the costs and benefits of delayed product differentiation [J]. Management Science, 1997 (1): 40-53.

[6] GAVIRNENI S, KAPUSCINSKI R, TAYUR S. Value of information in capacitated supply chain [J]. Management Science, 1999 (1): 16-24.

在供應鏈管理中將信息流和存貨即時動態結合在一起能節約企業競爭成本，同時帶來其他相關利潤。Buzacot、Zhang（2004）[1] 從企業存貨角度出發將存貨融資與企業營運結合起來考察存貨融資對解決企業處於財務現金困境產生的促進作用，研究表明：基於企業自身資產的融資模式能夠促進企業發展。此外，通過資產融資的企業成長速度較不貸款的企業成長速度更快，同時，通過資產融資企業的成長速度較之無擔保貸款企業的成長速度更快。兩位學者還綜合考慮了銀行貸款利率制定政策，企業對現金、存貨的管理，貸款的最高限額政策，綜合考慮如何協調企業在資產融資過程中的物流、資金流。Kamrad、Siddique（2004）[2] 對包含如下假設的合同進行了研究：匯率不確定、供應商變換選擇、訂單數量具有彈性、利益共享、供應商反應選擇。分析影響供應商和生產商靈活簽訂合同的因素，同時，將生產商的供應視為一種風險資產的組合，運用組合理論分析如何降低風險。Burkart、Ellingsen（2004）[3] 在研究中加入具有競爭性的要素市場，並假設企業不能像轉變現金使用用途那樣容易地轉變企業投入的使用用途。他指出：在融資過程中，融資企業的道德風險引起商業銀行對企業的信用配給。他還認為：商業信用通常具有短期性，因為企業非流動投入要素一旦轉變為流動產出，商業信用就會失去其優勢。Berger（2006）[4] 從中小企業角度考察供應鏈組成要素，提出了供應鏈金融整體架構。Guillen 等（2007）[5] 研究了供應鏈管理效益整體最大化。該研究者將企業營運、預算限制、不同的商業領域、公司股權變動綜合考慮，並指出擴展供應鏈管理模型體系的重要性在於能提高供應鏈整體收益。此外，Guillen 認為供應鏈管理受到企業營運與企業財務之間相互關係的綜合影響。Hertzela 等（2008）[6] 研究了企業困境與破產申請對供應商及其客戶產生的財富效應，並發現重要的財富效應通常先於破產申請發生。其文章還指出經濟領域中財務聯動的範圍會波及供應鏈的其他層面。

---

[1] BUZACOTT J A, ZHANG R Q. Inventory management with asset-based financing [J]. Management Science, 2004（9）：1274-1292.

[2] KAMRAD B, SIDDIQUE A. Supply contracts, profit sharing, switching, and reaction options [J]. Management Science, 2004（1）：64-82.

[3] BURKART M, ELLINGSEN T. In-kind finance: a theory of trade credit [J]. The American Economic Review, 2004（3）：569-590.

[4] BERGER N A. A more complete conceptual framework for SME finance [J]. Journal of Banking and Finance, 2006（11）：2945-2966.

[5] GUILLEN G, BADELL M, PUIGJANER L. A holistic framework for short-term supply chain management integrating production and corporate financial planning [J]. Production Economics, 2007（106）：288-306.

[6] HERTZELA G M, LI Z, OFFICER M S. Inter-firm linkages and the wealth effects of financial distress along the supply chain [J]. Journal of Financial Economics, 2008（87）：374-387.

上述內容主要介紹國外學者對供應鏈金融業務的研究成果，以下內容主要介紹中國學者對供應鏈金融模式的研究成果。

黃河等（2001）[1]總結了目前的供應鏈庫存技術、信息支撐技術、供應鏈合作、補給技術，並認為全球化、彈性化、綠色化將是供應鏈未來發展的方向。韓東東、施國洪等（2002）[2]研究了由於短缺和虛假信息造成的連鎖反應對供應鏈整體帶來的負面影響，繼而提出了化解風險的措施，具體包括：核心企業應該保持其供應鏈中的核心地位，精簡供應鏈以打造核心供應鏈，保持供應鏈的彈性，建立信息共享平臺。於洋、馮耕中（2003）[3]從權利質押和流動貨物質押的角度分析了銀行開展供應鏈金融業務選擇的模式，對比分析了兩種業務模式的區別。其研究認為：各參與者同時控制風險時，供應鏈金融業務才會成為給企業、社會帶來價值的業務模式。

王春喜等（2003）[4]從内部外部兩方面綜述了供應鏈性能評價策略、性能評價模式、評價指標以及評價方法。該綜述提出當前有關供應鏈性能的評價不能滿足激烈的市場競爭和劇烈的環境變化需求。雲虹、胡明珠（2004）[5]從關係治理的角度對比分析了供應鏈金融的模式。其文章分析了市場治理模式、科層治理模式、關係治理模式的區別以及各自優劣勢，最終提出關係治理模式的管理啟示和未來研究方向。楊紹輝（2005）[6]從商業銀行業務角度出發分析了供應鏈金融服務的內涵、業務構成、參數設置以及培育未來客戶的重要性。韓景豐、章建新（2006）[7]認為，由於外界環境和內部環境合力的作用，供應鏈的脆弱性會凸顯。其文章在應用系統分析方法對供應鏈風險進行分析後提出了化解不同類型風險的措施。朱懷意等（2006）[8]從不確定性角度出發研究了供應鏈風險產生的因素，將供應鏈中的不確定性具體分為需求不確定性、供給不確定性、製造不確定性三種。王靈彬（2006）[9]對供應鏈融資業務中存在的信貸風險來源以及信息共享對信貸風險管理的影響進行了分析，並就信息共享的供應鏈融資信用風險提出了管理建議。該研究認為：對不確定性進行全面防

---

[1] 黃河，但斌，劉飛. 供應鏈的研究現狀及發展趨勢 [J]. 工業工程，2001（1）：16-20.
[2] 韓東東，施國洪，馬漢武. 供應鏈管理中的風險管理 [J]. 工業工程，2002（3）：37-41.
[3] 於洋，馮耕中. 物資銀行業務運作模式及風險控制研究 [J]. 管理評論，2003（9）：45-49.
[4] 王春喜，查建中，李建勇. 供應鏈性能評價的研究現狀和發展趨勢 [J]. 管理工程學報，2003（3）：27-30.
[5] 雲虹，胡明珠. 供應鏈中的關係治理模式比較研究 [J]. 物流技術，2004（11）：59-61.
[6] 楊紹輝. 從商業銀行的業務模式看供應鏈融資服務 [J]. 物流技術，2005（10）：179-182.
[7] 韓景豐，章建新. 供應鏈風險的系統性識別與控制研究 [J]. 商業研究，2006（20）：45-48.
[8] 朱懷意，朱道立，胡峰. 基於不確定性的供應鏈風險因素分析 [J]. 軟科學，2006（3）：37-41.
[9] 王靈彬. 基於信息共享機制的供應鏈融資風險管理研究 [J]. 特區經濟，2006（10）：105-106.

範、控制是維持企業競爭優勢的有效措施。柳鍵、葉影霞（2007）[①] 在梳理有關供應鏈金融風險文獻的基礎上對供應鏈風險管理的措施進行了歸納，並對供應鏈風險管理提出了對策和建議。

陳寶峰等（2007）[②] 採用價值風險度量方法，結合市場有效流通速度、持倉量及物流企業變現能力對存貨質押模式進行研究。其研究結果顯示：對價值風險最為敏感的是貸款比率，但貸款利率對價值風險不敏感。李毅學等（2007）[③] 分別從制度環境、行業環境、業務基本要求、業務控制方式四個方面對比分析了中外存貨融資業務的區別。陳李宏、彭芳春（2008）[④] 主要分析作為融資企業的中小企業在採用應收帳款模式、保兌倉融資模式、動產質押融資模式時應該具備的條件。該分析結果表明：應收帳款模式和保兌倉融資模式沒有絕對的適用環境，企業應該根據自身情況採取相應的融資模式以適應企業發展需求。白少布、劉洪（2009）[⑤] 對保兌倉融資的風險收益進行了研究，並發現：企業資信水準和企業經營能力對保兌倉融資業務的收益狀態起著決定性作用，企業資信水準和經營能力會導致企業風險收益存在距離。王輝等（2010）[⑥] 則從物流網的角度對供應鏈管理進行了研究。雖然成熟的物聯網形成還有待時日，但已經融入供應鏈管理的 EPC/RFID 技術對供應鏈管理有著實踐意義。張明、韓瑞珠（2010）[⑦] 研究了融資企業、商業銀行以及物流企業在信息不對稱的情況下選擇供應鏈融資模式各自的期望收益。該研究結果顯示：供應鏈融資業務不僅能給企業帶來收益，還能降低企業的風險損失。王琪（2010）[⑧] 運用決策樹的相關理論針對供應鏈融資模式的信用風險建立了供應風險評估體系。該評估體系指標主要包括供應鏈狀況、資產情況、經營者情況、企業狀況。研究認為：風險評估體系有助於對企業進行客觀評價，制訂適當貸款條件，可以提高信貸質量，減少銀行不良貸款。

---

① 柳鍵，葉影霞.供應鏈風險管理的研究與對策［J］.工業技術經濟，2007（12）：95-98.
② 陳寶峰，馮耕中，李毅學.存貨質押融資業務的價值風險度量［J］.系統工程，2007（10）：21-26.
③ 李毅學，徐渝，王非.存貨質押融資業務中外比較分析及案例研究［J］.商業經濟與管理，2007（7）：35-40.
④ 陳李宏，彭芳春.供應鏈金融——中小企業融資新途徑［J］.湖北社會科學，2008（11）：101-103.
⑤ 白少布，劉洪.基於供應鏈保兌倉融資的企業風險收益合約研究［J］.軟科學，2009（10）：118-122.
⑥ 王輝，沈潔，石英琳.基於物聯網的供應鏈管理發展新趨勢［J］.商業時代，2010（26）：21-22.
⑦ 張明，韓瑞珠.商業銀行對中小企業物流融資模式的收益模型分析［J］.物流技術，2010（11）：96-98.
⑧ 王琪.基於決策樹的供應鏈金融模式信用風險評估［J］.新金融，2010（4）：38-41.

孔媛媛等（2010）[1] 運用模糊集和影像圖的有關理論構建供應鏈金融模式的風險影響拓撲結構，對企業信用風險進行研究。韓剛、李隨成（2010）[2] 研究了控制價值量下限的存貨質押業務的風險。同時，採用 L-VaR 方法研究了借款方在質押期間出現違約風險時的流動性風險。白少布（2010）[3] 在分析了企業信用違約概率的基礎上建立了有序多分類 logistic 模型，提出不同等級信用違約概率估計方法，並運用實證案例結合 SPSS 軟件採用主成分分析法驗證該模型的可行性。研究結論指出：採用無法替代的定性指標，運用主成分分析法以降低判斷的主觀性。傅雪紅、劉松先（2010）[4] 以愛立信公司為例研究了供應鏈管理過程，並認為：供應鏈管理包括風險識別、風險估計、風險處理以及風險監視，最終提出對風險進行預防是防範風險的關鍵措施。郭清馬（2010）[5] 對比分析了供應鏈金融與傳統融資的區別，並根據中小企業生產經營特點將供應鏈模式分為保兌倉融資模式、融通倉模式、應收帳款融資模式。此外，他還認為由於供應鏈金融業務的特殊性會引發核心企業道德風險、監管瀆職風險、融資企業物權擔保風險、操作風險，並認為這些風險是供應鏈金融業務存在的主要風險，最終提出防範風險的措施。張濤、吳生秀（2010）[6] 運用交易成本理論對供應鏈金融業務進行研究。他們研究認為：供應鏈金融能降低合作各方的交易成本，能夠達到供應鏈整體價值最大。其文章指出：績效審計法律法規問題、審計報告規範及質量、審計質量保證和控制機制、績效審計方法是未來的研究重點。

　　楊滿順（2011）[7] 從企業的資信水準、貸款還貸來源、風險特徵三方面對比分析了供應鏈金融業務與傳統授信業務的區別，並對風險產生的原因、類型進行分析，最後提出應從市場准入、適當的授信模式、貸後動態管理、法律機制等方面著手防範風險。鄢章華、滕春賢（2011）[8] 對供應鏈管理發展歷程進行了研究。研究結果表明：伴隨著特定的時代背景，供應鏈的發展歷程分為鏈

---

[1] 孔媛媛，王恒山，朱珂，等．模糊影響圖評價算法在供應鏈金融信用風險評估中的應用 [J]．數學的實踐與認識，2010（21）：80-86．
[2] 韓剛，李隨成．動態質押模式下的存貨質押融資業務風險控制 [J]．系統工程，2010（12）：18-22．
[3] 白少布．基於有序 logistic 模型的企業供應鏈融資風險預警研究 [J]．經濟經緯，2010（6）：66-71．
[4] 傅雪紅，劉松先．供應鏈風險管理過程探析——基於愛立信供應鏈風險管理過程案例研究 [J]．重慶科技學院學報，2010（22）：94-96．
[5] 郭清馬．供應鏈金融模式及其風險管理研究 [J]．金融教學與研究，2010（2）：2-5．
[6] 張濤，吳生秀．供應鏈融資中各方的機遇與風險 [J]．山西財經大學學報，2010（1）：113-115．
[7] 楊滿順．供應鏈融資的風險特徵及其防範 [J]．中國集體經濟，2011（2）：139-140．
[8] 鄢章華，滕春賢．供應鏈管理發展研究——基於市場角度 [J]．科技與管理，2011（2）：1-3．

內協調、鏈際競爭與鏈際合作競爭三個階段。劉圻等（2011）[1] 對農業供應鏈進行了研究，並指出：農業供應鏈融資模式應該將產品加工企業作為核心企業，將生產資料供應商和中間階段農產品生產企業作為上游企業，將銷售企業視為下游企業。適合上游企業的融資產品包括封閉式訂單融資、應收帳款融資、融通倉，適合下游企業的融資產品包含應收帳款賣方融資、預付帳款賣方融資。許彥妮（2011）[2] 採用博弈論理論對應收帳款模式中銀行檢查率對銀行收益的影響進行了研究。其文章對銀行和融資企業兩方進行博弈分析，其分析結論為：銀行收益受到銀行檢查率的影響，銀行應對罰款和資信兩方面進行適當設置，銀行對融資企業設置檢查率有助於融資企業提供真實的企業信息，融資企業提供信息的真實性隨著檢查率的提高而增強。

鄧小軍（2011）[3] 從集群供應鏈角度出發構建集群供應鏈風險評估模型，並運用三角模糊數評價法對集群供應鏈風險進行了實證研究。晏妮娜、孫寶文（2011）[4] 研究了在倉單質押融資模式中，零售商的信用額度對供應鏈系統最優策略的影響，其研究結論為：在由製造商、零售商、商業銀行組成的供應鏈金融體系中，零售商的信用額度限制融資方式能增加訂貨數量，能激勵風險偏好性零售商採用該融資模式。胡海青等（2011）[5] 規避了 Logistic 迴歸方法樣本量和預測精度方面的局限，採用支持向量機（Support Vector Machines，SVM）建立供應鏈融資信用風險評估模型，構建了評價指標體系。其研究結論為：通過考察整條供應鏈運轉情況能有效評估融資企業的信用風險，降低融資企業違約概率，降低銀行信貸風險，減少銀行損失，保證供應鏈業務的順利進行。何娟、劉苗苗（2012）[6] 通過調查問卷的方式獲取數據並實證分析數據的信度和效度，建立存貨質押業務風險評價指標體系，具體指標包括：客戶信用風險、監管風險、質押物風險、法律風險、物流企業資質風險、操作風險。鄭忠良等（2012）[7] 以中小企業為出發點，以銀行風險可控為前提，以銀行利潤最大為目標建立了擔保物的質押率模型。其研究結果表明：質押率的設定在很

---

[1] 劉圻, 應暢, 王春芳. 供應鏈融資模式在農業企業中的應用研究 [J]. 農業經濟問題, 2011 (4): 92-98.

[2] 許彥妮. 應收帳款模式銀行檢查率的研究 [J]. 江蘇論壇, 2011 (9): 155-157.

[3] 鄧小軍. 基於三角模糊數評價法的集群供應鏈風險評估研究 [J]. 中國管理信息化, 2011 (5): 53-55.

[4] 晏妮娜, 孫寶文. 考慮信用額度的倉單質押融資模式下供應鏈金融最優策略 [J]. 系統工程理論與實踐, 2011 (9): 1075-1079.

[5] 胡海青, 張琅, 張道宏, 等. 基於支持向量機的供應鏈金融信用風險評估研究 [J]. 軟科學, 2011 (5): 26-36.

[6] 何娟, 劉苗苗. 存貨質押業務關鍵風險因子實證辨識分析 [J]. 金融理論與實踐, 2012 (1): 28-32.

[7] 鄭忠良, 包興, 郝雲宏. 供應鏈金融保兌倉融資模式的擔保物質押率研究 [J]. 現代管理科學, 2012 (10): 36-39.

大程度上受融資企業違約概率的影響。因此融資企業應該將提高自身資信、降低違約概率作為緩解融資困難的有效途徑。銀行應該將靜態資信評估和動態考核結合起來控制貸款風險，減低風險損失，提高業務收入。李齇華（2012）[①] 對比分析了應收帳款融資模式、保兌倉融資模式、存貨質押融資模式的運用條件、業務參與者、融資企業業務合作期限。牛曉健等（2012）[②] 共同建立了供應鏈金融風險管理模型，分析融資資產組合在險價值分佈圖和分佈表，運用 CreditMetrics 模型對中國銀行交易數據進行實證研究。其研究結果表明：基於 CreditMetrics 模型建立的供應鏈融資風險測算模型不僅能在風險識別、風險度量、風險控制三階段為管理者提供參考，還能對一定區域內供應鏈融資資產組合的風險進行測算。研究最終還提出了應對小概率風險的措施。鄭霞忠等（2012）[③] 採用模糊層次分析法（FAHP）對供應鏈金融業務的風險進行定性、定量分析。將風險歸納為內部風險和外部風險。內部風險主體包括商業銀行、融資企業、核心企業、物流企業，外部風險則包括法律環境、宏觀經濟環境、行業環境。他們研究認為：風險主要來自銀行、核心企業、法律三方面，操作風險、信用風險、資信等級、法律盲點是風險控制點。

　　白彥其（2012）[④] 從財務報表的角度研究了財務報表對供應鏈金融業務的作用、對中小企業融資的貢獻。其結論表明：從財務報表中分離出優質的抵押擔保物進行融資能解決中小企業融資困境，保證企業持續經營。魯其輝等（2012）[⑤] 研究了應收帳款融資模式對中小企業的影響。研究結果表明：應收帳款融資模式有助於供應商利用融資資金進行連續生產、應對快速的市場增長對供應商帶來的資金困境，使其在短時間內達到最優生產量，使企業收益持續增加。冷凱君、王玉霞（2012）[⑥] 採用遺傳算法結合 TOC 體系對供應鏈整體有效產出進行研究，他們研究認為：當供應鏈金融中出現階段性需求高峰，企業面臨資金約束時，基於 TOC 系統的協調方法更有優勢。任慧軍等（2013）[⑦] 從物流金融角度出發，依據業務流程對該業務中涉及的各個環節的風險進行分析，並根據分析結論指出：從銀行、賣方、物流企業、買方的角度控制風險才

---

① 李齇華. 供應鏈金融模式分析 [J]. 物流技術, 2012, 31 (7): 352-353.
② 牛曉健, 郭東博, 裘翔, 等. 供應鏈融資的風險測度與管理——基於中國銀行交易數據的實證研究 [J]. 金融研究, 2012 (11): 138-151.
③ 鄭霞忠, 陶青, 何嘉璇. 供應鏈融資風險分析模型研究與應用 [J]. 中國市場, 2012 (49): 30-32.
④ 白彥其. 基於財務報告表分析的供應鏈金融研究 [J]. 對外經貿, 2012 (10): 108-110.
⑤ 魯其輝, 曾利飛, 周偉華. 供應鏈應收帳款融資的決策分析與價值研究 [J]. 管理科學學報, 2012 (5): 10-18.
⑥ 冷凱君, 王玉霞. 信息不對稱條件基於 TOC 的供應鏈協調方法研究 [J]. 湖北大學學報, 2012 (1): 89-93.
⑦ 任慧軍, 李智慧, 方毅. 物流金融下保兌倉模式中的風險分析 [J]. 物流技術, 2013 (7): 24-26.

能有效防範業務中的風險，並應該加強法律環境建設。

夏蘭等（2013）[①] 建立了供應商、經銷商和銀行三方博弈模型，研究了在有無期權契約情況下，保兌倉融資模式的協調策略。研究結果顯示：在無期權契約約束情況下，經銷商面臨資金困境時，保兌倉融資模式能夠為經銷商帶來額外的價值，但該融資模式不能使供應鏈的效率達到最大。此外，存在期權契約下的保兌倉供應鏈融資模式相對於無期權契約狀態能產生更高的效率，供應鏈中每一個節點企業對供應鏈的效率都能產生影響。曹文彬、馬翠香（2013）[②] 運用博弈論和基於應收帳款業務的傳統融資模式與供應鏈金融業務模式，對比分析了兩種模式下的博弈均衡。其分析結果表明：企業採用應收帳款模式能防範風險，滿足各方利益最大化需求，實現帕累托最優。林強、李苗（2013）[③] 選擇了兩階段資金約束型供應鏈作為研究對象，假設零售商存在營運資金困境的情形下，研究了供應鏈合作雙方在選擇銀行直接貸款與選擇保兌倉融資模式下收益共享問題。他們研究認為：保兌倉融資模式能夠提高製造商利潤，還能使製造商主導型供應鏈整體的利潤上升，但是零售商不會因此獲得很多收益。同時，共享係數必須大於0.593時，零售商利潤才會大於銀行直接貸款產生的利潤，製造商和零售商的利潤才能提高。林強等（2013）[④] 選擇了兩階段資金約束型供應鏈作為研究對象，在零售商營運資金困境的情形下，存在數量折扣契約的供應鏈協調問題。研究結果顯示：採用數量折扣契約相較於採用無數量折扣契約，前者能增加零售商的訂購量，提高製造商的利潤，增加整條供應鏈的利潤。

劉遠亮、高書麗（2013）[⑤] 在搜集北京地區信貸數據的基礎上進行了實證分析。結果認為：應該從商業銀行信貸數據完善度、模型與評價指標適合度、風險識別模型檢驗跟進程度三個方面考察如何有效識別小企業信用風險。顏明等（2013）[⑥] 基於保兌倉融資業務研究了在供應商部分承諾回購貨物的前提下，如何確定供應商回購範圍、經銷商保證金比率的問題。他們研究了銀行和

[①] 夏蘭、徐雯、宋婷婷. 保兌倉模式下供應鏈協調策略研究 [J]. 物流技術，2013（9）：360-386.

[②] 曹文彬、馬翠香. 基於供應鏈金融的應收帳款融資博弈分析 [J]. 商業研究，2013（3）：168-173.

[③] 林強、李苗. 保兌倉融資模式下收益共享契約的參數設計 [J]. 系統科學與數學，2013（4）：430-444.

[④] 林強、李曉徵、師杰. 保兌倉融資模式下數量折扣契約的參數設計 [J]. 天津大學學報，2014（1）：12-17.

[⑤] 劉原亮、高書麗. 供應鏈金融模式下的小企業信用風險識別——基於北京地區信貸數據的實證研究 [J]. 新金融，2013（287）：45-49.

[⑥] 顏明、王軍、張繼霞，等. 基於VaR的保兌倉部分承諾回購模式研究 [J]. 2013（5）：91-94.

供應商兩者都可以接受的回購量範圍及經銷商和商業銀行兩者都可以接受的保證金比率範圍，最終指出了合理確定回購量和保證金比率的值是保兌倉業務順利進行的關鍵因素。章玲（2014）[1]對中小企業的優勢以及面臨的風險進行研究。其研究結果表明：中小企業應該根據自身情況選擇合適的融資模式才能提高商業銀行對企業放貸的概率，從而提高解決企業資金缺口的概率。李占雷、孫悅（2014）[2]研究了在信息完全對稱情景下，核心企業和成員企業之間的博弈、供應鏈節點企業和銀行之間的博弈。其研究表明：應收帳款的質押總額和核心企業保證金是影響銀行貸款概率的主要因素，核心企業擔保概率很大程度上受到節點企業違約損失的影響。

從上述國內外研究文獻中可知，對供應鏈金融的研究主要集中在以下幾個方面：供應鏈金融業務模式運用條件比較；開展供應鏈金融業務對每個參與者帶來的優勢；供應鏈融資模式中存在的風險以及化解風險的措施；基於存貨融資、保兌倉融資、倉單質押的業務對企業營運的影響。本書的第一部分主要從保兌倉融資模式出發，分析了在信息不對稱的情況下，融資企業與商業銀行的行為選擇，分析了影響融資企業、商業銀行行為選擇的因素以及商業銀行最優保證金比例的設置與銀行授信額度問題。

二、基於商業保理的供應鏈融資及風險分析相關研究

中國雙保理融資模式是綜合了中國幅員遼闊、擁有法治環境但信用環境還不完善、商業保理行業的發展仍不均衡等多種因素，並在國際雙保理融資模式的啟發下演變形成的。它是指在中國的保理業務中，由兩家或者兩家以上的保理商共同合作，主要為買方（供應商）提供應收帳款融資、管理或催收的任何一項保理服務。

目前，中國某些大型保理公司已經提出需要通過建立保理資產平臺來促使各保理商抱團取暖以發展新的業務渠道，他們顯然已經意識到保理行業內部協同合作的必要性及緊迫性。而有關該保理合作領域的研究還未查閱到相關的文獻，只能通過對供應鏈金融及保理融資方面的文獻進行總結來開展對雙保理融資發展的研究與分析。本書大致從以下三個方面對以往文獻研究做出總結歸納：①有關供應鏈金融及保理融資的基礎問題研究；②有關保理融資模式中的風險分析及控制決策；③有關博弈論在保理融資中的應用分析。

---

[1] 章玲. 中小企業供應鏈金融的優勢及風險評估研究［J］. 湖北經濟學院學報，2014（2）：35-36.

[2] 李占雷，孫悅. 供應鏈應收帳款質押融資的雙重 Stackelberg 博弈分析［J］. 物流科技，2014（2）：24-27.

(一) 基礎問題研究

相對於其他地區而言，美國和歐洲地區的供應鏈金融及保理業務體系的發展相對成熟，並且保理融資是從美國和歐洲的商業銀行貼現業務衍生過來的金融產品，逐漸地由歐洲地區向亞洲地區擴展與延伸並迅速發展，最後才過渡到中國地區的一些商業銀行。

國外學者大多選擇從供應鏈金額的產生原因、實際應用價值、相關運作方式等方面對其加以闡述。Allen 等（2006）[1]、Guilléna 等（2007）[2] 對中小企業融資難的問題提出了一些具有創新性的解決方案設想，也為引入供應鏈金融這一思想奠定了基礎；Franke 等（2005）[3] 指出現金流擴大了供應鏈的整體活力，因此供應鏈金融管理自然成了供應鏈管理中不可或缺的一部分，為了有效地緩解供應鏈上參與方的資金約束，可以適當地採用供應鏈金融來強化管理。

Bernabucci 等（2008）[4]、Towergroup（2010）[5] 和 Tanrisever 等（2011）[6] 認為供應鏈金融能增進供應鏈內部參與方特別是商業銀行和中小型融資企業之間的聯繫，並簡要討論了通過供應鏈融資對供應鏈上各公司及企業帶來的作用和意義。

Pfohl 等（2009）[7] 研究並分析了現金流在供應鏈中的重要地位和供應鏈金融對相關成本可能產生的影響，通過建立模型進行分析並指出，一般來說只有回報率達到某一水準融資雙方才能達成合作。

Seifert 等（2011）[8] 指出若要提升企業的競爭優勢必定需要供應鏈管理，但只有供應鏈管理而沒有鏈中各節點的協同作用是不能最大化地發揮整體的全部優勢的。

而在保理融資方面，則主要針對保理融資業務的分類以及如何有效開展保

---

[1] ALLEN N BERGERA, GREGORY F UDELLC. A more complete conceptual framework for SME finance [J]. Journal of Banking and Finance, 2006, 30 (11): 2945-2966.

[2] GONZALO GUILLÉNA, MARIANA BADELLA, LUIS PUIGJANER. A holistic framework for short-term supply chain management integrating production and corporate financial planning [J]. International Journal of Production Economics, 2007 (106): 288-306.

[3] JOCHEN FRANKE, DONOVAN PFAFF, RALF ELBERT, et al. Die financial chain in supply chain management [M]. Heidelberg: Wirtschaftsinformatik, 2005.

[4] BERNABUCCI, ROBERT J. Supply chain gains from integration [J]. Financial Executive, 2008, 24 (3): 46-91.

[5] Towergroup. While supply chain finance is a powerful concept for wholesale banking, it is also widely misunderstood [EB/OL]. http://www.jrj.com.

[6] TANRISEVER F, REINDORP M. Value of reverse factoring in multistage supply chains [R]. Social Science Research Network, 2011.

[7] HANS-CHRISTIAN PFOHL, MORITZ GOMM. Supply chain finance: optimizing financial flows in supply chains [J]. Logistics Research, 2009, 1 (3): 149-161.

[8] RALF W SEIFER, DANIEL SEIFERT. Financing the chain [J]. International Commerce Review, 2011, 268 (15): 1-22.

理業務等展開相關研究。Soufani（2002）[1] 通過調查三千餘家企業，對其中兩百多家開展了保理業務的企業進行了單獨調查，對這些企業的營業額、行業類別、業務類別等進行分析，據此判斷企業開展保理業務的原因及難易程度，最終總結出這些都是影響大多數企業是否選擇保理進行融資的重要因素。

Sopranzetti（1998）[2]、Klapper（2006）[3] 驗證了保理融資對於解決融資困境的可行性。Sopranzetti還在文中表明，在進行了保理融資業務後，供應商進行融資所抵押資產的好壞將會直接對保理融資業務的推廣產生影響。

中國有關供應鏈金融的研究主要包括供應鏈金融的三種主要模式的區別研究及風險控制研究。什麼是供應鏈？馬士華、林勇（2006）[4] 認為，中心企業對整體資金流、信息流及物流加以控制，並將上游供應商、下游零售商及最終的購買方（客戶）連接成一體的網鏈結構可以稱之為供應鏈。

彎紅地（2008）[5]、陳祥鋒等（2008）[6]、徐欣彥（2009）[7]、陳丹和何廣文（2010）[8]、何宜慶等（2010）[9] 通過對應收帳款融資模式構建風險模型並進行分析，均指出只有當銀行與對應的核心企業協同合作並充分發揮各自所具有的優勢時，才能減少在該融資模式下供應鏈系統所依賴的風險規避機制出現失靈的可能性。

高凌、董寶田（2010）[10] 對營運中現金流缺口產生階段的不同而劃分的三種供應鏈融資模式分別進行了闡述，重點採用了博弈分析的方法給出了商業銀行在提供供應鏈貸款時的貸款利率確定方法。

鄭霞忠等（2012）[11] 則通過構造模糊一致判斷矩陣簡單地對供應鏈融資過程中所面臨風險進行分析，計算出了各影響因素的權重大小並對某中小企業進

---

[1] KHALED SOUFANI. On the determinants of factoring as a financing choice: evidence from the UK [J]. Journal of Economics and Business, 2002, 54（2）：239-252.

[2] BEN J SOPRANZETTI. The economics of factoring accounts receivable [J]. Journal of Economics and Business, 1998, 50（4）：339-359.

[3] LEORA KLAPPER. The role of factoring for financing small and medium enterprises [J]. Journal of Banking and Finance, 2006, 30（11）：3111-3130.

[4] 馬士華，林勇. 供應鏈管理 [M]. 北京：高等教育出版社，2006.

[5] 彎紅地. 供應鏈金融的風險模型分析研究 [J]. 經濟問題，2008（11）：109-112.

[6] 陳祥鋒，朱道立，應雯珺. 資金約束與供應鏈中的融資和營運綜合決策研究 [J]. 管理科學學報，2008，11（3）：70-77，105.

[7] 徐欣彥. 應收帳款融資的典型形式及其風險防範 [J]. 浙江金融，2009（8）：26-27.

[8] 陳丹，何廣文. 應收帳款質押貸款的風險及其模糊綜合研究 [J]. 金融理論與實踐，2010（9）：17-21.

[9] 何宜慶，陳華強，曾斌. 應收帳款融資的定價分析 [J]. 金融與經濟，2010（9）：14-16，8.

[10] 高凌，董寶田. 供應鏈金融視角下商業銀行貸款定價分析 [J]. 煤炭經濟研究，2010（11）：56-59，45.

[11] 鄭霞忠，陶青，何嘉璇. 供應鏈融資風險分析模型研究與應用 [J]. 中國市場，2012（49）：30-32.

行實證分析，但在文末表示文中所用的模糊一致判斷矩陣過於簡單，無法應對複雜多變的供應鏈融資模式的全部情況。

張志輝（2016）[①]、鮑彬彬和邵俊崗（2014）[②] 等著重研究供應鏈金融的三種主要模式，分析各自不同的融資流程及風險來源，指出須從核心企業的選定、物流企業的選定到貨物的管理三個重要階段分別加強風險控制。

而中國保理融資較美、日等發達國家而言起始較晚，直到 21 世紀以後中國學者對保理融資模式的研究才有了較快的發展，因此大多數研究都僅限於理論實證研究或作出某些定性分析。

王曉彥（2012）[③]、陳立峰、邵智韋（2016）[④] 等重點研究保理業務的分類問題，指出可分別按照承擔還款責任與否、買方是否被通知保理業務、是否涉及提供融資服務及不同的服務主體等對其進行分類。

李偉平（2010）[⑤]、吳志宏（2016）[⑥] 等指出，國際貿易競爭日益激烈，保理業務具有擔保應收帳款的信用風險，並對其風險進行有效地控制及管理、又能進行資金融通等優勢，這些優勢使之具有興起及繁榮發展的勢頭。

路芳芳、段元萍（2009）[⑦] 認為中國受次貸危機的影響，中國中小企業融資出現困難，中國國內的保理業務因此獲得發展。而在發展過程中，會出現服務對象選擇受限、缺乏業務內容的具體定位、相關人才匱乏、服務意識淡薄等一系列問題。

李夢宇、周瑩（2015）[⑧] 為了對融資企業進行信用風險分析，指出企業的融資需求與銀行定價高低密切相關，定價過高將會促使客戶放棄向銀行融資從而喪失優質客戶資源，但若定價過於低則又會使銀行無法得到預期利潤目標。

（二）保理融資模式中的風險分析及控制決策

在閱讀有關保理業務的相關文獻時，筆者發現有關在開展保理業務的過程中將會出現哪些風險、如何進行風險控制等問題也是國內外學者在保理融資模式上的研究熱點。

[①] 張志輝.供應鏈金融融資模式與風險研究［J］.知識經濟，2016（1）：39-40.
[②] 鮑彬彬，邵俊崗.基於 AHP 的中小企業供應鏈融資風險評估［J］.企業經濟，2014（5）：88-92.
[③] 王曉彥.關於國內保理業務的優勢與對策分析［J］.現代會計，2012（1）：10-12.
[④] 陳立峰，邵智韋.供應鏈金融的法律風險研究——以供應鏈金融的融資模式為切入點［J］.浙江萬里學院學報，2016（1）：25-29.
[⑤] 李偉平.企業應收帳款保理業務應用［J］.財經界（學術），2010（24）：265.
[⑥] 吳志宏.供應鏈金融下應收帳款質押融資的風險管理研究［J］.中外企業家，2016（6）：102.
[⑦] 路芳芳，段元萍.次貸危機下加快中國保理業務發展的探討［J］.國際經貿探索，2009（2）：50-54.
[⑧] 李夢宇，周瑩.供應鏈融資風險傳染度量及貸款利率定價［J］.統計與決策，2015（20）：152-156.

Klapper（2006）[1]、Sopranzetti（1998）[2] 等重點研究了開展保理業務對於解決中小型企業的融資難等問題具有的必要性及重要性，如今的經濟環境變化及參與企業的資信水準都對業務的開展及推廣產生影響。

Besanko 等（1987）[3] 主要研究影響擔保融資利率的重要因素，認為銀行可以將擔保物和擔保融資利率結合起來統一考慮，以便區分不同融資企業的不同風險水準，並分析了運用這種組合來防範風險的優勢。

在研究最佳融資策略方面，Chami 等（2002）[4] 研究了金融機構在對質押物的風險控制因素對貸款比率的影響，並建立風險框架模型，總結分析制定出最佳的融資策略。

Chen 等（2012）[5] 研究了在批發價格契約下，存在資金約束的上游供應商和下游零售商將會各自採取何種營運決策，並探求在這種條件下，當供應商的最終供貨價格、零售商的最終訂貨量均達到最優時，與保理融資利率的關係。

Leora Klapper 等（2005）[6]、Tamara Milenkovic-Kerkovic 等（2012）[7] 將保理融資與其他融資工具進行了對比分析，指出保理融資是一項優點突出的綜合性融資服務。而由於經濟環境、信息基礎建設和法律法規的不同將會出現一系列問題，須通過信用風險控制和保理商間信息整合等方式將其解決。

Caldentey 等（2007）[8]、Barbara Summers 等（2000）[9] 討論了在批發價格採購契約下，若企業選擇恰當的融資服務則可獲得收益，另外還研究了不同的融資服務對融資企業有哪些作用。

---

[1] LEORA KLAPPER. The role of factoring for financing small and medium enterprises [J]. Journal of Banking and Finance, 2006, 30 (11): 3111-3130.

[2] BEN J SOPRANZETTI. The economics of factoring accounts receivable [J]. Journal of Economics and Business, 1998, 50 (4): 339-359.

[3] DAVID BESANKO, ANJAN V THAKOR. Collateral and rationing: sorting equilibria in monopolistic and competitive credit markets [J]. International Economic Review, 1987, 28 (3): 671-689.

[4] CHAMI RALPH, SHARMA SUNIL, FULLENKAMP CONNEL. A framework for financial market development [W]. IMF Working Papers, 2002

[5] XIANGFENG CHEN, ANYU WANG. Trade credit contract with limited liability in the supply chain with budget constraints [J]. Annals of Operations Research, 2012, 196 (1): 153-165.

[6] LEORA KLAPPER, GREGORY F UDELL. Corporate governance and bank performance: A joint analysis of the static, selection, and dynamic effects of domestic, foreign, and state ownership [J]. Journal of Banking and Finance, 2005, 29 (8): 2179-2221.

[7] TAMARA MILENKOVIC-KERKOVIC, KSENIJA DENCIC-MIHAJLOV. Factoring in the changing environment: legal and financial aspects [J]. Procedia - Social and Behavioral Sciences, 2012, 44: 428-435.

[8] CALDENTEY, RENE, XIANG-FENG C. The role of financial services in procurement contract. Working paper, INFORMS, and Stern School of Business in New York University [W]. Submitted to MSOM, 2007.

[9] BARBARA SUMMERS, NICHOLAS WILSON. Trade credit management and the decision to use factoring: an empirical study [J]. Journal of Business Finance and Accounting, 2000, 27 (1): 37-68.

同時，中國有一批學者也開始對保理業務的相關風險問題進行一系列研究。白志潮 (2005)[①]、刁葉光等 (2010)[②]、魯其輝等 (2012)[③] 指出中國應收帳款保理融資過程中，所面臨的風險可分為合法性、權利抗辯性、可轉讓性和權利瑕疵風險，在開展保理合作時應對以上風險加以防範。

湯秀麗、董銀霞 (2014)[④] 和鄭春賢、宗科濤 (2008)[⑤] 綜合了有關保理行業的各項數據，對當前中國保理業的發展影響因素做出了實證分析，結果顯示：中國保理業務引進時間雖短但發展迅速，已在全球範圍內位居第二，且今後的發展也不可估量。

在對應收帳款風險評估及管理的研究方面，李文蘭 (2010)[⑥] 指出應收帳款的主要風險控制應分為事前、事中、事後三個階段。其中事前、事中、事後防範分別指：建立健全的內部管理機制、動態管理機制和事後監管機制。

王杰、喬香蘭 (2013)[⑦]、張紅梅等 (2010)[⑧] 指出影響中國保理業務發展速度的主要原因是：相關法律制度的更新制定未跟上國外腳步、保理商對融資方以及核心企業的信用評估相關評估體系不夠完善、中國商業銀行及大型保理機構出於風險考慮還未對保理融資投入關注等。

尹立、易欣星 (2009)[⑨]、李前 (2014)[⑩] 在分析保理商開展保理業務時所面臨的業務風險時，重點討論了應收帳款保理融資過程中將出現的法律風險。

（三）基於博弈視角的保理融資研究

在對保理業務相關風險進行研究時，眾多學者引入博弈論來對其中保理商、融資企業或核心企業等參與方進行行為討論，從而確定保理融資時的最佳

---

① 白志潮. 淺談國際保理業務中保理商的法律風險及防範 [J]. 太原理工大學學報（社會科學版），2005（4）：81-83, 88.

② 刁葉光，任建標. 供應鏈金融下的反向保理模式研究 [J]. 上海管理科學，2010（1）：47-50.

③ 魯其輝，曾利飛，周偉華. 供應鏈應收帳款融資的決策分析與價值研究 [J]. 管理科學學報，2012（5）：10-18.

④ 湯秀麗，董銀霞. 保理業國際競爭力的影響因素：跨國面板數據的實證研究 [J]. 經濟問題探索，2014（3）：142-148.

⑤ 鄭春賢，宗科濤. 國際保理業務的法律風險分析 [J]. 寧夏師範學院學報，2008（2）：86-90, 95.

⑥ 李文蘭. 民營中小企業應收帳款風險管理體系探析 [J]. 財會通訊：綜合（中），2010（9）：93-94.

⑦ 王杰，喬香蘭. 中國國際保理業務的現狀與對策 [J]. 商業時代，2013（3）：64-65.

⑧ 張紅梅，楊敏，桑海燕. 商業銀行開展國際保理業務的風險及其防範 [J]. 經濟導刊，2010（6）：14-15.

⑨ 尹立，易欣星. 中國國際保理中保理商的風險與防範對策研究 [J]. 東岳論叢，2009（5）：144-151.

⑩ 李前. 保理雪中送炭，多方共贏市場：訪豐匯國際商業保理有限公司總裁宮釗 [J]. 進出口經理人，2013（5）：64-66.

決策行為。

Buzacott 和 Zhang（2004）[1]、Joao 等（2003）[2]、N. R. Srinivasa 等（2011）[3] 都考慮了企業生產庫存及保理銀行的風險。通過建立貸款企業和保理銀行之間的單週期斯塔克爾伯格模型，研究在有資金約束的條件下企業的訂貨策略及保理銀行的最佳融資利率和保理額度。

Dada 和 Hu（2008）[4]、Xu 和 Birge（2004）[5] 將保理銀行設為業務領導者並以此基礎建立通過建立斯塔克爾伯格決策模型，討論了供應商的最佳訂貨量決策問題。

Almehdawe、Mantin（2010）[6] 考慮了在由一家製造商與若干家零售商共同組成的供應鏈中，通過建立多方參與方之間的斯塔克爾伯格模型，分別研究在上游供應商主導及下游零售商主導的兩種情況下的最優決策。

Kouvelis 和 Zhao（2011）[7] 討論了在一個二級供應鏈中，假設零售商受資金約束並將破產成本加以考慮，採用斯塔克爾伯格博弈來探究零售商的決策及供應商的最優批發價格及批發數量決策。

在對保理業務進行分析時，中國學者也傾向於運用博弈理論對業務的風險問題及最佳決策進行研究討論。袁東等（2011）[8]、金雪軍和毛捷（2007）[9] 運用博弈理論對保理業務的定價問題進行分析，得出了最佳保理價格的取值範圍，並提出適當減少保理融資成本，將有助於相關保理業務的整體發展。

李娟等（2007）[10] 在對完全信息下的雙方動態博弈研究指出，保理銀行對

---

[1] JOHN A BUZACOTT, RACHEL Q ZHANG. Inventory management with asset-based financing [J]. Management Science, 2004, 50 (9): 1274-1292.

[2] JOAO F GOMES, AMIR YARON, LU ZHANG. Asset prices and business cycles with costly external finance [J]. Review of Economic Dynamics, 2003, 6 (4): 767-788.

[3] N R SRINIVASA RAGHAVAN, VINIT KUMAR MISHRA. Short-term financing in a cash-constrained supply chain [J]. International Journal of Production Economics, 2011, 134 (2): 407-412.

[4] MAQBOOL DADA, QIAOHAI HU. Financing newsvendor inventory [J]. Operations Research Letters, 2008, 36 (5): 569-573.

[5] XU X, BIRGE R. Joint production and financing decisions: modeling and analysis [R]. Chicago: Graduate School of Business, University of Chicago, 2004.

[6] ALMEHDAWE EMAN, MANTIN BENNY. Vendor managed inventory with a capacitated manufacturer and multiple retailers: Retailer versus manufacturer leadership [J]. International Journal of Production Economics, 2010, 128 (1): 292-302.

[7] PANOS KOUVELIS, WENHUI ZHAO. The newsvendor problem and price-only contract when bankruptcy costs exist [J]. Production and Operations Management, 2011, 20 (6): 921-936.

[8] 袁東，陶宇博，等. 國際保理業務定價的博弈分析與建議 [J]. 技術與市場, 2011 (4): 92.

[9] 金雪軍，毛捷. 違約風險與貸款定價：一個基於期權方法和軟預算約束的新模型 [J]. 經濟學（季刊），2007 (4): 1217-1238.

[10] 李娟，徐渝，馮耕中. 基於存貨質押融資業務的博弈分析 [J]. 生產力研究, 2007 (20): 49-51.

核心企業採取激勵策略比對借款企業採取激勵策略更能有效地減少保理業務風險。

張成勇（2003）[1]、馬清波（2012）[2]等指出中國保理業務在為為中小企業融資注入活力、優化調整保理商的業務結構及完善企業的銷售市場的同時也存在一定風險，通過建立博弈模型進行研究分析，並在相關業務制度的建設上提供了建議。

於輝（2015）[3]等通過基於報童模型討論零售商的最佳訂貨策略，並運用相關博弈理論及 VAR 風險計量方法討論了保理銀行的最優保理決策。

陳歡（2014）[4]指出了保理業務的四大主要風險（道德風險、信用風險、行業風險及法律風險）。對其中由於信息不對稱導致的道德風險運用博弈論進行分析，說明道德風險受各方的監督成本、監督意願及違約後果懲處力度等影響。

曹瑛（2010）[5]討論了保理業務中參與方的道德風險博弈，建立了道德風險模型，指出風險產生的原因，並依此敘作保理合同，激勵參與者全程參與風險防控，達到多方共贏。

本書第二部分通過對供應鏈金融及保理融資的基礎性問題及風險控制等進行分析，為中國雙保理模式下的相關問題研究建立理論基礎，最終選定在多方參與的複雜環境下，從信息不對稱導致的雙保理商間的風險問題入手，借助博弈論來分析討論中國雙保理融資業務下，雙保理商的策略選擇及合謀風險防範機制。

三、P2P 供應鏈在線融資及風險控制研究

許多文獻都關注具有財務約束的資本約束供應鏈的最優 Stackelberg 策略。在國外相關文獻中，Buzacott 等（2004）[6]先嘗試將供應鏈融資納入生產決策，使用博弈論分析生產決策和財務決策之間的平衡。在此基礎上，推導出各種條

---

[1] 張成勇. 保理業務在中小企業融資運用中的困境 [J]. 華東經濟管理，2003（A1）：79-81.
[2] 馬青波. 需求隨機時的存貨質押融資質押量決策研究 [J]. 科學技術與工程，2012（9）：2246-2250.
[3] 於輝，馬雲麟. 訂單轉保理融資模式的供應鏈金融模型 [J]. 系統工程理論與實踐，2015（7）：1733-1743.
[4] 陳歡. 中小企業應收帳款質押融資模式中的道德風險研究 [J]. 江蘇商論，2014（11）：53-55.
[5] 曹瑛. 道德風險下的中國出口保理商與保理業務中其他三方的風險博弈 [J]. 管理觀察，2010（9）：34.
[6] BUZACOTT J A, ZHANG R Q. Inventory management with asset-based financing [J]. Management Science, 2004, 50 (9): 1274-1292.

件下的供應鏈融資策略研究。Xu 等（2004）[1] 運用了博弈模型，在需求隨機與市場不完善的條件下同時分析了生產與融資決策。Dada（2008）[2] 也分析了資本有限的供應商的決定，他們可以通過融資來進行採購。但本書研究的重點領域是金融機構、零售商與生產商的三者在交易時相關指標的相互作用，關注的領域集中在整條供應鏈融資以及 P2P 借貸平臺作為領導者的相關風險控制指標。Yan 等（2013）[3] 提出了一個多層次的 Stackelberg 博弈模型，其中製造商作為領導者，銀行作為次級領導者，資本受限的零售商作為追隨者。考慮到零售商的破產風險，他們分析了製造商的最優批發價格、銀行的最優信貸額度以及零售商的最優訂單數量。Srinivasa 等（2009）[4] 研究了兩級供應鏈，只有一家零售商和一家製造商，兩家公司都面臨著財務限制。他們研究了借款方的利潤與供應鏈下游現金狀況的相關程度。雖然本書研究也是兩級供應鏈單一廠商同時存在資金約束，但研究的最終方向偏向於供應鏈融資的整體狀況以及作為領導者的 P2P 網貸平臺的風險控制因素對其他決策變量的影響。Lee 等（2009）[5] 專注於研究資本約束的供應鏈代理商的協調問題，並研究了四種被廣泛研究的協調機制。雖然本書也試圖在供應鏈上下游都受資本約束時制定供應鏈融資問題，但本書的工作與他們的不同，因為引入了 P2P 借貸作為資金的提供方，這在供應鏈融資實踐中更加具備當下的時效性。

　　Caldentey 等（2011）[6] 研究了金融服務在與預算有限的零售商的採購合同中的作用。他們研究的重點在於供應商貿易信貸的內部融資和銀行貸款的外部融資，其中貸款銀行在競爭激烈的金融市場中零利潤。Kouvelis 等（2012）[7] 提出了一種貿易信貸模型，用於研究短期融資和庫存決策的相互作用，並對貿易信貸和銀行融資進行比較。我們擴展他們的銀行融資模型，以討論銀行對信

---

[1] XU X, BIRGE J R. Joint production and financing decisions: modelling and analysis [W]. The University of Chicago Graduate School of Business, 2004.

[2] DADA M, HU Q. Financing newsvendor inventory [J]. Operations Research Letters, 2008, 36 (5): 569-573.

[3] YAN N, SUN B. Coordinating loan strategies for supply chain financing with limited credit [J]. OR Spectrum, 2013, 35 (4): 1039-1058.

[4] SRINIVASA RAGHAVAN N R, MISHRA V K. Short-term financing in a cash-constrained supply chain [J]. International Journal of Production Economics, 2011, 134 (2): 407-412.

[5] LEE C H, RHEE B D. Coordination contracts in the presence of positive inventory financing costs [J]. International Journal of Production Economics, 2010, 124 (2): 331-339.

[6] CALDENTEY R, CHEN X. The role of nancial services in procurement contracts, The handbook of integrated risk management in global supply chains [M]. Hoboken: Wiley, 2011.

[7] KOUVELIS P, ZHAO W. Financing the newsvendor: supplier vs. bank, and the structure of optimal trade credit contracts [J]. Operations Research, 2012, 60 (3): 566-580.

用額度的最佳決策。Chen 等（2012）[1]調查了有限責任對 SCF 績效的影響，並表明有限責任解釋了初始預算較低的零售商在貿易信貸合同下提出更高訂貨水準的原因。Jing 等（2012）[2]用兩種信貸計劃（銀行或貿易信貸）討論了 SCF 的均衡，並表明銀行信貸融資通常收取較低的批發價格，因此比零售商的貿易信貸融資更具吸引力。根據他們的結論，本書擴展了特定金融機構（P2P）融資模式的設計研究，儘管已經做了大量工作來解決 SCF 中的最優策略問題，但很少有人關注如何確定信用額度，更不用說基於特定的模式。雖然本書的一些分析與他們的類似，但關鍵的區別在於我們正式將 P2P 借貸平臺作為領導者參與到斯坦伯格博弈中。此外，本書假設信貸額度由投資人共同決定。Yan 等（2014）[3]分析了製造商和零售商的供應鏈的最優策略，這兩家公司同時存在資金約束。他們將問題形成一個雙層 Stackelberg 博弈，其中銀行充當領導者，製造商充當次級領導者。他們推導出銀行的最優利率、製造商的最優批發價格以及零售商的最優訂購數量。Yan 等（2015）[4]對兩種不同融資模式下 SCF 參與者的 Stackelberg 均衡決策進行了比較分析。Yan 等（2016）[5]研究了資本約束零售商、製造商和商業銀行的供應鏈均衡策略。他們設計了一個結合了外部銀行信貸融資（BCF）和內部貿易信貸融資（TCF）的部分信用保證合同，並提出了兩者的協調條件。本書第三部分從 P2P 借貸的角度研究了不同資金約束的供應鏈融資均衡策略，這與 Yan 等人的商業視角有著較大的不同。

中國基於銀行系統的供應鏈融資和供應鏈內部融資的策略研究不在少數，晏妮娜和孫寶文（2011）[6]引入了有限融資的額度限制，把破產的風險作為模型的重要變量，剖析了傳統的商業銀行、零售商、生產商的最優決策，涉及銀行房貸利率、訂貨量以及批發價格。一些研究學者橫向比較了傳統供應鏈和供應鏈中的外部融資和內部融資。其中以鐘遠光、餘大勇和駱建文等人的研究為

---

[1] CHEN X, WANG A. Trade credit contract with limited liability in the supply chain with budget constraints [J]. Annals of Operations Research, 2012 (196): 153-165.

[2] JING B, CHEN X, CAI G. Equilibrium financing in a distribution channel with capital constraint [J]. Production and Operations Management, 2012 (21): 1090-1101.

[3] YAN N, DAI H, SUN B. Optimal bi-level Stackelberg strategies for sup-ply chain financing with both capital-constrained buyers and sellers [J]. Applied Stochastic Models in Business and Industry, 2014, 30 (6): 783-796.

[4] YAN N, SUN B. Comparative analysis of supply chain financing strategies between different financing modes [J]. Journal of Industrial and Management Optimization, 2015, 11 (4): 1073-1087.

[5] YAN N, SUN B, ZHANG H, et al. A partial credit guarantee contract in a capital-constrained supply chain: financing equilibrium and coordinating strategy [J]. International Journal of Production Economics, 2016 (173): 122-133.

[6] 晏妮娜, 孫寶文. 考慮信用額度的倉單質押融資模式下供應鏈金融最優策略 [J]. 系統工程理論與實踐, 2011, 31 (9): 1674-1679.

代表。鐘遠光等（2011）[1] 比較了三種融資情況下的最優訂貨以及最優批發價格問題，三種情況包括沒有融資、核心製造商沒有外部融資、核心供應商的貿易信貸內部融資。於大勇和駱建文（2012）[2] 將零售商的逆向拍賣機制與資本約束，供應鏈融資和延期付款進行了比較。張義剛和唐小我（2013）[3] 通過固定批發價格構建了生產商與零售商的利潤模型，發現在批發價一定時，當零售商制定最佳策略時，他們對供應鏈融資的使用將有一定的訂單數量限制。肖肖（2016）[4] 推出了雙渠道供應鏈。研究假設製造商處於銷售拓展期，面臨資金約束並且有兩種可供選擇的決策。他們的研究顯示，供應鏈參與者選擇融資模式，當提前付款與傳統銀行保持相同利率且製造商原有資金水準可以滿足其自由選擇交易方式時，提前付款的條約相比單純的銀行融資更能幫助製造商走出短期的資金困難。金偉和駱建文（2017）[5] 引入了內部貿易信貸與外部銀行融資的組合策略的動態博弈模型，考慮到供應鏈上游和下游的不同財務約束水準，該模型包括生產者、零售商和傳統銀行的決策變量。最終得到了兩種最優組合策略，並且更進一步對比了兩種組合策略的優劣勢。

縱觀國內外供應鏈融資策略的研究發現，現有文獻集中在供應鏈內部貿易信貸研究和外部的金融機構的融資研究。供應鏈外部融資的重點在於銀行作為資金提供方，對於其他特定金融機構作為資金方的研究少之又少，缺乏涉及P2P借貸平臺的供應鏈金融風險研究。

雖然作為近十年才新興的互聯網投融資平臺，但由於其火爆及野蠻生長讓研究學者不斷探尋其發展脈絡和內在機理，在線P2P平臺的相關理論研究不在少數。國外研究從21世紀開始。Berger等（2009）[6] 的研究主要實證檢驗了P2P交易平臺可以通過信息披露的方式減少信息的不對稱造成的貸款流失的情況，間接地提高了借款人的信用水準。Chen等（2012）[7] 把信息分為軟信息和硬信息，橫向比較中國與美國市場發現信用信息可能影響貸款的成果。P2P從誕生之初，對於其風險的關注也是不絕於耳，一些學者將研究的重點放在信

---

[1] 鐘遠光，周永務，李柏勛，等．供應鏈融資模式下零售商的訂貨與定價研究［J］．管理科學學報，2011，14（6）：57-67.

[2] 餘大勇，駱建文．資金約束下的逆向拍賣［J］．系統管理學報，2012，21（2）：206-211.

[3] 張義剛，唐小我．供應鏈融資中的製造商最優策略［J］．系統工程理論與實踐，2013，33（6）：1434-1440.

[4] 肖肖，駱建文．面向資金約束製造商的雙渠道供應鏈融資策略［J］．系統管理學報，2016，25（1）：121-128，138.

[5] 金偉，駱建文．基於雙邊資金約束供應鏈的均衡組合融資策略［J］．系統工程理論與實踐，2017，37（6）：1441-1451.

[6] BERGER S C, GLEISNER F. Emergence of financial intermediaries in electronic markets: the case of online P2P lending. Business Research［J］. 2009, 2（1）：39-65.

[7] CHEN D, HAN C. A Comparative study of online P2P lending in the USA and China［J］. Journal of Internet Banking and Commerce, 2012, 17（2）：1-15.

用風險評估方面。其中，Chen 等（2014）[1] 的研究內容是構建了綜合信任模型檢測使用者對 P2P 借貸平臺的信任程度。該綜合信任模型引入了中國 P2P 平臺的實際數據後得出結論：出借意圖的主要推手是借款人對直接融資方的信任而不是借款人對仲介平臺的信任。Emekter 等（2015）[2] 的研究通過構建經驗性的信用風險的評估方法檢測信用風險，研究發現借款人信用評估水準、銷代比以及信用額度循環使用對最終貸款違約的結果有重要影響。Guo 等（2016）[3] 的研究注重從 P2P 借貸的投資人的角度出發，他們運用數據構建了一個投資組合的框架，幫助 P2P 投資者合理分配投資資金以實現最佳回報。利用基於案例的風險評估模型可以優化 P2P 貸款的投資組合，並確定最優投資計劃。從投資者的角度來看，P2P 借貸過程中的羊群效應和類似行為對貸款人和借款人都有一定的影響，一些學者的研究也側重於此。Herzenstein 等（2011）[4] 的研究是通過實證發現在 P2P 借貸過程中確實存在一定的影響，且這種影響對於借貸雙方都是有利，投資人可以更加清晰地選擇優質標的，優質標的借款人也可以更快地融資。Lee 和 Lee（2012）[5] 通過使用市場份額模型，經驗性地探討了 P2P 在線借貸中是否存在投資者策略性羊群行為。Liu 等（2015）[6] 研究的視角更具獨特性，他們探究友誼對 P2P 借貸的影響，特別關注到相比陌生人，借款人的朋友更傾向於提供貸款，朋友的讚同資金出借對資金需求方的借款決定產生了負影響。

中國對 P2P 的研究的重點在於風險控制與管理以及信用體系的構建。郭志俊、吳椒軍（2010）[7] 為 P2P 借貸定義，認為 P2P 借貸是通過投資者使用第三方平臺放貸給資金需求方並賺取利息收益。王會娟、廖理（2014）[8] 在研究中國 P2P 網貸的實際數據時，從信息不對稱的角度出發，驗證了信用認證

---

[1] CHEN D, LAI F, LIN Z. A trust model for online peer-to-peer lending: a lender's perspective [J]. Information Technology and Management, 2014, 15 (4): 239-254.

[2] EMEKTER R, TU Y, JIRASAKULDECH B, et al. Evaluating credit risk and loan performance in online Peer-to-Peer (P2P) lending [J]. Applied Economics, 2015, 47 (1): 54-70.

[3] GUO Y, ZHOU W, LUO C, et al. Instance-based credit risk as-sessment for investment decisions in P2P lending [J]. European Journal of Operational Research, 2016, 249 (2): 417-426.

[4] HERZENSTEIN M, DHOLAKIA U M, ANDREWS R L. Strategic herding behavior in peer-to-peer loan auctions [J]. Journal of Interactive Marketing, 2011, 25 (1): 27-36.

[5] LEE E, LEE B. Herding behavior in online P2P lending: an empirical investigation [J]. Electronic Commerce Research and Applications, 2012, 11 (5): 495-503.

[6] LIU D, BRASS D, LU Y, et al. Friendships in online peer-to-peer lend- ing: pipes, prisms, and relational herding [J]. MIS Quarterly, 2015, 39 (3): 729-742.

[7] 郭志俊, 吳椒軍. 論中國個人信用體系的法律制度建設 [J]. 社會科學論壇, 2010 (5): 34-38.

[8] 王會娟, 廖理. 中國 P2P 網絡借貸平臺信用認證機制研究——來自「人人貸」的經驗證據 [J]. 中國工業經濟, 2014 (4): 136-147.

机制对 P2P 借贷的影响。研究结果表明，划分的信用等级直接影响到借贷利率水准与借贷融资的成功率。郭登辉、王毅成（2010）[1]、廖理等（2015）[2]认为 P2P 借贷风险大，资金的流向以及真实意图不明，而且半市场化的高利率吸引投资人正是其违约风险高的佐证。缺乏主观判断的羊群效应让部分投资者仅根据订单完成度来选择标的，也在某种程度上放大了投资人的交易风险。

综上，从国内外对供应链融资策以及在线 P2P 借贷的研究主体看，供应链融资策略的研究偏向于传统商业银行作为出资端，更多考虑在银行参与下的均衡结果，很少有研究涉及 P2P 这类融资机构；P2P 借贷的研究偏向于风险控制、信用评估等。而本书第三部分把 P2P 借贷平台作为领导者参与供应链融资与 P2P 核心研究风险控制相结合，考虑在风险控制下的供应链融资最优均衡解，这种结合是独创并贴近实际情况的。

四、电商担保融资及风险控制相关研究

本书第四部分的研究是在供应链营运管理与链中主体融资策略的交汇处，探索当上下游单位之间存在由于延迟支付货款合约的供应链融资问题。因此，这涉及信用交易的相关文献，这些文献研究了渠道中的这种付款延迟，并为存在资本约束的一方提供融资方式。

陈祥锋等（2008）[3] 分析得出在零售商欠缺营运资金的供应链中，零售商通过金融机构获得资金支持时，在日常交易中能够带来额外的收益，但是资本市场的竞争程度直接影响了链中各节点主体的具体决策。Rui 和 Lai（2015）[4] 研究了减少供应商产品掺假的延期付款和检查机制，发现由于供应商的掺假动机，延期付款下的最优采购数量通常小于第一最佳数量，在检验机制下，最优采购数量不低于最佳采购数量。这两种机制的比较表明，当市场规模较小或利润率较低时，延期支付机制通常可以胜过检查机制。

Lai 等（2008）[5] 考察了资金约束分别对预订模式和寄售模式下供应链效率的影响，研究发现，当不存在资金约束时，供应商始终倾向于承担全部的库存风险而采用寄售模式，而当存在资金约束时，供应商会选择预售部分商品以

---

[1] 郭登辉，王毅成. 关於网络联保贷款方式的探究 [J]. 金融与经济，2010（2）：83-85.
[2] 廖理，李梦然，王正位，等. 观察中学习：P2P 网络投资中信息传递与羊群行为 [J]. 清华大学学报（哲学社会科学版），2015，30（1）：156-165，184.
[3] 陈祥锋，朱道立，应雯珺. 资金约束与供应链中的融资和营运综合决策研究 [J]. 管理科学学报，2008，11（3）：70-77，105.
[4] RUI H, LAI G. Sourcing with deferred payment and inspection under supplier product adulteration risk [J]. Production & Operations Management, 2015, 24 (6): 934-946.
[5] GUOMING LAI, LAURENS G DEBO, KATIA SYCARA. Sharing inventory risk in supply chain: The implication of financial constraint [J]. Omega, 2008, 37 (4): 811-825.

分散部分庫存風險。徐賢浩等（2011）[1] 研究了存在著延遲支付的營運管理中引入供應鏈金融融資問題，構建了訂貨商的庫存管理模型，其中存在著連續性的隨機需求。最終研究得到，該模型能為中小型企業解決資金短缺的問題，並且模型能夠同時幫助公司確定訂貨決策。

　　Cunat（2007）[2] 探討了在合同可執行性有限的背景下，供應商如何能夠在向客戶提供貸款方面比銀行更具比較優勢。研究發現違約的溢價以及保險會導致貿易信貸的隱性利率相對較高，並且如果供應商的資金成本處於一個較高的水準，違約的溢價將會被放大。Murfin 和 Njoroge（2015）[3] 研究了一種新的、具有經濟重要性的貿易信貸關係特徵，其中大型投資買家向其較小的供應商借款。他們發現大型零售商延期付款的行為與供應商的投資級別有關，在銀行信貸緊縮期間以及存在資金限制的公司最為明顯。Alan 和 Gaur（2017）[4] 探討了庫存和資本結構對銀行融資與信用交易的影響。研究表明，考慮庫存與資本結構的借貸方式可以使銀行通過篩選企業來減輕信息不對稱，從而控制每個企業類型的訂單數量和槓桿。

　　以上文獻主要涉及的供應鏈融資方式是較為傳統的商業信貸和銀行信貸，而近年來隨著供應鏈的不斷發展，為緩解中小型公司的資金壓力、開拓新的資金來源，企業也在尋求多樣化的融資可能。目前常見的供應鏈融資方式主要有質押融資模式、預付款融資模式和應收帳款融資模式，國內外學者對這類融資的研討也相對較多。應收帳款融資模式是目前最為常見的融資模式，是資金需求企業將應收帳款進行處理，包括質押、出售等，而獲得資金的一種方式。

　　在應收帳款融資模式的不同方式的研究中，包曉嵐（2004）[5] 探討了什麼條件的應收帳款才能夠有效獲得融資，並進一步詮釋了證券化融資、保理和應收帳款質押這幾種方法，最後分析了這幾種融資模式在中國發展的可能性及方向。王海濤（2011）[6] 比較了質押與保理融資模式的優點與缺點，基於比較結果提出了如何進一步發展這兩種融資模式的建議。之後，韓國薇（2012）[7] 在借鑑前人的基礎上，考慮了應收帳款證券化的融資模式，將其與保理和質押方

---

[1] 徐賢浩，鄧晨，彭紅霞. 基於供應鏈金融的隨機需求條件下的訂貨策略 [J]. 中國管理科學，2011，19（2）：63-70.

[2] CUNAT V. Trade credit: Suppliers as debt collectors and insurance providers [J]. Rev. Financial Stud., 2007, 20 (2): 491-527.

[3] MURFIN J, NJOROGE K. The implicit costs of trade credit borrowing by large firms [J]. Rev. Financial Stud. 2015, 28 (1): 112-145.

[4] ALAN YASIN, GAUR VISHAL. Operational investment and capital structure under asset-based lending [J]. Manufacturing & Service Operations Management, 2018, 20 (4): 601-616.

[5] 包曉嵐，高思新. 應收帳款融資的方式與前景分析 [J]. 財會通訊，2004（4）：58-61.

[6] 王海濤. 中小企業應收帳款質押與保理融資方式比較 [J]. 西南金融，2011（10）：47-49.

[7] 韓國薇. 中小企業應收帳款融資創新模式研究 [J]. 中國商貿，2012（3）：150-151.

式進行了比較並詳細論述了三者的優缺點。

在關於應收帳款融資模式的風險研究中，Jobst（2006）[1]認為在採用應收帳款證券化的融資模式時，應該考慮每個投資者的風險偏好，並把應收帳款依據風險的大小進行分類，為投資者尋找最佳的證券產品。袁明（2014）[2]詳細研究了國際保理業務，一方面論述了其優點，另一方面分析了在開展國際保理融資業務時保理商不可避免的風險，並建議保理商尋求相關法律的救助以及其他一些防範方法。阮棋（2017）[3]的研究同樣在國際保理業務，他認為在進行相關的應收帳款轉讓業務時，需要提前詳細瞭解相關的法律風險。並且，他認為促進中國國際保理的發展必須完善相關的國際保理法律制度，加強保理商的業務能力，如相關業務的風險防範能力。

在關於應收帳款融資模式的最優決策研究中，占濟舟等（2014）[4]的研究構建了一種基於應收帳款融資的集中化的供應鏈系統與參與企業的最優利潤模型，並求解出了製造商的最佳決策方案，研究表明集中化的決策較分散化的決策能帶來更高的收益。孫喜梅等（2014）[5]依據 Stackelberg 博弈構建了在二級供應鏈中應用應收帳款融資方式的最優決策的模型，並在其中考慮了內生的違約率，通過求解得出了供應商的最優決策，經分析得出應用應收帳款融資可以使供應鏈處於帕累托最優的狀態。

此外仍有許多研究人員從不同角度對應收帳款融資進行了學術研究。於輝、馬雲麟（2015）[6]研究了訂單轉保理的融資模式，通過數學建模與分析研究了保理回報率如何影響著零售商作出的決策。Kasper等（2015）[7]利用基於仿真的優化算法研究了反向保理在支付延期的影響。他們發現，延長支付條款會導致供應商的非線性融資成本超出承擔其他憑證帶來的機會成本。並且，研究表明供應商具有的成本構成以及市場需求的不確定性，將同時決定著供應商能夠接受的付款期限延長時間。

---

[1] JOBST A. Asset security station as a risk management and funding tool [J]. Managerial Finance, 2006, 32 (9): 731-760.

[2] 袁明. 淺析國際貿易中保理商的風險防範與救濟 [J]. 中國商貿, 2014 (23): 23-36.

[3] 阮棋. 國際保理中應收帳款轉讓的法律風險及防範研究 [J]. 華北電力大學學報（社會科學版），2017 (6): 51-55.

[4] 占濟舟，張福利，趙佳寶. 供應鏈應收帳款融資和商業信用聯合決策研究 [J]. 系統工程學報，2014，29 (3): 384-393.

[5] 孫喜梅，餘博，韓彪. 基於 Stackelberg 模型的應收帳款融資決策優化 [J]. 深圳大學學報（理工版），2014，31 (6): 654-660.

[6] 於輝，馬雲麟. 訂單轉保理融資模式的供應鏈金融模型 [J]. 系統工程理論與實踐，2015，35 (7): 1733-1743.

[7] KASPER VAN DER VLIET, MATTHEW J REINDORP, JAN C FRANSOO. The price of reverse factoring: Financing rates vs. payment delays [J]. European Journal of Operational Research, 2015, 242 (3): 845-853.

預付款融資指的是上游企業受資金限制，下游企業預先支付貨款幫助上游暫時緩解現金流緊張的一種方法。目前關於預付款融資的主要研究方向在於企業如何做出最優的營運決策。李超、駱建文（2017）[1] 研究了由資金受限的上游製造商與大型銷售商構成的簡單供應鏈系統，分別探討了預付款融資模式與傳統銀行貸款模式下的最優決策，並進行了對比，最後得到預付款融資模式能夠進一步協調供應鏈。錢佳和王文利（2016）[2] 同樣研究了一個二級供應鏈，基於拉式供應鏈系統探討了在集中決策時，考慮上游在存在批發價格折扣的情況下，預付款融資模式的最佳產量與最佳批發價，並求證該模式能否協調供應鏈系統。

　　占濟舟等（2015）[3] 在存在資金限制的供應商與大型零售商構成的簡單供應鏈中構建了兩方的博弈模型，其中加入了零售商的缺貨成本以及預付款融資模式中批發價格存在折扣，最終得出了零售商的應預付款多少的決策和供應商的生產決策，並分析了預付款融資模式為供應鏈帶來的價值。王文利和駱建文（2013[4]，2014[5]）主要探討在預付款融資模式中，供應商的初始資金水準、零售商的價格折扣比率對供應商的生產策略以及零售商的最佳策略產生的影響；其次探討了預付款的內部融資與零售商擔保的外部融資，對兩種獲取資金的方式進行了對比。

　　質押融資是指具有融資需求的企業利用存貨或者倉單通過仲介機構授信，從外部的金融機構獲取資金的方式。在關於供應鏈企業存貨融資模式的決策研究中，江瑋潘等（2015）[6] 分析了處在隨機需求環境中的動態存貨質押問題，求得了融資企業的最優決策次數。魯其輝等（2016）[7] 研究了三種不同的存貨質押融資模式，分別探討各模式下企業的最優決策以及最優利潤。認為在降低企業的營運成本且以利潤最大化為目標，銀行更傾向於統一授信。白世貞等

---

[1] 李超，駱建文. 針對資金約束供應商的預付款融資均衡策略［J］. 上海交通大學學報，2017，51（2）：229-236.

[2] 錢佳，王文利. 預付款融資下供應鏈協調的定價策略［J］. 系統工程，2016，34（7）：85-89.

[3] 占濟舟，周獻中，公彥德. 生產資金約束供應鏈的最優融資和生產決策［J］. 系統工程學報，2015，30（2）：190-200.

[4] 王文利，駱建文. 零售商提前支付與貸款擔保下的供應商融資策略［J］. 管理工程學報，2013，27（1）：178-184.

[5] 王文利，駱建文. 基於價格折扣的供應鏈預付款融資策略研究［J］. 管理科學學報，2014，17（11），20-32.

[6] 江瑋潘，易東波，吳容，等. 多批次存貨質押融資下的庫存管理［J］. 系統工程，2015（1）：122-127.

[7] 魯其輝，姚佳希，周偉華. 基於EOQ模型的存貨質押融資業務模式選擇研究［J］. 中國管理科學，2016，24（1）：56-66.

（2013）[1] 研究了由資金受限的下游企業以及大型上游企業的簡單供應鏈，建立存貨質押融資模式下各主體的最佳預期收益模型，探討在不確定需求的市場中，零售商的最佳訂貨決策以及供應商的最佳批發價，最後通過算例進行具體的分析闡述。

陶恒清和朱東紅（2017）[2] 在存貨質押模型中加入了對第三方物流公司的考慮，建立了基於不對稱信息的多階段三方博弈模型，分析求得了參與者根據風險退出博弈的決策點，並提出了存貨質押融資模式下防範風險的建議。此外孫海雷等（2016）[3]、劉佳和隋超（2017）[4] 也從其他的角度對存貨質押融資模式下企業的營運決策做了不同程度的研究。

王志宏和陳曉晴（2017）[5] 在建立倉單質押的模型中考慮了質押物的損耗率、第三方物流監管企業的監管努力和融資企業的違約率。研究表明監管努力越高，銀行獲得的利潤越多，另外融資企業的違約率並不會受到銀行激勵監管企業所做出的決策的影響。Gianluigi（2012）[6] 主要採取定性的研究思路對多種倉單質押融資方式進行研究，探討了不同方式的最佳適用範圍以及使用條件。張小娟和王勇（2015）[7]、王忠偉和吳亞輝（2012）[8]、袁開福和高陽（2007）[9] 分別探析了倉單質押融資模式中不同的獲利方式，並分析對供應鏈的協調機制。

除了上面大部分學者對於主流的三種供應鏈融資方式的研究外，還有一些學者的研究重點在於受資金約束的中小公司尋求供應鏈中核心企業的幫助的融

---

[1] 白世貞，徐娜，鄔章華. 基於存貨質押融資模式的供應鏈金融最優決策［J］. 物流技術，2013，32（5）：212-214.

[2] 陶恒清，朱東紅. 供應鏈金融存貨質押融資多階段博弈研究［J］. 物流工程與管理，2017，39（OS）：9-61.

[3] 孫海雷，王勇，陳曉旭，等. 隨機需求下基於存貨質押融資的項目投資決策［J］. 系統工程學報，2016，31（2）：227-233.

[4] 劉佳，隋超. 存貨質押融資模式下煤炭供應鏈收益分配模型研究［J］. 中國商論，2017（21）：142-143.

[5] 王志宏，陳曉晴. 考慮質押物耗損的倉單質押融資決策研究［J］. 物流科技，2017，40（1）：140-145.

[6] GIANLUIGI V. The research on modes and application of inventory financing［J］. Advances in Intelligent and Soft Computing，2012（137）：35-42.

[7] 張小娟，王勇. 零售商倉單質押融資二次訂購模式下決策與協調［J］. 系統工程學報，2015，30（5）：671-681.

[8] 王忠偉，吳亞輝. 農產品物流倉單質押盈利模式研究［J］. 物流技術，2012，31（7）：4-6，34.

[9] 袁開福，高陽. 中國第三方物流企業倉單質押的盈利機理及增值業務分析［J］. 生產力研究，2007，161（24）：124-126.

資模式。陳其安等（2008）① 建立了一個三方信貸模型，包括存在資金限制的中小企業、壟斷性質的銀行以及中間的擔保機構。分析了存在擔保機構的情形下中小企業的最佳策略，並探討了信息的不對稱對決策產生的影響。Wang 等（2012）② 考慮了一種與傳統的銀行信貸擔保不同的融資方式，供應鏈中的核心企業憑藉其良好的信用評級向銀行申請貸款，然後將貸款分配到供應鏈中存在資金約束的節點企業處，幫助其順利獲取融資。分析得出該模式在降低銀行風險的同時能夠提高核心企業以及中小企業雙方的利潤。

　　Wu 等（2014）③ 提出了買方擔保的採購訂單融資（BPOF）模式，分析了一個兩階段隨機規劃模型，其中核心企業的採購來源由兩部分組成：價格較低的中小企業製造商和貨價較高的現貨市場。他們主要分析了市場利率對決策的影響，並確定了買方最佳的採購組合以及最優信用擔保決策，最後證明了 BPOF 模式顯著提高了核心企業的盈利能力。Tunca 和 Zhu（2017）④ 分析了買方作為供應商和銀行的仲介在供應商融資中的作用和效率。他們建立的理論模型表明，沒有買方仲介，傳統的供應商融資可能效率低下，並可能顯著降低供應鏈績效。

　　本書的第四部分系統地總結了上述文獻後，嘗試將 Tunca 的理論模型結合經典報童模型應用於電商擔保融資的供應鏈融資模式中，並在模型中引入了產品退貨的因素，同時考慮缺陷產品退貨率以及無缺陷產品退貨率，並考慮存在一個二級市場需求的情況下，零售商的最優訂貨決策。

---

　　① 陳其安，肖映紅，程玲. 中小企業融資的三方信貸擔保模型研究［J］. 中國管理科學，2008，16（SI）：210-214.
　　② YANG WANG, YUNLU MA, YUHE ZHAN. Study on supplier-led supply chain finance［J］. Research Journal of Applied Sciences, Engineering and Technology, 2012（18）：3375-3380.
　　③ WU A, HUANG B, CHIANG M H. Support SME suppliers through buyer-backed purchase order financing［J］. Social Science Electronic Publishing, 2014.
　　④ TUNCA T I, ZHU W. Buyer intermediation in supplier finance［J］. Management Science, 2017, 64（12）：5461-5959.

第一部分
基於商業銀行的保兌倉模式合約風險管理研究

在供應鏈金融業務中，上游供應商通常處在整條供應鏈的核心位置。下游企業的經銷商由於自身的經營能力、資金週轉速度、盈利能力、資產規模等原因制約了企業的發展，因而處在供應鏈下游的中小企業通常需要向商業機構貸款以滿足企業的臨時性資金需求。在商業銀行營運的三原則中，資金的安全性是商業銀行對外融資時所要考慮的首要因素，出於對資金安全性的考慮，商業銀行通常不願意將貸款發放給下游的中小企業，形成了中小企業的融資困境。在中國，中小企業主要通過以下三種方式進行融資：從資本市場融資、從民間融資、從金融機構融資。資本市場融資的門檻較高，民間獲取融資的利率較高，金融機構獲取融資的覆蓋率較低，以上原因共同造成了中小企業的融資瓶頸。

據中國銀行業監督管理委員會的測算，大型企業通常能順利從商業銀行獲得貸款。大型企業的貸款覆蓋率高達100%，中型企業的貸款覆蓋率高達90%，而面臨資金壓力又身處融資困境的中小企業貸款覆蓋率僅為20%，中小企業的貸款覆蓋率僅占大型企業的五分之一。根據山東省有關部門統計，該省中小企業的數量將近70萬戶，小企業在70萬戶中所占比例為99%，然而這些小企業創造了山東省GDP的60%，同時這些小企業的貸款餘額僅占山東省企業貸款總數的23%。創造較高的GDP卻只能獲得較低的貸款融資額，這從某種程度上反應了中小企業確實面臨融資難的現實困境，而供應鏈金融創新業務的出現為眾多的中小企業解決融資難題帶來了希望。2003年1月至2008年3月深圳發展銀行（現平安銀行）累計為超過250家中小企業提供大約500億元的融資，為超過2.5萬輛零售車輛提供大約270億元的汽車消費貸款。然而商業銀行在開展融資業務獲取中間業務收入時存在許多風險。本部分主要從供應鏈金融保兌倉融資模式角度出發，分析商業銀行如何通過制定合約的關鍵參數來規避保兌倉融資模式中的合約風險、商業銀行的授信額度以及分析影響融資企業的行為選擇因素與影響商業銀行的行為選擇因素，為商業銀行制定最優保證金比例與確定授信額度提供參考。

第二章　供應鏈金融保兌倉模式相關理論基礎

本章主要對供應鏈金融業務的參與者、業務具備的要素、業務存在的特點進行介紹，分析供應鏈金融業務的不同模式、面臨的風險、衡量風險的方法、防範風險的措施。通過本章的介紹，可以從整體上瞭解有關供應鏈金融業務的基礎理論，加深對供應鏈金融業務的認識。

第一節　供應鏈金融保兌倉模式介紹

雖然學術界對供應鏈金融的概念沒有嚴格、統一的定義，但是供應鏈金融業務的開展通常具有以下幾個客觀要素：第一，中小企業面臨融資難的現實困境與融資需求，且商業銀行通常不願意向中小企業貸款的惜貸現象；第二，中小企業擁有可用於變現的企業存貨、應收帳款或用於抵押的動產；第三，相對於中小企業而言，商業銀行更願意向規模龐大、實力雄厚的大企業貸款；第四，物流企業的發展為物資快速運輸提供保障，能為業務開展提供貨物評價、監管、拍賣等服務；第五，融資企業通過供應鏈金融能夠緩解資金壓力，商業銀行能從該業務中增加中間收入，物流企業能從該業務中拓展盈利渠道，核心企業能從該業務中開發下游客戶的多方共贏的利益基礎；第六，政府鼓勵中小企業發展的宏觀環境。

供應鏈金融業務具有以下特點：第一，以解決中小企業的融資瓶頸為目標；第二，商業銀行視其為應對行業激勵競爭的突破口；第三，業務優勢與業務風險共存性；第四，促使物流企業寬口徑發展；第五，集資金流、信息流、物流為一體的整合性；第六，確保供應鏈整體效用最大化；第七，中小企業融資款項的自償性；第八，中小企業需要憑藉核心企業資信水準的掛靠性。以上八點是供應鏈金融創新業務的主要特點。

總體而言，供應鏈金融保兌倉模式的參與者主要包括中小企業、核心企業、物流企業、商業銀行、政府有關機構、專業人士。

第一，中小企業。中小企業是指由於自身經濟實力薄弱，規模較小而在生產過程中通常面臨資金約束的企業。中小企業在供應鏈金融業務中通常處於被動的地位：一方面企業需要資金維持營運，另一方面企業又面臨融資艱難的現實困境，這為供應鏈金融業務的誕生提供了前提條件。在中國，中小企業的數量之多也為供應鏈金融業務的出現提供了催生條件。中小企業生產的許多產品通常是與日常生活息息相關的，中小企業能否持續經營不僅影響中小企業本身的營業水準還影響著消費者的生活質量，可以說眾多消費者的需求將為中小企業的生存提供較大的空間。沒有中小企業面臨的實際融資難題，也就沒有供應鏈金融創新業務產生的前提條件。沒有中小企業也就沒有供應鏈金融業務。在整條供應鏈條中，中小企業究竟是生產商還是供應商還是銷售商，要依據具體情況而定。

第二，核心企業。在供應鏈金融創新業務中，核心企業是非常重要的成員。在傳統融資業務中，當中小企業面臨融資困境時，普遍的做法是從商業銀行獲取貸款以緩解臨時資金壓力度過資金約束期。然而在實踐中，為了盡可能保證銀行資金的安全，商業銀行通常要對提出貸款申請的中小企業進行貸前審查，審查內容包括企業本身的經營規模、資金實力、發展前景等。由於中小企業對商業銀行考察的內容比較瞭解，為了能獲取外源資金支持，中小企業可能會採用美化企業帳簿、虛增資產、降低負債甚至偽造單據等手段以達到獲取銀行貸款的目的。商業銀行同樣對中小企業的偽造手段有所瞭解，商業銀行寧願選擇放棄發放貸款獲取的收入也不願意承擔該筆貸款轉變為壞帳的風險，這被稱之為惜貸現象。這就為商業銀行考察核心企業的資信水準提供了條件。在供應鏈金融業務中，由於中小企業和核心企業進行交易，商業銀行需要關注核心企業的情況，將關注重點從對中小企業的考察轉變為對核心企業的考察。考察內容主要包括核心企業的經營狀況、發展前景、企業的資信水準等，銀行在決定是否向融資企業進行融資時需要著重考察交易的真實性和核心企業的資信水準，因而供應鏈金融業務本質上是一種資信考察轉向的業務，將對中小企業整體實力的考察轉變為對核心企業資信水準的考察。因此核心企業雄厚的整體實力、良好的資信水準為供應鏈金融業務的開展提供了延伸條件。核心企業是供應鏈金融業務開展中的支點。

第三，物流企業。物流企業是指在供應鏈金融業務中承擔貨物運輸或倉儲的經濟組織，物流企業根據客戶的要求對貨物進行評估、監管、儲存，根據客戶的特徵即時滿足客戶的物流需求。供應鏈金融是在供應鏈管理的基礎上結合中小企業的融資需求和商業銀行的盈利期望而發展起來的。所以在供應鏈金融業務發展歷程中，物流企業佔有重要的一席。物流企業根據客戶需求不僅要承擔監管貨物的職責，還要對貨物本身的價值進行評估，對中小企業進行調查，匯集調查資料。在四方保兌倉中，物流企業不僅承擔傳統運輸業務的基本職

責，還要承擔信息調查、匯集、傳遞的職責，成為整條供應鏈中的業務紐帶，保證業務開展的暢通性、連貫性。在保兌倉融資模式中，當融資企業的購買剩餘貨物意願消除時，物流企業還要負責剩餘貨物的拍賣工作，或者由物流企業自行處理剩餘貨物。

　　第四、商業銀行。商業銀行是供應鏈金融業務中的資金供給者，主要向具有資金壓力又謀求企業發展的中小企業發放貸款。物流企業將融資企業的相關資料傳遞給銀行後，商業銀行將根據資料所反應的交易的真實性、核心企業的資信水準和融資企業的經營情況最終決定是否向融資企業提供貸款，當融資企業滿足融資條件後，銀行將向其融資，否則銀行有權拒絕向其融資。當中小企業的申請條件達到商業銀行要求後，銀行將向其貸款以緩解企業臨時資金壓力，確保企業持續經營，幫助企業長遠發展，此時處在窖藏狀態的資金流向中小企業，完成真正意義上的融資，融資企業利用該資金進行生產，將資金從不增值狀態轉變為增值狀態。因此商業銀行融資行為最終標誌著供應鏈金融業務在真正意義上得到開展，是供應鏈金融業務開展的關鍵。

　　上述參與者是供應鏈金融中的主要參與者，然而任何業務的開展不僅需要業務本身的組成要素，還需要開展該項業務的支持者和監管者。

　　政府有關機構是從制度上保證該項業務順利開展的力量，因而政府有關機構同樣參與供應鏈金融業務的開展。從宏觀方面來講，任何行業的發展都離不開外在的宏觀環境。不同的企業規模、資金實力、經營狀況、管理水準和資信水準的企業都將受到宏觀環境的影響，這些宏觀因素最終折射到企業的成本支出、納稅額度、利潤數量等量化指標上。因此供應鏈金融業務的開展不可避免地受到宏觀環境的影響。這些宏觀因素主要包括法律環境和地方基建環境，且都需要政府的力量和參與。所以政府有關機構是供應鏈金融業務順利開展的保證。只有政府面對中小企業發展實際難題時，以解決中小企業融資瓶頸為目標、順應社會發展的趨勢、督促政府有關機構制定對供應鏈金融發展有利的政策才能保證該業務的長遠、健康發展以及促進中小企業的發展，真正做到有利於商業銀行面對激烈的競爭，有助於物流企業拓寬收入渠道，並充分發揮核心企業資信水準在供應鏈金融業務開展中的重要作用。

　　專業人士是指在該項業務中提供專業服務的人員。法律顧問和稅收顧問是主要的專業人士。供應鏈金融業務開展過程中不可避免地需要簽訂有關合同及協議。所以在合同制定過程中，法律人士將參與合同、協議制定的過程，提供專業的建議，確保有關合同以及協議條款的合法性。稅務專業人士在企業繳納稅款的時候為企業提供專業建議、諮詢。法律專業人才和稅務專業人才是供應鏈金融業務順利開展的潤滑劑。

第二節　供應鏈金融的模式

關於供應鏈金融業務的模式，學術界並沒有給出統一模式。本節將從不同角度對供應鏈金融模式進行分類：

第一，基於不對稱信息理論對供應鏈金融模式分類，如圖2-1所示。這裡的信息不對稱主要包括簽約前（事前）的信息不對稱和簽約後（事後）的信息不對稱。針對事前不對稱問題，通常使用逆向選擇模型、信號傳導模型和信息甄別模型消除不對稱信息帶來的風險。針對事後不對稱問題，常使用道德風險模型來消除不對稱信息帶來的風險。

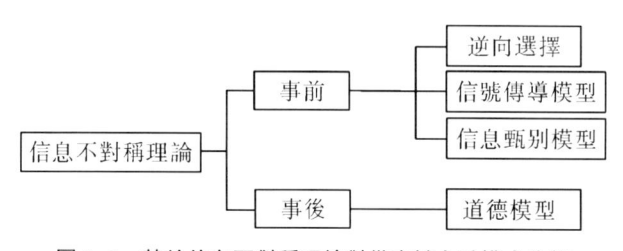

圖2-1　基於信息不對稱理論對供應鏈金融模式分類

第二，基於生產經營階段對供應鏈金融模式分類。從企業營運階段的角度出發，企業通常經歷採購階段、生產階段、銷售階段。企業在採購階段，由於採購商品階段導致的資金短缺，為了解決採購階段的資金缺口問題，企業可以採用預付帳款模式解決融資困境。該種模式由第三方物流企業或者核心企業提供擔保，商業銀行或者非銀行金融機構向面臨資金困境的企業提供貸款，幫助採購企業緩解支付貨款的壓力，一段時間後，融資企業將貨款還給商業銀行或者非銀行金融機構。物流企業在該種模式中承擔監管貨物的責任，承擔物流運輸的義務，幫助商業銀行或非銀行金融機構控制風險。

企業完成採購階段後進行生產階段，企業適合選擇基於存貨的融通倉模式，該種模式以企業存貨為資本，商業銀行為貸款方，具有資金缺口的企業為服務對象，倉儲方為監管企業。

企業從生產階段進入銷售階段，存在資金困難的企業適合選擇應收帳款融資模式。由於企業出售商品但未收到出售商品的貨款，商業銀行能基於應收帳款向企業提供融資，一段時間後，商品貨款作為償還銀行貸款的資金來源。因此從企業生產經營階段出發，供應鏈金融模式主要包括以下三種：保兌倉融資模式、融通倉融資模式、應收帳款融資模式。圖2-2反應了基於企業生產階段的供應鏈金融模式的分類情況。

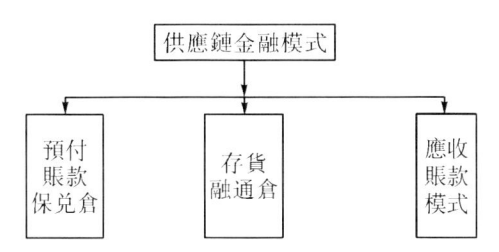

图 2-2　基於生產經營階段對供應鏈金融模式分類

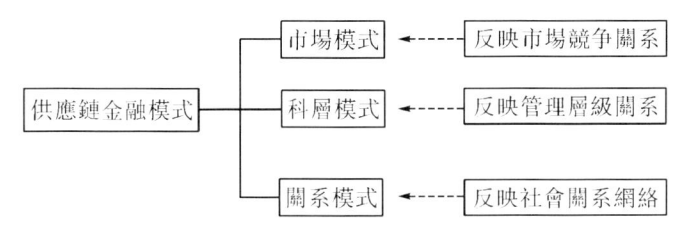

第三，基於關係治理角度對供應鏈金融模式分類。從關係治理的角度出發分析供應鏈金融模式，基本模式包括三種：體現節點企業之間競爭的市場模式、管理層級的科層模式、體現社會關係的網絡關係模式。圖 2-3 反應基於關係治理的供應鏈金融模式分類。

图 2-3　基於關係治理角度對供應鏈金融模式分類

第四，基於銀行授信角度對供應鏈金融模式分類。從商業銀行授信角度出發考察供應鏈金融模式，供應鏈金融模式分為授信類融資模式與非授信類融資模式兩種。圖 2-4 反應了授信融資模式與非授信模式所包含的具體融資業務。

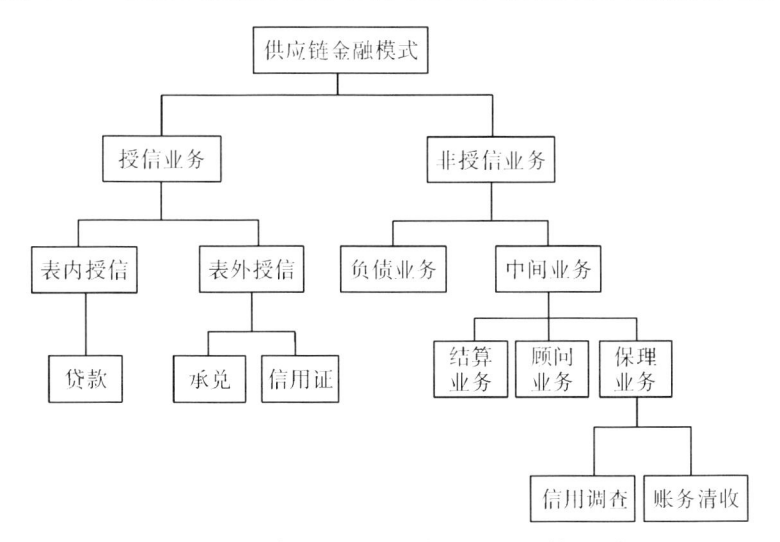

图 2-4　基於銀行授信角度對供應鏈金融模式分類

第五，基於鏈條思想對供應鏈金融模式分類。在供應鏈金融業務中，中小企業通常處在該業務中的某一個節點，與供應鏈相似，企業同樣處在採購鏈中的某個節點，生產鏈中的某個節點，銷售鏈中的某個節點。因此根據鏈條思想，可以將供應鏈金融模式劃分為採購鏈融資、生產鏈融資、銷售鏈融資。圖2-5 反應了基於鏈條思想供應鏈金融分類。

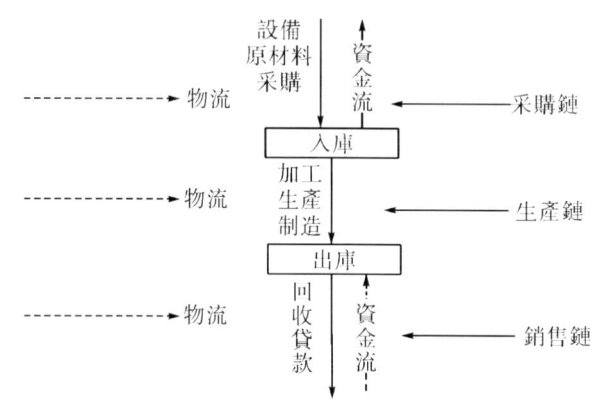

圖 2-5 基於鏈條思想對供應鏈金融模式分類

圖 2-5 中的鏈條思想根據供應鏈運作的採購供應環節、生產製造環節和銷售環節將供應鏈金融模式分為採購鏈融資、生產鏈融資、銷售鏈融資。圖 2-6 展現了採購鏈融資、生產鏈融資、銷售鏈融資各自包含的具體融資業務。

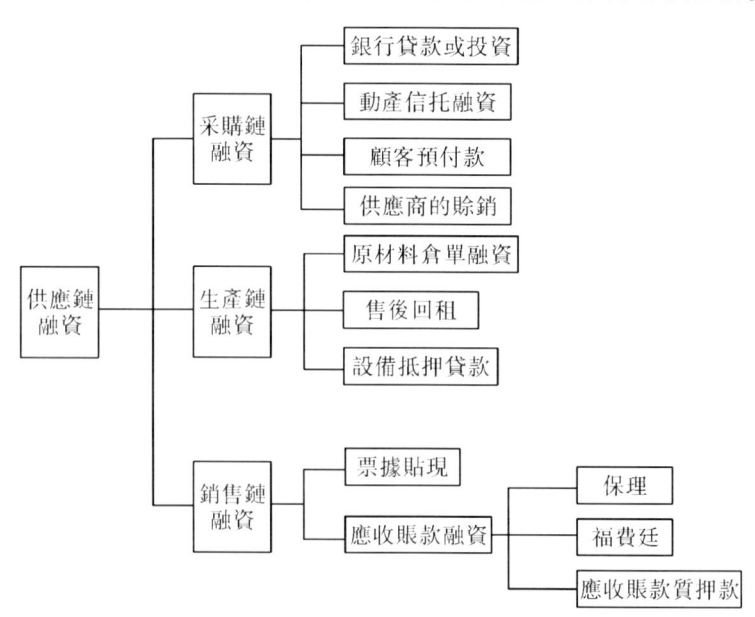

圖 2-6 在鏈條思想下的供應鏈融資業務

第六，基於質押對象對供應鏈金融模式分類。按照融資的質押對象進行分類，供應鏈金融模式通常分為三類：應收帳款融資、存貨融資、預付款融資。該分類得到廣泛認同，其中應收帳款融資與存貨融資應用較廣泛，不僅有成熟具體的模式框架，還有較好的實踐基礎。由於應收帳款反應資金的流入，存貨反應企業生產過程的完成，緊接著的銷售階段，最終反應企業的資金的流入，兩種融資模式有著共同的應用基礎。預付款融資則反應企業資金的流出，所以預付款融資被視為「未來存貨的融資」。圖2-7反應了按照質押對象分類的融資模式。

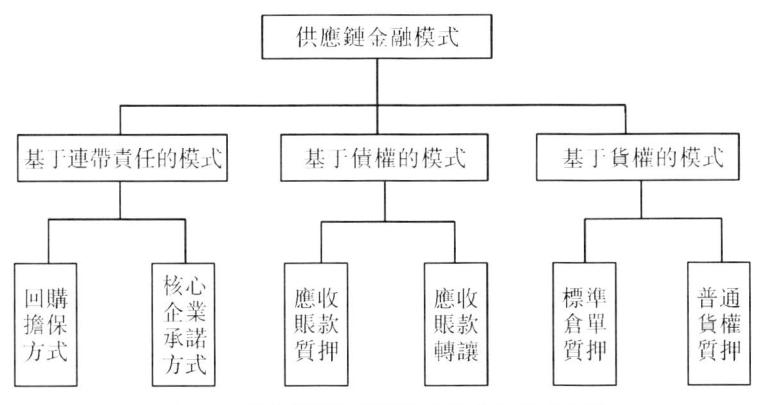

第七，基於債權債務對供應鏈金融模式分類。根據供應鏈金融節點企業具有的權利與承擔的責任對供應鏈金融模式進行分類，供應鏈金融模式包括基於連帶責任的模式、基於貨權的模式、基於債權的模式，如圖2-8所示。

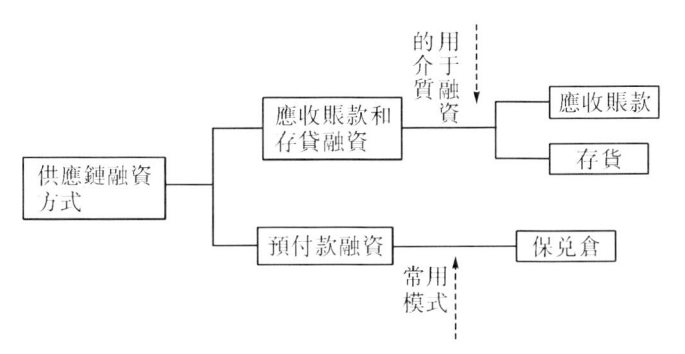

圖2-7 基於質押對象對供應鏈金融模式分類

圖2-8 基於債權債務對供應鏈金融模式分類

第三節　供應鏈金融面臨的風險

上節內容主要就供應鏈金融模式分類進行了分析，本節著重分析供應鏈金融業務存在的風險。自20世紀80年代供應鏈金融概念被提出起，學界對供應鏈金融做了大量研究，研究表明：雖然供應鏈金融在結構設計上有較強的科學性和可行性，但由於供應鏈金融中的參與主體較多、融資方式靈活、契約設計較複雜，因此供應鏈金融創新業務在實踐中存在許多風險。

供應鏈金融參與者主要包括商業銀行、核心企業、融資企業、物流企業、政府有關機構，因此供應鏈金融模式的風險主要涉及以上參與者。

需要進行連續生產但面臨資金約束的中小企業與核心企業簽訂貿易合同後，基於該合同反應的業務，融資企業憑藉核心企業的資信水準向商業銀行提出融資申請。在該過程中，如果核心企業與中小企業簽訂虛假合同以騙取融資款項進行其他業務的開展，商業銀行將面臨該筆融資款項難以回收的危險，因此供應鏈金融業務存在道德風險。

融資企業與核心企業簽訂合同後，通常將貨物交由物流企業監管。物流企業接受委託後將對貨物進行監管、評估，保證交易貨物質量不受損害，同時對交易貨物進行評估，為商業銀行提供正確、客觀的貨物市場信息，保證業務在該環節順利進行。如果物流企業對貨物沒有進行客觀評價而是高估貨物價值或者低估貨物價值，同時，商業銀行採納了物流企業的評估結果，在這種情況下，物流企業的評估結果不僅會對商業銀行帶來影響，還會對融資業務後期的相繼開展帶來影響。所以物流企業的瀆職風險是供應鏈金融業務中存在的重要風險。

在供應鏈金融業務開展過程中，物流企業的主要作用通常被認為是對交易貨物進行管理，對貨物市場價值進行客觀評估，然而，物流企業承擔這兩種重要作用的前提是將物流企業視為理想的倉儲地。倉儲地所在地理位置的特徵是影響倉儲安全的重要因素，一個理想的倉儲地首要條件是安全。如果倉儲地所在位置容易發生地質災害或者非地質災害，那麼囤積在該倉儲地的貨物以及倉儲地本身將面臨倉庫災貨毀的結局，所以物流企業面臨的自然環境風險是供應鏈金融業務中非常重要的風險。

在供應鏈金融業務中，如果業務要求對中小企業的動產進行質押，那麼動產在質押期間的數量、質量的變化都會對業務順利進行產生影響。如果動產在質押期間的數量和質量發生變化，並且這種變化超出供應鏈節點企業事先約定的可接受的範圍，節點企業將不會接受貨物從而中斷融資業務，導致整個業務

陷於癱瘓。此時，如果融資企業採用其他貨物進行賠償，同時核心企業願意接受該賠償貨物，則該融資業務能夠繼續，如果核心企業不願意接受新的貨物作為賠償，則融資業務將會終止。質押物的變動導致業務無法正常進行，繼而還將對基於該業務時間安排的節點企業產生影響。所以開展供應鏈金融業務的相關企業應該高度重視中小企業的動產質押風險。

隨著社會的發展、技術的進步，行業之間從傳統的單一紙質資料為信息載體的聯繫方式轉變成為紙質資料與電子資料共同作為信息載體的聯繫方式。這種轉變一方面使得不同企業適應社會高速發展，提高業務效率；另一方面使得企業必須對內部人員配置做相應調整。企業內部不僅需要能夠勝任紙質資料信息載體的員工，同時還必須配備與將電子信息資料作為載體的聯繫方式相適應的人員。供應鏈金融業務中的節點企業也不可避免地需要做出與當今社會發展相適應的調整與轉變。所以在供應鏈金融業務實際操作過程中，基於電子資料的信息記錄、信息保存、信息傳輸等環節同樣不可避免地存在系統操作風險。

供應鏈金融業務是集合核心企業、融資企業、物流企業和商業銀行為一體的創新業務。該業務的順利進行不僅需要節點企業之間的合作以及物流企業的監管、評估，還需要健全的法律環境。健全的法律環境是業務開展、企業經營的重要保障。因為法律通常涉及參與某種業務的企業類型、開展某種業務的具體流程，體現業務中的定量標準，最終確保業務順利進行。因而沒有完善健全的法律環境，供應鏈金融業務的開展、企業的經營都難以有條不紊地進行，同時沒有一個井然有序的社會大環境，企業的長遠發展勢必受到嚴重影響。在實踐中，不少企業在開展業務時涉及訴訟案件，而該案件涉訴現狀形成了影響開展其他業務的障礙，企業不得不放棄同樣作為一種收入渠道的其他業務。如果情況惡化，企業還可能面臨倒閉的危機從而影響企業在整個行業中的生存。所以，一方面，完善的法律環境是企業開展供應鏈金融業務的有力保障，專業的法律人士是保證業務順利開展的必要人員；另一方面，企業涉訴情況也將對企業下一步發展甚至生存產生影響。法律體系是否完善和健全、法律專業人士是否具有優秀的任職能力以及企業涉訴狀況都將對供應鏈金融業務的順利開展產生重要影響。因此由於法律帶來的不確定性是供應鏈金融業務開展過程中必須關注的風險。

除了上述幾種風險外，供應鏈金融業務在實踐中還面臨其他風險。隨著社會進入網絡時代，不同的行業、企業的業務開展都深受網絡的影響。該種影響要求企業能夠快速傳遞相關信息，該影響還體現在當一個企業出現滯後現象將導致整條供應鏈出現癱瘓的整體性方面。供應鏈金融必須重視網絡風險。作為一種社會進步的產物，供應鏈金融業務受到不少核心企業、商業銀行、物流企業和融資企業的青睞，這促進了供應鏈金融業務的發展。然而隨著融資企業類型的增加，設計適合某一類新企業發展的融資模式就顯得很重要。但由於企業

經營規模不同、財務狀況各異,加之企業的經營理念不盡相同,適合新企業發展的融資模式可能不被新企業成員採納,所以供應鏈金融業務的發展還面臨產品開發後推廣難的困境。當企業接受新的產品理念,但不採用該產品時,就形成需求風險。此外,節點企業以及企業經營者還會受到周圍人文環境的影響。一種新融資模式開發成功後,不同企業和經營者對新融資模式的接納不僅受商業環境影響還會受到周圍人文因素的影響。所以供應鏈金融在發展過程中還會面臨公眾意識風險。

根據上文的分析,供應鏈金融存在以下風險:核心企業道德風險、物流企業瀆職風險、中小企業物權擔保風險、自然環境風險、系統操作風險、法律風險、網絡風險、產品開發推廣風險、公眾意識風險、需求風險等。

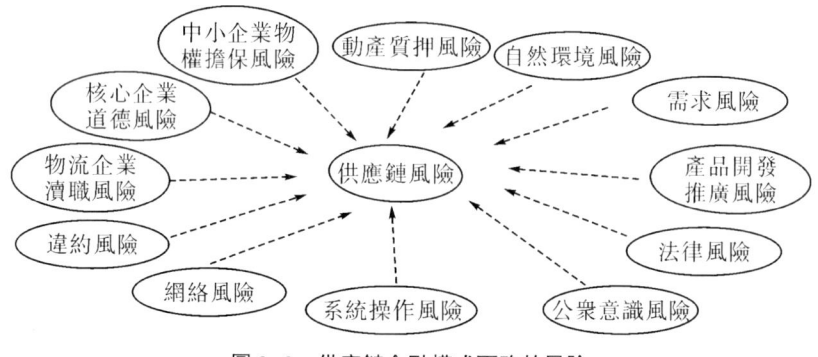

圖2-9 供應鏈金融模式面臨的風險

第四節 供應鏈金融風險衡量一般方法

不少學者發現在開展供應鏈金融具體業務時由於模型較多,參與主體較多,參數設計較為複雜,使該業務存在許多風險。學術界從數學和經濟學領域出發研究定量的方法來衡量供應鏈金融風險,但有些風險只能用定性的方法加以評價。常用的風險評價方式有如下幾種:

第一,主觀綜合分析方法。該方法主要對供應鏈金融節點企業的類型進行分析,繼而對企業開展的具體業務進行分析,通過建立度量風險的指標體系將風險量化,最終將分析結果歸類。該種分析方法包括主觀評分法和層次分析法。定性分析的結果顯示供應鏈金融的風險主要來自銀行、核心企業、法律三方面,即定性分析通常用於分析風險的來源。

第二,概率分析法。該方法主要將具體融資業務涉及的因素(財務報表中的某項)反應到概率分佈圖中,進而分析某種風險發生的概率。主要方法

包括模糊影響圖算法、決策樹法。這種分析方法主要分析信用風險。

第三，計量模型分析法 Logistic 模型。該模型的運用主要是與主成分分析方法相結合。運用主成分分析方法選擇具有代表性的變量，再運用 Logistic 迴歸方法建立線性迴歸模型進行分析。該方法主要分析中小企業的信用風險情況。

第四，風險管理模型。將供應鏈融資過程中的主要風險和收益轉換成整條供應鏈融資的資產組合的在險價值（Value at Risk），測算整個銀行的供應鏈融資的在險價值，主要用於分析信用風險。

第五節　供應鏈融資模式風險一般化解措施

由於供應鏈金融存在上述風險，學術界和實業界認為如何防範該創新業務的風險與採用某種合適的融資模式同樣重要。

中國存在大量的中小企業，這為供應鏈金融業務的參與提供了前提，而不同的企業發展狀況成為風險的誘因，因而可以從企業和市場角度出發規定市場准入標準防範風險。根據參與該業務的中小企業的發展狀況，如註冊資本、規模大小、固定資產、存貨資產等，設置市場准入標準。對這些准入標準的考察可以通過融資貸前審查實現，達到既定標準的企業準予進行融資，未達標企業不能進入市場，從源頭上降低融資風險。

第一，從商業銀行角度出發為整條供應鏈提供綜合授信，將對融資企業單一授信融資模式轉變成為整條供應鏈綜合授信融資模式，以達到授信配額適度分散化的目的，在一定程度上消除對中小企業進行單一授信的負面影響，提高供應鏈融資業務的有效性。設置供應鏈節點企業的彈性信用額度，當節點企業的發展狀況良好時，商業銀行根據融資企業發展的實際情況採用匹配的信用額度；當節點企業的發展前景不明朗時，商業銀行可以採取降低信用額度措施以防止風險的發生，將部分信用額度轉向發展狀態良好的融資企業既能降低銀行面臨的風險又能促進該類企業的發展，不僅有利於提高商業銀行對資本運作的效率，還有利於促進中小企業的新陳代謝和促進整個行業的資源合理利用。

第二，加強貸後動態跟蹤管理。貸後動態監管是防範風險的重要措施。當融資企業出現不良經營狀況或未按照約定用途使用資金時，銀行能通過貸後動態管理獲知企業經營狀況與資金運用狀況，採取相應的放款措施以降低中小企業對銀行帶來的損失。銀行根據監管反饋的信息對不同企業採取不同放款措施，不僅能預防融資企業產生壞帳還可以適當改變資金投放方向，將銀行資金投放至發展狀況良好的企業確保銀行資金的使用效率。

第三，建立風險預警應急處理機制。企業發展狀況良好並不意味著該企業不存在潛在風險，建立風險應急處理機制對於應對突發情況是必要的。風險應急處理機制不僅能及時對中小企業產生的突發事件提出預警，幫助節點企業對突發事件做出迅速處理以免事態惡化影響企業的發展，同時能為中小企業之外的節點企業提供預警，幫助其他企業採取應對措施對突發事件做出處理以避免突發事件對各個節點企業帶來的風險，降低企業損失，為各個企業開展後續業務做準備，保證整條供應鏈的健康、持續發展。

面臨風險是供應鏈金融節點企業的共性，企業生產、商品銷售、用戶需求等環節都面臨不確定因素，防範風險的措施應該以保證供應鏈中核心企業的行業地位為前提，以建立核心供應鏈為手段，以培育良好的行業環境為目標，以實現整條供應鏈的利益最大化為宗旨，以確保企業健康長遠發展為核心。此外，應該重視培養專業人士以適應該業務的變化與發展，縮小高等教育與企業實踐需求的距離。此外，還應適當提高違約金，增加節點企業的違約成本，確保參與者真誠合作的意願。

第三章　供應鏈金融保兌倉運作模式

第一節　供應鏈金融保兌倉參與主體

　　保兌倉融資業務參與主體通常包括商業銀行、核心企業、中小企業、物流企業。不同主體在業務開展過程中所起到的作用不一樣。

　　第一，商業銀行。由於商業銀行具有集合資金、分散資金的作用，商業銀行通常在供應鏈金融中處於特殊的位置。當融資企業和核心企業簽訂供銷合同後，融資企業通常借助核心企業較高的資信水準向商業銀行提出融資申請，待融資企業申請資料的真實性、完整性通過核查後，商業銀行將採取適當融資模式對具有融資需求的中小企業進行融資，並保存融資企業的有關申請資料為後續業務流程的順利進行提供便利。

　　在實踐中，商業銀行通常與中小企業保持資金供需關係，銀行處理完每一筆融資貸款後都將對融資企業的資料進行搜集、歸類、保管，在必要時能夠為特殊機構提供資料查詢使用之便，同時為維持其他業務順利進行提供便利。對於每一個融資企業而言，向商業銀行提供的融資申請資料只能反應特定企業的經營狀況，當所有融資企業的申請資料進行數據匯總後，申請資料則反應某個行業的融資貸款情況與基本經營情況，同時還能為預測行業發展提供參考。因此商業銀行承擔了信息存儲者的角色。

　　符合市場准入條件的融資企業憑藉核心企業的資信水準向商業銀行提出融資請求，經審查確認符合條件後，商業銀行向融資企業進行貸款以幫助存在資金約束的中小企業進行正常經營。在此階段，資金從商業銀行流向融資企業，從服務行業流向生產領域，從不能增值的形態變為創造價值的資本形態，商業銀行起到將貨幣從窖藏狀態轉變為增值狀態的作用。

　　第二，核心企業。在傳統融資業務中商業銀行通常不願為中小企業提供貸款。在供應鏈金融業務中，核心企業資信水準將傳統融資業務中的銀行對中小企業的審查方式轉變為銀行對核心企業的審查方式。

在傳統融資業務中，不能滿足一定條件的企業通常難以獲得銀行貸款以緩解資金壓力進行持續生產。融資企業的資金鏈一旦斷裂，將會影響企業的生產狀況、經營狀況並最終影響企業長遠的發展，影響與該企業發展緊密聯繫的下游企業。所以傳統融資業務的審查方式只考慮處在供應鏈上的某節點的融資企業，既不利於該企業的長遠發展，也不利於產業鏈的發展。在供應鏈金融業務中，由於核心企業的參與，融資企業能夠憑藉核心企業的資信水準獲得貸款以保證資金流動性和保障企業持續生產。因此核心企業的參與促使商業銀行從對融資企業發展情況的重視轉變為對核心企業的資信水準考察的重視，從對單純企業資料的審查轉變為對交易合同的審查，從對單一企業的考察轉變為對整條供應鏈的考察。

第三，中小企業。作為供應鏈金融業務中的成員，中小企業具有獨特的作用。其獨特作用表現在以下幾個方面：首先，供應鏈金融的提出正是基於中小企業融資難的現狀。由於中小企業規模較小、資金實力薄弱，在融資過程中通常構成了企業融資障礙，為了消除融資障礙，供應鏈金融才應運而生。因此可以認為中小企業催生了供應鏈金融。其次，從整條供應鏈出發，中小企業處在整條供應鏈中的一個節點，從供應鏈金融業務出發，中小企業卻處在融資業務的始點。

中小企業與核心企業簽訂購銷合同後，中小企業憑藉核心企業的較高資信水準向商業銀行提供申請資料，這是具有融資需求的企業進行融資申請的第一步，也是向商業銀行提供中小企業有關原始資料的第一步。如果信息搜集者是商業銀行，信息提供者就是中小企業。

第四，物流企業。當貨物送至物流企業後，作為第三方，物流企業對貨物承擔保管、評估、監管、拍賣的義務。

對貨物進行保管是物流企業在供應鏈金融業務中的基本作用。業務中的有關貨物不僅是中小企業與核心企業交易的載體，也是業務擔保的載體和開展融資業務的物資前提。物流企業對貨物的保管是否完善同樣影響供應鏈金融業務是否能順利開展，物流企業對交易貨物進行保管在一定程度上起到了促進性質的作用。

物流企業還承擔著監管義務。物流企業不僅應監管貨物的數量、價格、規格、型號、質量等，還應監管交易合同的真實性。如果中小企業與核心企業簽訂虛假合同，而物流企業瀆職，商業銀行則將面臨融資款項難以回收的困難。此外，虛假合同的簽訂也將對中小企業和核心企業雙方的名譽產生負面影響。所以物流企業對合同的監管不僅有助於銀行降低損失，還能維護核心企業和中小企業的聲譽。因而物流企業的監管對融資業務起到約束性和規範性的作用。

除了上述保管、監管作用外，價值評估、物資拍賣同樣是物流企業在供應鏈金融中的作用，其中價值評估作用先於物資拍賣作用。

在融資業務中，物流企業通過自身物流優勢、倉庫地點優勢、運輸優勢聚集許多單筆中小企業貸款。雖然這些貸款的業務量較小，但由於辦理該類業務的數量較大，因此物流企業分擔銀行的部分成本，解決商業銀行中小企業貸款營運成本相對較高的問題。

第二節　保兌倉融資模式

保兌倉融資模式屬於預付款融資。該模式具備的條件包括供應商、融資企業、商業銀行、倉儲監管方。該模式是原材料倉單質押模式，其主要特點是先領票後取貨。票是指商業銀行開出的銀行承兌匯票，貨通常是指原材料。作為融資企業的中小企業先獲得銀行貸款採購原材料，再將原材料交由物流企業做質押，作為賣方的上游企業有時也承擔貨物評估、監管作用，這主要取決於業務採用三方保兌倉融資模式還是四方保兌倉融資模式。三方保兌倉和四方保兌倉的相同點與不同點將在下文詳細闡釋。保兌倉融資模式中的融資企業在貸款期間分次償還貸款以獲得相應數量的原材料。當出現貨物不能完全按照規定的條件釋放時，作為賣方的原材料供應商應承擔回購義務。

根據保兌倉融資業務是否有物流企業的參與將保兌倉融資模式分為三方保兌倉和四方保兌倉。傳統的保兌倉融資模式沒有物流企業的參與，即三方保兌倉融資模式。物流企業參與的保兌倉融資模式為四方保兌倉模式。三方保兌倉融資模式流程以及每個步驟的含義如圖3-1所示。

四方保兌倉融資模式的具體做法包括兩種：

第一種做法：中小企業向商業銀行交納一定保證金，商業銀行開出銀行承兌匯票，融資企業憑藉銀行承兌匯票向供應商購買原材料，將原材料交付給物流企業進行監管，物流企業製作倉單，將該倉單交付給中小企業，中小企業將倉單交付給商業銀行做質押，商業銀行將在銀行承兌匯票到期時進行承兌，將款項劃撥給原材料供應商（賣方）。第一種做法具體如圖3-2所示。

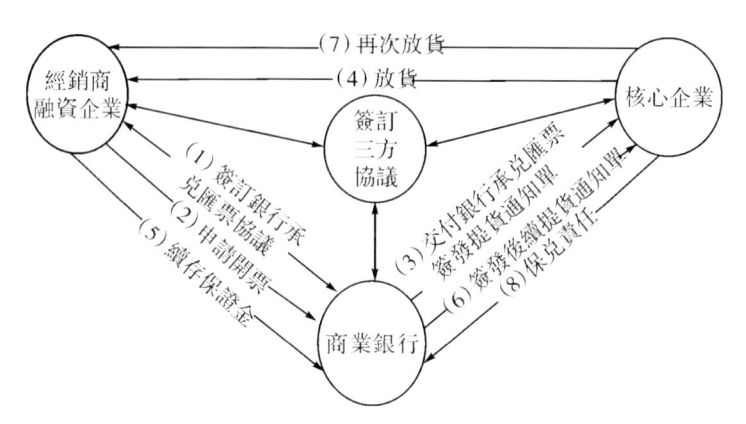

图 3-1 三方保兑仓融资模式具体步骤图

图 3-1 的操作流程说明:

(1) 商业银行与经销商签订银票承兑协议,同时与核心企业、经销商签订保兑仓协议,该步骤由商业银行客户经理完成;

(2) 经销商向商业银行交付约定比例的初始保证金,申请开立银票;

(3) 商业银行根据申请、审核情况将银票交付给核心企业,并签发提货通知单,通知核心企业放货;

(4) 经销商从核心企业提取相应数量的货物,核心企业按照提货通知书的要求放货给经销商;

(5) 经销商向商业银行交付一定数额保证金获取后续货物;

(6) 在商业银行相关部门(会计部)确认融资企业已经交付后续保证金后,商业银行再次签发提货通知书,通知核心企业向经销商放货;

(7) 核心企业接到提货通知书后,向经销商放货;

(8) 保兑责任。

图 3-2 第一种四方保兑仓融资模式步骤图

第二种做法:中小企业将动产做抵押,该动产应首先征得商业银行认同,以认同的动产抵押获得银行承兑汇票,向供应商购买原材料,原材料经评估后

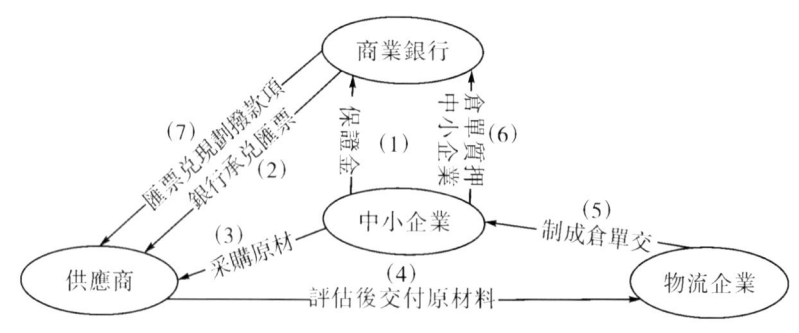

交付物流企業，商業銀行在銀行承兌匯票到期時將匯票兌現，將抵押貸款轉為以該原材料為質押物的倉單質押貸款，即先將中小企業的自有動產抵押，再將購買的原材料作為質押。其操作步驟如圖3-3所示。

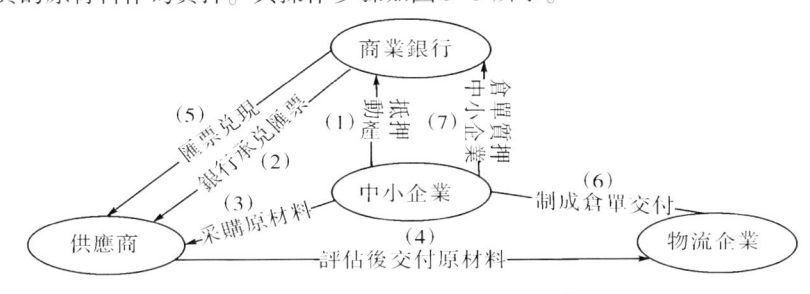

圖3-3 第二種四方保兌倉融資模式步驟圖

兩種四方保兌倉融資模式具體做法的共同點：中小企業必須先向商業銀行提供部分物質抵押或者提供資金作為保證金後，商業銀行才願意開出銀行承兌匯票。兩種做法的區別：第一種做法繳納保證金後倉單質押，第二種做法先用企業本身動產作為抵押後再轉變為倉單質押。

以上內容分析了兩種四方保兌倉融資模式的異同，圖3-4整體展示了四方保兌倉模式的操作流程以及每個步驟的含義。

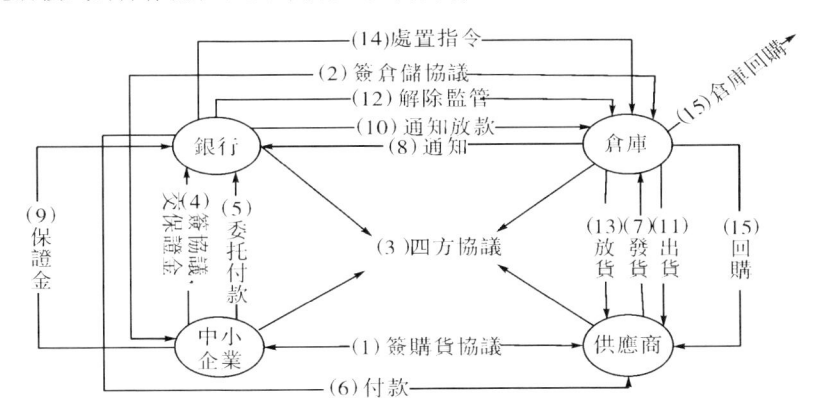

圖3-4 四方保兌倉模式整體操作圖

圖3-4的操作流程說明：
（1）貸款的中小企業與原材料供應商簽訂購貨合同；
（2）中小企業再與第三方物流企業簽訂《倉儲協議》；
（3）中小企業、銀行、物流企業和原材料供應商就合作事宜進行協商，達成一致後，簽署《買方信貸四方協議》；
（4）中小企業同銀行簽訂《貸款（承兌）協議》，並繳納20%的保證金；

(5) 中小企業在繳納保證金後，委託銀行支付貨款；
(6) 銀行付款給原材料供應商；
(7) 供應商收到銀行付款後即將貨物發送至第三方物流的倉庫；
(8) 倉庫對貨物進行驗收，合格後入庫保存，同時通知銀行；
(9) 中小企業向銀行交納一定數額的保證金；
(10) 銀行通知倉庫釋放相應數量的原材料；
(11) 倉庫接到銀行下達的出庫指令，安排貨物出庫；
(12) 當銀行貸款完全收回時，銀行將通知倉庫全部放貨並解除質押監管；
(13) 倉庫釋放全部剩餘貨物；
(14) 若中小企業沒有按時交納保證金或違反《貸款協議》的其他規定時，銀行有權處置質押貨物，並通知倉庫實行；
(15) 倉庫接到處置指令後即安排廠商回購，當然，倉庫也可以自行回購。

第三節　三方保兌倉融資模式和四方保兌倉融資模式的異同

上述內容分析了三方保兌倉和四方保兌的操作流程，以下內容著重介紹三方保兌倉融資模式和四方保兌倉融資模式的相同點和不同點。

三方保兌倉和四方保兌倉融資模式的相同點主要體現在以下內容：

從作用機制來看，三方保兌倉融資模式和四方保兌倉融資模式都致力於解決中小企業融資瓶頸難題，幫助中小企業從該融資業務中獲得資金支持以緩解企業當前資金壓力，使企業能持續營運，幫助中小企業健康、穩定、長遠發展。三方保兌倉融資模式和四方保兌倉融資模式都能為各方參與者提供好處：兩種模式都能為銀行開闢業務收入渠道，增加銀行的中間費用，提高銀行競爭力；兩種保兌倉融資模式都能為核心企業銷售原材料提供更多下游客戶，因為核心企業對下游經銷商具有選擇過濾的效果，能成為上游核心企業的經銷商客戶本身較少，保兌倉融資模式為中小企業提供核心企業資信平臺的同時也為核心企業選擇培育了新的客戶群。因此兩種模式都能為核心企業開拓新的下游客戶。

激烈的行業競爭是兩種保兌倉融資業務開展的又一重要前提，因為作為核心企業的上游生產廠商面臨激烈的競爭，面對開拓市場的壓力，就需要獨特的方式開拓市場並穩定企業客戶。壟斷行業則很少採用保兌倉業務，因為壟斷行業通常是由少數寡頭掌控市場，作為賣方的核心企業不需要通過採取開拓市場

的策略才能贏得競爭。因此運用保兌倉融資模式的一個前提是核心企業所在行業客觀上存在激烈的競爭，致使核心企業具有拓展下游客戶的需求，面臨增加市場份額的壓力。

從合約簽訂方式和內容來看，三方保兌倉融資模式和四方保兌倉融資模式都要簽訂多方協議，前者簽訂三方協議，後者簽訂四方協議；三方保兌倉融資模式和四方保兌倉融資模式都必須有商業銀行的參與；兩種模式的開展過程中都需要銀行承兌匯票，並且銀行承兌匯票都將流向核心企業；三方保兌倉融資模式和四方保兌倉融資模式都是由商業銀行控制提貨權，即商業銀行擁有資金的同時掌控提貨權；兩種融資模式都必須要求作為賣方的核心企業提供回購承諾，如果中小企業出現了不購買剩餘貨物的情景時或者銀行承兌匯票到期而保證金帳戶餘額不足時，賣方就須承擔貨物回購的責任；三方保兌倉融資模式和四方保兌倉融資模式都能增加銀行中間收入。以中國建設銀行為例，該行在保兌倉業務的不同階段收取費用增加中間收入，這些費用包括承兌匯票承諾費、承兌匯票手續費、業務管理費、貨物提取手續費、貨物回購手續費。此外，兩種保兌倉融資模式具有相同的前提：中小企業預先交付保證金或者將自有動產進行抵押才能開展融資業務，即保兌倉融資業務是以確保商業銀行能順利收回融資款項為前提的業務。

從業務參與者的數量來看，三方保兌倉和四方保兌倉融資模式在數量上存在明顯區別，前者只具有三個參與者，後者具有四個參與者，因為物流企業參與了四方保兌倉的運作。在三方保兌倉融資模式下，作為上游供應商的核心企業承擔貨物的監管責任，但商業銀行對有關融資資料審查並確認通過後，核心企業通常承擔對原材料保管的義務。四方保兌倉融資模式引入了物流企業，物流企業將承擔對貨物進行監管、評估的責任。當中小企業對貨物的需求意願發生改變，不能完全吸納後續貨物時，物流企業還應提供貨物拍賣服務。因此物流企業的參與將核心企業對交易貨物的監管義務轉移給物流企業，這是三方保兌倉融資模式和四方保兌倉融資模式的重要區別。

從融資業務參與者所屬行業角度來講，三方保兌倉融資模式被廣泛使用於汽車、鋼鐵、家電、化工、食品等領域，其中食品行業是特殊的行業，因為有些食品在短時間內極易變質，不適合長時間保存。相對於食品有容易發生化學變化的特徵，四方保兌倉融資模式通常運用於產品質量比較穩定的行業如汽車行業、鋼鐵行業。

第四章 保兌倉模式合約風險識別、評估與控制

第一節 保兌倉融資模式合約風險識別

第三章主要分析了保兌倉融資模式各方參與者的主要作用以及保兌倉融資模式的基本條件、具體做法、對比分析了三方保兌倉和四方保兌倉的相同點與不同點。本章將重點分析保兌倉融資模式的合約風險識別、評估體系與風險控制。

合約風險是指由於協議、合同中某一具體條款的數量設置、文字描述對參與者帶來的不確定性,包括保證金比例的設置、違約金的設置、商業銀行授信額度的設置、協議文字描述的清晰程度。

在保兌倉融資業務實際開展過程中,為了保障企業之間的合作能夠順利進行,對企業之間合作的協議、合同進行規範是必要的。參與企業必須簽訂有關合同,三方保兌倉融資業務與四方保兌倉融資業務都涉及許多合同、協議,如《商品購銷協議》《保兌倉業務三方合作協議》《保兌倉業務四方合作協議》「發貨通知書」「退款通知書」。這些協議的內容主要涉及業務開展過程中具體的信息,例如,《商品購銷協議》中的商品名稱、商品進價、商品銷售地區、商品銷售價格與第三方促銷價格之間的關係、違約金設置、退貨換貨條件、結算方式、日期,以上條款主要關於供應商與融資企業。在保兌倉融資模式中,商業銀行開出銀行承兌匯票是該業務的結算手段,因此保兌倉融資模式的結算方式、日期不僅與商業銀行有直接聯繫,還在某種程度上受到商業銀行的制約與管束。《保兌倉業務三方合作協議》與《保兌倉業務四方合作協議》主要內容包括貨物的描述、保證金比例、提貨時間、發貨要求、定期對帳、墊款罰息、違約責任、爭議解決等。通過具體條款對參與者具體步驟進行約定、規範、量化,使各個參與者按照協議的要求進行合作。「發貨通知書」對貨物名稱、貨款、規格、單位、數量進行確認,「退款通知單」將對金額、退款理由、退款單位進行確認及說明。上述協議、單據的內容主要對保兌倉融資模式業務的具

體步驟進行約定，對步驟、要求進行規範，給各方參與者提供一種行為準則，同時為參與者的違約懲罰提供信息反饋的信息通道，使保兌倉融資業務從整體設計走向局部設計，從架構設計走向步驟設計，從模式設計走向參數設計。

對於參與者而言，合約的具體量化關係是極其重要的，不同的參數設置將直接對參與者產生影響。保證金比例在影響融資企業資金流的同時也在影響商業銀行向其貸款的意願，影響融資企業獲取貸款的可能性大小。當其他條件不變時，保證金比例較高，核心企業、物流公司、商業銀行具有開展業務的意願，由於中小企業面臨較大資金壓力，較高的保證金比例會影響中小企業融資意願；保證金比例較低，物流公司是否合作開展該業務的意願沒有明顯變化，但會影響核心企業與商業銀行開展業務的意願。因此保證金比例的作用不僅為商業銀行實現自身資金的安全性提供保障，而且會影響融資企業開展業務的意願，導致融資企業不願採取該業務。不同商業銀行對保證金比例的設置不盡相同。

保證金比例是保兌倉融資業務開展過程中非常重要的參數，與保證金比例相似，商業銀行的授信額度同樣對該業務產生影響。在其他條件保持不變的前提下，商業銀行授信額度較高時，將對融資企業產生積極意義。授信額度較高主要體現融資企業從商業銀行獲得的融資貸款較高，融資企業能利用較高授信額度帶來的優勢進行經營。較低的授信額度對於融資企業而言就不具有以上的優勢。

違約金的設置也將影響參與者的行為。違約金是對物流企業、融資企業與核心企業存在違約情況下的懲罰。如果物流企業沒有按照簽署的協議對交易貨物進行監管、評估，則物流企業出現違約情景；如果融資企業與核心企業沒有按照有關協議、合同的規定履行有關義務，則融資企業與核心企業就出現違約情景。當約定的違約金較高，參與者的違約成本隨即提高，這在一定程度上促使參與者保持誠信合作，如果違約金較低，參與者在違約前的收益已經超過違約成本，參與者可能存在違約傾向。違約金的高低能對參與者是否保持合作誠信執行合作協議產生影響。因此違約金比例設置不當也將會給保兌倉業務帶來風險。

參與者對協議合同的文字描述的理解可能存在出入，只有協議、合同與單據對某一步驟的文字描述不會被參與者誤解，參與者對該步驟的描述才能順利地轉變成行為實踐。當所有協議、合同、單據具體條款的內容都能順利地轉變成為行為實踐時，該協議、合同、單據就不存在由於人的思維因素導致的理解不確定性。如果在協議、合同簽約階段發現其存在誤解，就應該由業務人員及時向對方解釋以免影響業務開展的進程，因為其可能會造成不必要的誤會導致業務終止，最終對業務合作者產生不信任感。如果在業務開展過程中發現存在誤會，應該由專業人員向其解釋清楚，以免影響業務的開展。

第二節　保兌倉融資模式合約風險評估指標

上節內容主要分析保兌倉融資模式面臨的合約風險。給保兌倉融資業務帶來合約風險的因素主要包括保證金比例設置、商業銀行授信額度、違約金設置、協議文字內容明晰度。本節著重分析合約風險的評估原則與方法。

風險評估需要建立一套科學完善的風險評估指標體系，使作為貸款機構的商業銀行和評估人員進行風險評估時有據可循。沒有科學完善的風險評估指標，就容易產生錯誤的評估結果，難以保證結果的客觀、公正、正確。

在建立風險評估標準時應該包括一般性原則和特殊性原則，將一般性和特殊性結合起來對風險進行分析。風險評估一般性原則是被普遍使用的原則，該原則在使用中主要體現科學性、針對性、客觀性、可操作性，特殊性原則是對一般性原則的有機補充。

(1) 科學性原則

科學性原則是指在建立合約風險指標時，各項指標應該有機結合，做到各項指標之間不重複、不矛盾。各項指標的計算和評估方法必須科學、有據可依，而且還要在實踐中逐漸累積經驗，必要時進行調整，逐步提高指標體系的科學性。

(2) 針對性原則

針對性原則要求風險評估指標體系應該根據不同的供應鏈系統、不同的融資企業、不同的抵押擔保物對評級指標體系中的部分指標進行適當調整以保證評估結果有效。針對性強調根據被評估企業的特徵適當調整評估方法。例如，根據融資企業所處的行業情況、交易貨物情況設置保證金比例，根據交易貨物設置商業銀行授信額度，根據企業實力、發展狀況、曾經的違約記錄設置違約金以確保評估結果有效。

(3) 客觀性原則

對風險評估的客觀性要求評估機構及信貸員必須以業務參與者的客觀事實為依據，不能隨意改變指標、方法、評估標準，應正確、客觀、真實反應風險的大小，不能夠對評估方法、評估指標以及評估結果進行人為操縱。只有滿足客觀性原則，風險評估才具備真正意義上的風險揭示功能，為業務的後續開展提供條件。

(4) 可操作性原則

可操作性強調風險評估指標應該考慮信息獲取的難易程度以及實踐操作的難易程度，獲取信息的難易程度、具體操作的難易程度能對業務操作人員時間

花費方面產生影響，獲取信息較快、具體操作較易能方便一線人員對業務的具體運作和評估。

（5）特殊性原則

滿足一般性原則還不能保證風險評估最後結果的適當性。風險評估在滿足一般性原則的同時還應保持特殊性。一般性原則從整體上給出了風險評估時應該保持的基本原則，然而風險評估還應該對與具體過程相關的特殊情況加以關注，例如貨物銷售環境發生變化、融資企業經營發生變化、核心企業經營發生變化等。

第三節　保兌倉融資模式合約風險控制

從上述內容分析可知，能夠對保兌倉合約風險產生影響的因素有許多。這些因素不僅來自金融系統的整體結構，還來自融資業務本身，涉及系統風險與非系統風險，因為保兌倉業務的合約風險不單與單個業務有關而且與節點企業所在供應鏈系統、節點企業所處行業以及宏觀環境有關。風險大小在保兌倉業務運行過程中不是固定的，在業務開展過程中是會發生變化的，所以對合約風險的控制不僅要對具體業務進行控制，而且要對供應鏈系統和環境進行控制；不僅要靜態控制還要即時反饋進行動態控制，做到關注各個環節的同時也要關注整體。

一、合約風險控制特徵

合約風險控制的特徵主要包括宏觀性、行業性、歷史性、一致性、專業性。

合約風險控制具有宏觀性特徵是因為保兌倉業務是在特定的宏觀環境下開展的。與其他事物相似，合約風險同樣存在於特定的宏觀環境中。因為保兌倉融資業務的開展本身就處在解決中小企業融資瓶頸的大環境下，因而保兌倉業務合約風險面臨同樣的宏觀環境，對合約風險的控制也處在該宏觀環境下。

保兌倉業務的參與者具有多樣性，屬於不同行業的中小企業在開展保兌倉業務時具有不同的實際情況。由於不同行業整體發展情況不同使得處在不同行業的中小企業的經營情況不盡相同。當中小企業具有良好的抵押物或資產規模較大、發展境況良好等優勢時，商業銀行對該企業的融資條件有可能適當放寬。這種適當放寬的優待能夠體現在保證金繳納的高低方面、商業銀行授信額度方面，因此合約風險的控制具有行業性特徵。

歷史性特徵主要體現於物流企業。當選擇四方保兌倉融資模式時，作為監管方的物流企業應該承擔貨物保管、監管、運輸、拍賣等義務。在簽訂四方保

兌倉協議前，應該對參與該業務的物流企業曾經的監管記錄進行瞭解，選擇監管記錄優良的物流企業作為合作夥伴，因此合約風險控制具有對物流企業信用進行考察的歷史性。

合約風險控制的一致性特徵是指簽署時間有先後之分的合同、協議、單據涉及同樣的內容，內容應該保持一致。購銷合同中關於交易貨物的品種、規格與單價的具體內容應該與發貨通知單反應的貨物品種、規格、單價保持一致，否則將產生混淆，影響業務的順利開展。一致性特徵是合約風險控制過程中非常重要的一種特徵，如果不能保證協議、合同、單據中涉及的有關內容完全相同，則難以保證業務後續步驟的順利開展。為了促使該業務順利開展，部分參與者將不得不支付重新審核相關內容、盤點貨物的人力、物力及財力的成本，所以合約風險控制具有一致性特徵。

保兌倉業務的開展必須在特定宏觀環境下進行，實際業務開展過程涉及的多個協議、合同、單據等都需要在宏觀政策指導下進行。對協議、合同和單據的制定，對業務過程有關內容進行規範就需要專業人士。這些專業人員不僅要充分瞭解宏觀政策，熟悉業務的具體流程、步驟，還要正確判斷融資企業行業發展前景，掌握不同貨物的市場需求、價格等情況，因此合約風險控制具有專業性特徵。

綜上所述，合約風險控制具有宏觀性、行業性、歷史性、一致性與專業性特徵。在實際業務開展的過程中，只有綜合考慮這五種特徵才能對合約風險進行有效防範。

二、合約風險控制系統

保兌倉融資模式合約風險控制體系的建立應該包括風險戰略系統的建立和營運風險控制系統的建立。風險戰略控制系統的建立應該包括起規範作用的制度創新平臺、組織創新平臺、集成信息平臺、技術支撐平臺和日常營運風險控制體系。這四種平臺和一個控制體系將具有環境依存性的風險組成一個完整的控制系統。

第一，制度創新平臺。建立有效的制度創新支持平臺包括宏觀層面的法律、規則的制定和微觀層面的流程規定兩個方面。保兌倉融資業務涉及融資企業生產營運的整個過程關乎融資企業、核心企業、物流企業和商業銀行的利益，並且物流、資金流和信息流通常會發生變化，這些導致了保兌倉融資業務的複雜性。因此為了避免物流企業與商業銀行在業務的監管上可能出現的混亂，物流企業和商業銀行應該合作制定相對統一的業務流程，規範業務操作，規範合同條款，使融資業務有章可循。

第二，組織創新平臺。組織創新主要包括組織之間的關係創新、組織內部的創新。保兌倉融資業務不同於傳統融資業務，傳統融資業務組織形式為商業

銀行、融資企業兩方的關係，保兌倉融資業務是涉及商業銀行、物流企業、核心企業、融資企業四方的形式或者商業銀行、核心企業和核心企業三方的形式。組織之間的創新主要用於簡化有關手續、減少相關步驟的操作時間。商業銀行應該與規模相當、資金實力雄厚、信譽良好的物流企業建立合作關係，實現物流、融資服務等核心能力互補的同時規避物流企業的不良信譽對業務造成的風險。這種組織創新主要體現對物流企業考察的歷史性。

從業務的實質上講，保兌倉業務開展的核心就是簽署不同的協議、合同與單據並執行相關內容的業務。組織內的創新則要求參與融資業務主體在內部結構和部門設置上與保兌倉業務匹配，設立專門的保兌倉融資業務與營運部門，建立與業務相關的考核、激勵機制。該創新主要消除由於人的因素給業務造成的不良影響。業務具體步驟由專人專辦保證協議、合同、單據有關內容一致。

第三、集成信息平臺。信息平臺的建設方面，業務參與者要提高企業內部的信息化程度，也可以將企業的信息網絡與大型權威商務網站聯網，形成一個集業務營運、數據收集、風險控制為一體的多方共享信息系統，提高業務運轉信息化程度和業務效率，真正實現資金流、物流、信息流的綜合統一管理。信息平臺的建立有助於企業快速獲取新的行業政策與企業數據以及抵押物、質押物的動態信息。該信息平臺的建立主要體現合約風險的行業性。

第四、技術支撐平臺。建立綜合、集成的技術支撐平臺需要滿足兩個方面：一方面該技術平臺能夠根據不同的階段採取不同的技術控制措施；另一方面能對業務的風險進行綜合控制，因此商業銀行與物流企業不僅應合作開發用於甄別保兌倉融資業務模式及合作企業的選擇技術、業務風險評估技術、風險預警技術，還應共同制定違約處置措施，做到對融資業務進行貸款分析、風險控制的同時，此外還要保證商業銀行貸款的管理水準。由於保兌倉合約風險是聯繫多方參與者的風險，因此建立集成技術支持平臺不僅需要商業銀行和物流企業的聯合開發，還須融資企業與核心企業對技術平臺有深入認識。只有調動各方參與者的力量才能建成綜合、集成、靈敏的技術支持平臺。

第五、日常營運風險控制體系。雖然從宏觀戰略層面構建風險戰略控制體系可以保證體系的整體性，然而在業務開展中，還需要從微觀層面構建具體的日常營運風險控制系統。保兌倉融資業務從業務開始到業務結束大致經歷以下幾個環節，圖4-1為反應保兌倉融資模式業務的環節圖。

融資企業與核心企業達成交易意願 → 提出申請 → 合作企業篩選 → 簽訂合約 → 運營控制 → 合約終止

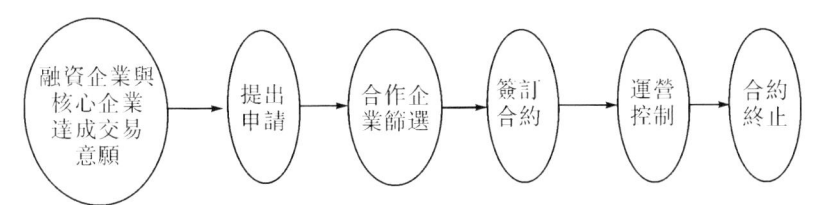

圖4-1　保兌倉融資模式業務環節圖

圖4-1以委託監管模式為例,即加入物流企業的四方保兌倉融資模式,下面進行具體分析:

融資企業和核心企業達成交易意願,簽訂交易合同,向商業銀行提出融資業務申請,商業銀行根據申請材料確定是否向企業融資。在這一步驟商業銀行有權決定哪些企業能夠進行融資,因此融資企業的准入條件就成為控制合約風險的首要門檻。融資企業達到准入條件後,商業銀行將選擇與之合作的物流企業,在這個過程中,商業銀行主要考察物流企業的規模大小、經營年限、與業務有關的配套設施是否齊全、團隊管理水準,尤其是物流企業的歷史信用記錄,根據考察結果確定與之合作的物流企業。為了便於商業銀行開展保兌倉業務,銀行可與具有行業影響力、信譽較佳、資金實力較好的物流企業簽訂戰略合作協議,節省物流企業考察時的選擇成本,降低考察失誤造成的風險。

在合約簽訂過程中,商業銀行、物流企業、核心企業、融資企業都將受協議、合約的約束。合約規定參與者各方的權利和義務,不僅起到約束、規範企業的作用,還能夠起到保障融資業務順利進行的作用。在關注融資企業的還款時間、方式的同時,還要對銀行利率、質押產品和質押率進行關注,保證保兌倉融資業務風險可控。

在實際執行過程中,融資企業將質押物發送至指定的物流企業,由物流企業審核後開具入庫單和質押清單,銀行將貸款劃撥至融資企業在銀行的封閉式帳戶中,融資企業按照規定使用資金,接受銀行與物流企業的監督。在合約執行過程中應該對借款企業的財務狀況和管理狀況進行重點關注,對融資企業的財務、管理狀況進行不定期檢查。如果融資企業出現違約情況,應迅速控制融資企業的資金流與物流,停止授信。在執行過程中還要對物流企業合約執行情況進行關注。對抵押物或質押物的價格風險的控制,應該有專人收集、監控價格數據,並對價格趨勢進行預測,設定警戒線。當價格下降到一定位置或者下降的幅度超過一定範圍時,監管方將通過信息平臺、信息溝通機制向質權人和操作人員傳送價格波動信息。合約保證金方面也應根據實際情況進行規範。

每筆融資業務終了後,商業銀行負責清算。銀行通過融資企業在銀行所設帳戶收回貸款的本金與利息,將各項服務費用劃到物流企業在銀行的指定帳戶,融資企業最終所得為扣除本金與利息、運輸費用、相關手續費用、物流企業的監管費用後的餘額,合約終止。

第五章　保兌倉合約關鍵指標風險控制研究

保兌倉融資模式的運作最終通過合約來實現，因此，合約的設計，特別是合約關鍵指標的確定，對保兌倉融資模式的風險控制尤為關鍵。在合約設計過程中，授信額度、貸款率、保證金比率、監管費用、貸款週期無疑是合約中及其關鍵的控制指標。一般來說，貸款率和貸款週期，商業銀行有著固定的標準，但保證金比率以及監管費用，商業銀行的標準不太確定。本章針對保兌倉融資模式的合約風險研究保證金比率的確定。

第一節　變量符號及基本假設

一、有關變量符號

r：融資企業的貸款利率；
p：融資企業的產品零售價；
w：產品的批發價（合同價格）；
c：供應商的成本；
q：合同的訂購數量；
d：市場需求；
s：單位倉儲費用；
b：保證金比例；
B：保證金；
q_1：融資企業第一次提貨的數量；
T：合同週期；
V：產品處理價格。

二、基本假設

（1）保兌倉融資為供應鏈四方保兌倉融資。其參與方為供應鏈核心企業（供應商）、供應鏈融資企業（銷售商）、融資機構（銀行）、第三方物流企業。

(2) 銷售商面臨的市場環境為隨機需求環境。其市場需求的分佈函數為 $F(x)$，密度函數為 $f(x)$。

(3) 四方關於成本、價格以及需求分佈狀況信息是共同知識。

(4) 放貸金額以購銷合同的批發價和商品交易數量確定。即放貸金額為 wq。

(5) 合約週期結束後，產品仍未售出，產品的處理價為 v，滿足 $c>v>s$。

(6) 融資企業使用初始自有資金用來繳納第一次提貨的保證金 B。銀行根據保證金的大小通知物流企業發貨的數量，且發貨數量滿足 $q_1=B/w$。

第二節 模型建立與分析

按照上述假設，銀行只需要第三方物流企業行使商品保管簡單職能。此時，銀行無須支付物流企業監管費用。在實際的供應鏈金融運作過程中，當商品是標準品時，銀行很容易搜集信息，掌握商品的價格，因此，銀行無須物流企業對購銷合同進行監管。此時，四方保兌倉融資模式的各方行動時序圖如圖 5-1 所示。

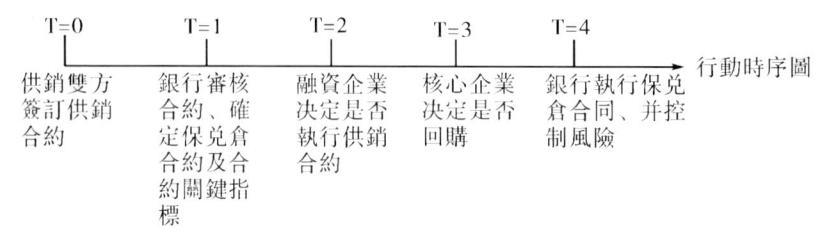

T=0	T=1	T=2	T=3	T=4
供銷雙方簽訂供銷合約	銀行審核合約、確定保兌倉合約及合約關鍵指標	融資企業決定是否執行供銷合約	核心企業決定是否回購	銀行執行保兌倉合同、并控制風險

圖 5-1 保兌倉融資模式的各方行動時序圖

一、融資企業行為分析

當融資企業資金有限時，融資企業的訂購量較小，很難從核心企業獲得較高的數量折扣。這就導致了融資企業的成本增加，對融資企業不利。保兌倉模式通過預付款的方式，增加了融資企業的購買量，獲得較好的數量折扣，降低了融資企業的成本。若市場需求穩定時，融資企業能較好地預測市場需求，保兌倉融資模式有效地促進了融資企業利潤的提高。但是市場需求隨機時，融資企業將面臨兩難的選擇：一方面，若訂購量太高，當市場需求小於訂購量時，融資企業訂購的產品會存在著剩餘，根據本章的假設（5），產品會有一定損耗，造成一定損失；另一方面，若訂購量較低，當市場需求大於訂購量時，供

給不足往往會導致融資企業潛在顧客的流失。同時，較低的訂購量會使得融資企業拿不到適當的數量折扣。當然，相比較而言，第二種情況比第一種情況更加嚴重。因此，融資企業仍然願意提高訂購量。不失一般性，本章假定融資企業有兩種行為選擇，分別是根據合約規定繳納所有相關費用和不繳納第二次保證金。

當融資企業遵從合約規定，繳納所有相關費用時，融資企業的期末利潤為：
$$\pi(x) = p \times \min\{x, q\} + v \times \max\{0, q-x\} - w \times q - w \times q \times r - s \times q \tag{5-1}$$

這裡，x 是市場需求。融資企業的現金流入主要為產品銷售收入，也可能包括回購收入（當訂購量大於需求量時）。現金支出包括三個部分，分別是批發成本、倉儲成本和貸款成本。

當融資企業不遵從合約規定，不繳納第二次保證金時，融資企業的期末利潤為：
$$\pi'(x) = p \times \min\{x, q_1\} + v \times \max\{0, q_1-x\} - w \times q_1 - s \times q_1 \tag{5-2}$$

由於第一提貨是按照第一次保證金的大小提貨，且滿足本章假設（6），此時，融資企業的成本主要包含兩個部分，即保證金支出 $B = wq_1$ 以及從物流企業提貨時，支付的倉儲費用 sq_1。

明顯地，融資企業的行為選擇受商品市場需求的影響，下面分三種情況進行討論。

（1）當 $x > q$ 時，若融資企業遵從合約規定，融資企業的期末利潤為：
$$\pi(x) = p \times q - w \times q - w \times q \times r - s \times q \tag{5-3}$$

相反地，融資企業的期末利潤為：
$$\pi'(x) = p \times q_1 - w \times q_1 - s \times q_1 \tag{5-4}$$

當且僅當，公式（5-3）≥公式（5-4）時，融資企業守約。可知，
$$q_1 \leq \left(1 - \frac{wr}{p-w-s}\right) \cdot q \tag{5-5}$$

由此可見，當市場需求高於訂購量時，無論保證金比率的大小如何，融資企業都願意執行合約。

（2）當 $q_1 \leq x \leq q$ 時，若融資企業遵從合約規定，融資企業的期末利潤為：
$$\pi(x) = p \times x + v(q-x) - w \times q - w \times q \times r - s \times q \tag{5-6}$$

此時，違約時融資企業的期末利潤為：
$$\pi'(x) = p \times q_1 - w \times q_1 - s \times q_1 \tag{5-7}$$

當且僅當，公式（5-6）≥公式（5-7）時，融資企業守約。可知，
$$x \geq \frac{w(1+r) + s - v}{p - v} \cdot q + \frac{p - w - s}{p - v} q_1 = x_0 \tag{5-8}$$

同時，由條件知，

$$\frac{w(1+r)+s-v}{p-v} \cdot q + \frac{p-w-s}{p-v}q_1 \leqslant q \tag{5-9}$$

即

$$q_1 \leqslant \left(1 - \frac{wr}{p-w-s}\right) \cdot q \tag{5-10}$$

不難得出，當公式（5-10）式滿足，在市場需求滿足 $q_1 \leqslant x \leqslant q$ 時，若市場需求 $x \geqslant x_0$ 時，融資企業遵守合約。

（3）當 $x \leqslant q_1$ 時，若融資企業遵從合約規定，融資企業的期末利潤為：

$$\pi(x) = p \times x + v(q-x) - w \times q - w \times q \times r - s \times q \tag{5-11}$$

若不守約，融資企業的期末利潤為：

$$\pi'(x) = p \times x + v \times (q_1 - x) - w \times q_1 - s \times q_1 \tag{5-12}$$

當且僅當，公式（5-11）$\geqslant$ 公式（5-12）時，融資企業守約。得到，

$$q_1 \geqslant \left(1 + \frac{wr}{w+s-v}\right)q \tag{5-13}$$

由此可見，當商品處於低需求時，融資企業一定會違約。

根據以上分析內容，可以得到如下命題：

命題 5-1：融資企業是否遵從合約規定，主要取決於兩個因素：第一，市場需求狀況；第二，首次保證金比率。當市場需求 $x \geqslant x_0$，且首次保證金比例低於 $1-wr/(p-w-s)$ 時，融資企業守約。根據本章假設（2），融資企業的守約概率為 $1-F(x_0)$。當 $x<x_0$ 時，融資企業肯定不會履行合約，融資企業的毀約概率為 $F(x_0)$。

二、商業銀行的行為分析

保兌倉融資模式極大地緩解了供應鏈中的中小企業資金困難問題，同時幫助中小企業從核心企業獲得更多的數量折扣。對於商業銀行來說，保兌倉融資模式進一步開拓了銀行的中間業務，拓寬了銀行的業務範圍。在保兌倉融資模式中，融資企業能否嚴格執行購銷合約、提取所有的商品是保兌倉融資模式最主要的合約風險。這是因為，若融資企業在合同期內只交納一次保證金，則剩餘商品只能按處理價 $v<w$ 進行回購。理論上，銀行可以要求核心企業按照批發價 w 對剩餘商品回購。此時銀行不存在資金損失風險，但在實際操作過程中，如果需求風險均由核心企業承擔，核心企業往往沒有動力為融資企業擔保，從而保兌倉融資模式往往無法開展。我們不妨認為，銀行規定核心企業對剩餘商品的 α 比例按照批發價回購，$1-\alpha$ 比例按照處理價進行回購。則銀行的期望利潤為：

$$E\pi_B(x) = wrq \cdot (1 - F(x_0)) - (1-\alpha) \cdot (w-v) \cdot (q-q_1) \cdot F(x_0) \tag{5-14}$$

對公式（5-14）求一階條件，可得：

$$\frac{\partial E\pi_B(x)}{\partial q_1} = (1-\alpha)(w-v)F(x_0) - (wrq+(1-\alpha)(w-v)(q-q_1))f(x_0)\frac{p-w-s}{p-v}$$
$$= 0 \qquad (5-15)$$

通過一階條件，可以得到 q_1^*。公式（5-15）給出 q_1^* 的隱性解。當其他參數數值已知時，可以解出 q_1^*。

命題 5-2：銀行實際的授信額度為 $w(q-q_1^*)$，$w(q-q_1^*)$ 銀行規定的保證金比率為 $\frac{q_1^*}{q}$。

第三節　實例分析

天盛公司從事電子快銷品的銷售業務。作為地區代理商，天盛公司從廠商進行批量進貨。但由於資金週轉不足，天盛公司希望通過三種方式解決資金問題：第一種方式為向廠商賒銷，第二種方式是銀行貸款，第三種方式為預付帳款模式（即保兌倉模式）。由於天盛公司的下級代理商回款速度較慢，採取賒銷方式往往導致廠商資金回收慢，影響了廠商的資金利用率，因此廠商不願意採取這種方式。同時，由於天盛公司的固定資產不高，因此銀行也不願意向天盛公司貸款。經過反復的磋商和談判，最終，廠商提供擔保，和天盛公司共同向銀行申請保兌倉融資。某批次產品相關信息如表 5-1 所示。

表 5-1　各變量取值情圖表

變量符號	變量取值	變量符號	變量取值
p（市場零售價）	1,000	v（單位產品殘值）	200
w（批發價）	600	q（合同訂購量）	10,000
S（庫存成本）	100	r（貸款利率）	10%

根據下級代理商的訂購情況，天盛公司認為市場需求是隨機的，且服從正態分佈。密度函數如下：

$$f(x) = \frac{1}{1,000\sqrt{2\pi}}e^{-\frac{(x-10,000)^2}{2,000,000}} \qquad (5-16)$$

天盛公司認為，市場需求的均值應該在 10,000 左右。當然，市場需求不可能小於 0，當 x<0 時，意味著在均值的 10 個標準差以外，此時的累計概率小於 7.6×10^{-24}，可以忽略不計。

若上述信息對銀行是完全信息，銀行首先分析融資企業的違約概率情況。

根據命題 5-1，天盛公司的違約概率為：

$$F(x) = \int_{-\infty}^{7,000+0.375q_1} \frac{1}{1,000\sqrt{2\pi}} e^{-\frac{(x-10,000)^2}{2,000,000}} dx \quad (5-17)$$

此時，同時滿足，

$$q_1 \leq 0.8q \quad (5-18)$$

假定銀行與核心企業商定，當合同期結束後，若存在剩餘商品，銀行的期望利潤為：

$$E\pi_B(x) = wrq \cdot (1 - F(x_0)) - 0.5 \cdot (w-v) \cdot (q-q_1) \cdot F(x_0) \quad (5-19)$$

求公式（5-19）的一階條件，可知，

$$q_1^* = 1,916 \quad (5-20)$$

因此，由本章命題 5-2 可知，銀行實際的授信額度為：

$$w(q - q_1^*) = 600 \times (10,000 - 1,916) = 4,850,400 \quad (5-21)$$

銀行規定的首次保證金比例為：

$$\frac{q_1^*}{q} = \frac{1,916}{10,000} = 0.19 \quad (5-22)$$

第四節　仿真分析

對於商業銀行來說，保兌倉合約的關鍵控制參數在於保證金比例和授信額度。根據命題 5-2，若能確定，保證金比例和授信額度即可相應確定。本節分別模擬了批發價的變化以及市場需求波動時，銀行利潤與 q_1 的關係。這裡，仿真的函數為：

$$E\pi_B(x) = wrq \cdot (1-F(x_0)) - (1-\alpha) \cdot (w-v) \cdot (q-q_1) \cdot F(x_0) \quad (5-23)$$

其中，$x_0 = \dfrac{w(1+r)+s-v}{p-v} \cdot q + \dfrac{p-w-s}{p-v} q_1$。

在本次仿真中，我們的參數設置如表 5-2 所示。

表 5-2　各變量取值情況

變量符號	變量取值	變量符號	變量取值
p（市場零售價）	200	v（單位產品殘值）	50
w（批發價）	125	q（合同訂購量）	1,000
S（庫存成本）	15	r（貸款利率）	10%

若市場需求服從正態分佈，均值為合同訂購量 1,000，標準差分別為 100、150、200、300 時，商業銀行期望利潤 $E\pi_B(x)$ 與融資企業第一次提貨數量 q_1 的關係如圖 5-2 所示。

從圖 5-2 中可以看出，商品市場需求波動取值不變時，商業銀行的期望利潤會隨著融資企業第一次提貨數量的增加而不同。從整體上看，當融資企業第一次提貨數量保持不變時，商業銀行的期望利潤會隨著需求波動取值的增加而減少，即當在其他條件保持不變的情境下，商業銀行的期望利潤與需求波動的大小呈反向關係，即需求波動越小時，商業銀行的最大期望利潤越大。

另一方面，當需求波動較小時，商業銀行要求融資企業的第一次提貨量比較小，當需求波動增加時，商業銀行要求融資企業的第一次提貨量在增加。例如，當標準差為 100 時，商業銀行制定最優的第一次提貨量約為 200，而標準差為 150 時，最優的第一次提貨量約為 400，而標準差為 200 時，最優的第一次提貨量約為 600，而標準差為 300 時，最優的第一次提貨量約為 800。由此可見，結合命題 5-2，我們得到如下推論：

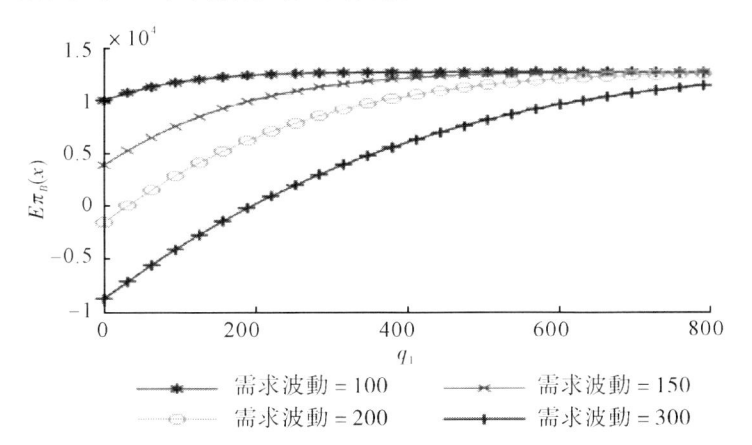

圖 5-2 融資企業第一次提貨數量與商業銀行期望利潤關係圖

推論 5-1： 銀行對授信額度以及保證金比率的確定與市場需求波動有關。授信額度與市場需求波動程度呈反比，保證金比率與市場需求波動程度呈正比。

我們同時模擬了，當產品批發價分別為 75、100、125、150、175 時，商業銀行期望利潤 $E\pi_B(x)$ 與融資企業第一次提貨的數量 q_1 的關係，如圖 5-3 所示。這裡，市場需求服從 $N(1,000, 100^2)$。

從圖 5-3 中可知，最優的第一次提貨量與批發價的大小無關。當批發價增加時，銀行的利潤也在增加。

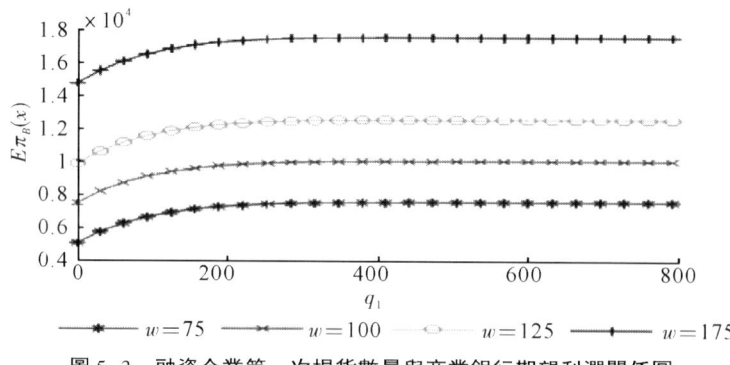

圖5-3 融資企業第一次提貨數量與商業銀行期望利潤關係圖

第五節　風險控制策略的結論

通過上述分析得出如下結論：

在四方保兌倉中，如果商業銀行與物流企業只是簡單的委託代理關係，則商業銀行無需向物流企業支付監管費用，物流企業的收入來源不是商業銀行而是融資企業在提取商品時向其支付的費用。融資企業是否守約主要取決於兩個因素：合同涉及的商品市場需求因素、首次保證金比例因素。當市場需求量高於商品訂購量時，無論保證金比率的大小如何設置，融資企業將守約，交納所有相關費用。當 $q_1 \leq (1 - \dfrac{wr}{p-w-s}) \cdot q$，且商品的市場需求滿足 $q_1 \leq x \leq q$ 時，在 $x \geq x_0$ 的條件下，融資企業遵守合約。當商品處於低需求狀態時，融資企業一定違約。

商業銀行的實際授信額度與商業銀行規定的首次保證金比例受以下因素的影響：產品批發價格、產品處理價格、產品零售價格、單位倉儲費用、合同的訂購數量、貸款利率、核心企業的回購比例、融資企業的違約概率、市場需求的密度函數。

當產品批發價格一定時，商業銀行期望利潤會隨著提貨數量的增加而增加，但不可能無限制增加。當提貨數量一定時，商業銀行的期望利潤會隨著產品批發價格的增加而增加，隨著市場需求波動取值的增加而降低。因此，當其他條件保持不變的前提下，商業銀行應該關注產品的批發價格、市場波動情況。高產品價格意味著商業銀行高期望利潤，高波動取值意味著商業銀行低期望利潤。

第六章 在不對稱信息下
商業銀行風險控制研究

　　上一章討論了在完全信息下，銀行如何確定對融資企業的授信額度以及制定融資企業的首次繳納的保證金比率，控制保兌倉合約風險。對於一般產品來說，銀行是可以觀察產品的批發價的。而對於特殊產品（如專利型產品）來說，由於銀行對產品信息不太瞭解，因此，銀行很難瞭解產品的真實批發價。核心企業和融資企業往往為了謀取更高的利益，採取了虛報批發價的形式，獲取更高的貸款額度，增加銀行的風險。為了分擔風險，銀行要求有資質的物流企業對融資企業進行擔保，監管供應鏈的交易。因此，如何設計針對物流企業的激勵合約，是降低保兌倉合約風險的關鍵。

第一節　變量的符號及假設

一、變量的符號
　　r：融資企業的貸款利率；
　　p：融資企業的產品零售價；
　　w：產品的真實批發價；
　　Δw：合約價格與真實批發價之差；
　　q：合同的訂購數量；
　　s：物流企業單位倉儲費用；
　　θ：銀行支付物流企業單位監管費用；
　　$p1$：物流企業包庇虛假合同的概率；
　　$p2$：銀行監控發現物流企業包庇的概率。

二、基本假設
　　本章的假設包含了上一章的假設（1）（2）（4）（5）（6），除此之外，還有：

(1) 假定產品的真實批發價是非對稱信息。銀行不知道。
(2) 若按期還款，銀行按比例 φ 給予物流企業額外獎勵。
(3) 若物流企業與供銷雙方合謀，向銀行提供虛假質物信息，核心企業會按照合同金額提供 t 比例的報酬。
(4) 物流企業是否包庇，銀行也會進行監控，假定成本為 $-\ln \mu + c$。如果物流企業的包庇行為被發現，銀行則會對物流企業進行懲罰，懲罰成本應該與監控成本有關，當懲罰成本越高時，物流企業包庇的可能性越小，監控成本相應下降。這裡，假定懲罰成本占貸款金額的比例為 μ。
(5) 若物流企業不包庇供銷合約的詐欺行為，則銀行要求供銷雙方按照真實的批發價簽訂供銷合同，否則，銀行不發放貸款。
(6) 為了利益的最大化，在真實批發價為非對稱信息時，供銷雙方傾向於訂立虛假合約。

第二節　模型建立與分析

按照上述假設，物流企業對供銷合約的監管是十分重要的。在實際的供應鏈金融運作過程中，當貨物是非標準品時，銀行很難搜集信息，掌握貨物的價格，或者說，銀行很難驗證供銷合約價格的真實性。此時，四方保兌倉模式的各方行動時序圖如圖 6-1 所示。

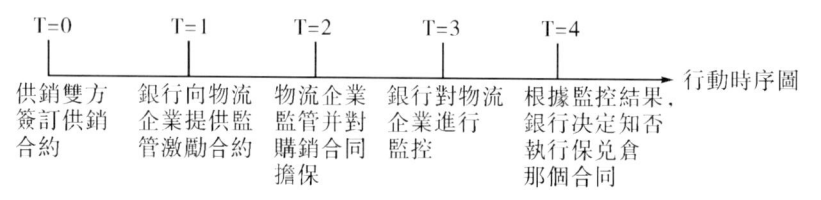

圖 6-1　四方保兌倉模式的各方行動時序圖

一、銀行與物流企業的策略與利潤

根據上一節的假設以及行動次序圖，物流企業與銀行的策略組合為：（包庇，發現）、（包庇，未發現）、（不包庇，發現）和（不包庇，未發現）。下面分別計算四種策略組合下，銀行與物流企業的收益。

第一，（包庇，發現）策略下，物流企業與銀行的收益。

物流企業包庇虛假的供銷合同，根據假設（3），除了得到物流保管費用 sq 外，還將得到核心企業支付的 $t(w+\Delta w)q$。當然，由於被銀行發現包庇行為

後，就要接受 $\mu(w+\Delta w)q$ 的罰款。根據前一章的研究，在需求隨機的情況下，融資企業違約的概率為 $F(x'_0)$。這裡，

$$x'_0 = \frac{(w+\Delta w)(1+r)+s-v}{p-v} \cdot q + \frac{p-(w+\Delta w)-s}{p-v}q_1 \quad (6-1)$$

不難驗證，

$$x'_0 \geqslant x_0 \quad (6-2)$$

又因為分佈函數是增函數。因此，我們可以得到如下的命題：

命題 6-1：信息不對稱情形下，融資企業的違約概率高於信息對稱情形下的違約概率。

為了方便起見，我們用 p' 代表存在虛假供銷合約時，融資企業違約（未執行保兌倉合約）的概率 $F(x'_0)$，p 代表不存在虛假供銷合約時，融資企業違約的概率 $F(x_0)$。因此，物流企業的期望收益為：

$$E\pi_{L,Y,Y}(x) = sq + (t-\mu)(w+\Delta w)q + (1-p')\varphi(w+\Delta w)q \quad (6-3)$$

此時，銀行的期望收益為：

$$E\pi_{B,Y,Y}(x) = (1-p')r(w+\Delta w-\varphi)q + \mu(w+\Delta w)q - 0.5p' \cdot (w+\Delta w-v) \cdot (q-q_1) + \ln\mu - c \quad (6-4)$$

第二，在（包庇，未發現）策略下，物流企業與銀行的收益。

在（包庇，未發現）策略下，物流企業的期望收益為：

$$E\pi_{L,Y,N}(x) = sq + t(w+\Delta w)q + (1-p')\varphi(w+\Delta w)q \quad (6-5)$$

此時，銀行的期望收益為：

$$E\pi_{B,Y,N}(x) = (1-p')r(w+\Delta w-\varphi)q - 0.5p' \cdot (w+\Delta w-v) \cdot (q-q_1) + \ln\mu - c \quad (6-6)$$

第三，在（不包庇，發現）和（不包庇，未發現）策略下，物流企業與銀行的收益。

上述兩種策略下，物流企業的期望收益均為：

$$E\pi_{L,N,*}(x) = sq + (1-p)\varphi wq \quad (6-7)$$

此時，銀行的期望收益均為：

$$E\pi_{B,N,*}(x) = (1-p)r(w-\varphi)q - 0.5p \cdot (w-v) \cdot (q-q_1) + \ln\mu - c \quad (6-8)$$

二、在包庇與不包庇情形下，物流企業與銀行的行為選擇

在物流企業包庇的情況下，若銀行監管發現的概率為 p_2，則物流企業的期望利潤為：

$$\begin{aligned}E\pi_{L,Y,*}(x) &= p_2 E\pi_{L,Y,Y}(x) + (1-p_2)E\pi_{L,Y,N}(x) \\ &= sq + t(w+\Delta w)q + (1-p')\varphi(w+\Delta w)q - p_2\mu(w+\Delta w)q\end{aligned} \quad (6-9)$$

在物流企業不包庇的情形下，物流企業的期望利潤為公式 (6-7)，如果銀行希望物流企業不包庇供銷雙方的虛假合約，當且僅當公式 (6-7) ≥ 公式 (6-9)，即公式 (6-10) 成立，

$$(p'-p)\varphi wq + p_2\mu(w+\Delta w)q \geq t(w+\Delta w)q + (1-p')\varphi\Delta wq \quad (6\text{-}10)$$

要想使得公式（6-10）成立，必要條件為，當 $p'-p$，p_2，μ 比較大，而 t 相對較小。這裡 $p'-p$ 比較大，意味著合約價格與真實批發價之差比較大（依據是命題6-1），p_2 和 μ 比較大，意味著銀行對物流企業監控比較嚴格，並且發現物流企業包庇後的懲罰力度較大，t 比較小，意味著核心企業對物流企業的包庇行為給予的報酬較小。

從銀行的角度來看，在物流企業包庇的情況下，銀行的期望利潤為：

$$\begin{aligned}E\pi_{B,Y,*}(x) &= p_2 E\pi_{B,Y,Y}(x) + (1-p_2)E\pi_{B,Y,N}(x) \\ &= (1-p')r(w+\Delta w-\varphi)q + p_2\mu(w+\Delta w)q - 0.5p' \cdot (w+\Delta w-v) \cdot \\ & \quad (q-q_1) + \ln\mu - c \end{aligned} \quad (6\text{-}11)$$

在物流企業不包庇的情形下，銀行的期望利潤為公式（6-8），銀行若要物流企業不包庇供銷雙方的虛假合約，當且僅當公式（6-8）≥公式（6-11），即公式（6-12）成立，

$$\begin{aligned}(p'-p)(r(w+\Delta w-\varphi)q + 0.5(w-v)(q-q_1) + 0.5p'\Delta w(q-q_1) \\ \geq (1-p')r\Delta wq + p_2\mu(w+\Delta w)q\end{aligned} \quad (6\text{-}12)$$

要想使得公式（6-12）成立，必要條件為：當 $p'-p$ 比較大，而 p_2，μ 以及 φ 相對較小。這意味著，當供銷雙方簽訂合同價格高於真實批發價時，只要合約價格與真實批發價之差不太大，銀行並不會有意願去監管，而對物流企業的激勵和監控也保持著較低的水準。若合約價格與真實批發價之差比較大時，造成融資企業違約概率增加比較大時，銀行往往借助物流企業進行監管。

第三節　風險控制策略總結

本章主要研究了在不對稱信息的情形下，商業銀行對保兌倉融資模式的風險控制。通過本章的研究，我們發現：對於供銷雙方簽訂高於實際批發價的合約，若合約價格與真實批發價之差不太大，銀行往往採取默認的態度。這是因為，合約價格較高時，銀行的貸款額度相應提高，獲得的利息收入也會增加。當然，當合約價格較高時，融資企業的違約概率也有一定的增加。當合約價格與真實批發價之差不太大時，違約概率增加並不是太多。此時，銀行的期望利潤是增加的。若合約價格與真實批發價之差較大時，違約概率增加較大，風險增加較多，此時銀行需要物流企業強有力的監管。當銀行獲得供銷雙方歷史合約價格和違約情況後，就可以大致推測出供銷雙方的合約價格與真實批發價之間差別，也就可以決定是否對物流企業進行激勵。由於模型過於複雜，本章未給出解析式。但是，當其他參數已知時，具體的條件是可以通過公式（6-10）和公式（6-12）計算得出。

第二部分
基於商業保理的雙保理融資模式風險控制研究

商業保理既是特別針對中小企業以提供轉讓其應收帳款為前提的一種融資服務,也是在國外早已發展成熟、並且在中國仍存在較好發展前景的一種金融服務。對現階段中國國內那些具有良好發展前景但受限於企業規模及盈利水準,無法滿足銀行貸款標準的中小企業而言,若在貿易關係中,存在信譽良好、規模龐大的買方的情況下,保理融資是中小企業的最佳融資之選。

然而在全球保理行業急遽發展的同時,中國的保理行業發展卻存在壞帳頻發、法律空缺及專業人才匱乏等諸多問題。要解決以上一系列問題,一方面需要來自國家政策方面的扶持、監管制度的制定與完善、相關行業機構和金融監管部門二者之間的合作等外部環境的支持,另一方面也急需採取措施以促進不同的商業保理公司之間相互協作的能力,發揮取長補短、協同作戰的優勢。

目前雙保理融資模式還主要出現於國際保理業務中,一般來說該業務的債務人與債權人是處於兩個不同國家的企業,由於不同國家之間的法律法規、融資環境和貨幣政策都有很大差異,這些不同導致企業很難實現在其他國家追索債權。因此,如果在債務人所在國家選定一個保理商來完成相應的應收帳款追索任務,那麼這一難題就能迎刃而解,於是國際雙保理融資模式就這樣應運而生。

基於此,為緩解中國當今保理行業所面臨的困境,本部分根據在中國實行的雙保理模式,探討在這一融資模式下,雙保理商為了滿足自身利益的最大化,會做出何種策略選擇及還有可能做出哪些有礙雙保理業務正常發展的行為,並借助風險管理的信用風險緩釋工具,從融資風險的根源———信息不對稱入手,借助博弈理論對雙保理融資模式中的雙保理商決策行為做出分析,並對其中可能存在的合謀問題設計出有效的防範機制。

第七章　雙保理融資模式的相關理論基礎

第一節　中國保理與國際保理

一、中國保理相關流程介紹

中國單保理主要是指在國內商品貿易中，保理商為其中以賒銷等信用銷售方式進行銷售商品（貨物）或提供服務而專門設計的一項綜合性極強的金融性服務。其中保理商主要為有這類需要的企業提供貿易融資、應收帳款債務催收、銷售帳戶管理、風險控制及壞帳相關擔保等服務。應收帳款保理融資實質是一種存在於融資企業和保理商之間的應收帳款債權債務轉讓協議關係，在這種關係中，融資企業為了籌得資金解決現金流缺口問題將其與核心企業簽署的應收帳款相關債權合理轉讓給保理商，保理商根據對融資企業及與其相關的核心企業進行評估授信，發放貸款使融資企業獲得融資款項後擴大生產或開展其他業務，從始至終應收帳款依舊為融資企業還款的第一有效的資金來源。保理業務剛開始興起時，中國大部分保理商是商業銀行，而現在更多的商業保理公司也開始加入市場。2010—2016 年全國新增保理公司註冊數如圖 7-1 所示。

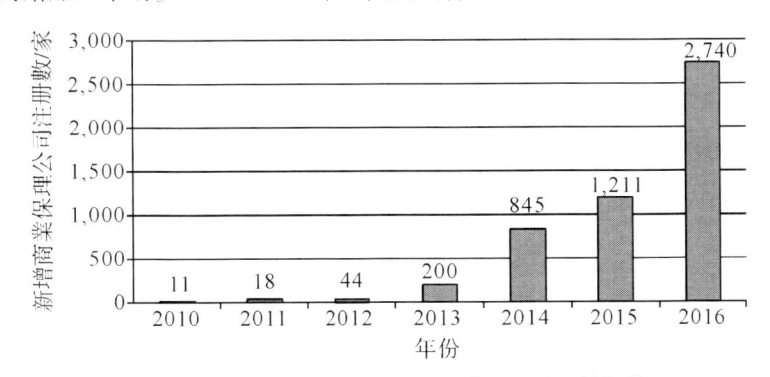

圖 7-1　2010-2016 年全國新增商業保理公司註冊數

據中國服務貿易協會商業保理專業委員會的統計，截至 2016 年 12 月 31 日，中國註冊的實名商業保理公司總數已達到 5,593 家，其中包含了法人企業

數量和分公司數量，註冊公司新增 2,740 家，較 2015 年 43.3%的增長率相比，2016 年的商業保理公司註冊數增幅達到了 126.3%。

中國國內單保理業務模式的主要流程如圖 7-2：

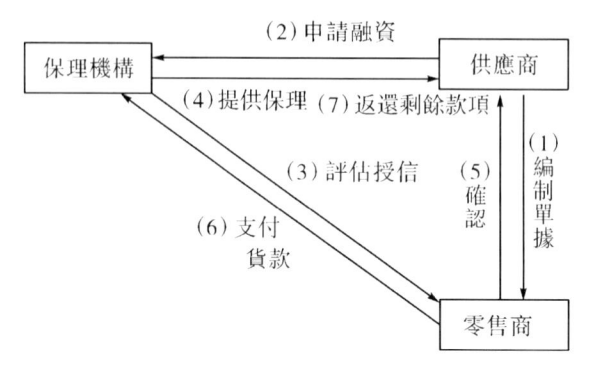

圖 7-2　中國單保理融資模式的主要流程

下面，對中國保理融資模式的主要流程按照圖 7-2 中標註的順序進行說明：

（1）上游供應商和下游零售商展開新的合作意向，雙方簽訂合同，編製有關單據形成有效的應收帳款；

（2）上游供應商由於自有資金受限開始向保理公司申請應收帳款保理業務進行融資，並提供相關材料證書等；

（3）保理公司在接受申請後開始對下游零售商進行調查評估授信，並對應收帳款進行真偽調查；

（4）保理公司調查結束後確認向上游供應商進行應收帳款保理，雙方簽訂保理協議，確定應收帳款保理融資比率及保理利率等；

（5）下游零售商確認上游供應商在獲得保理公司提供的資金後的生產加工情況；

（6）下游零售商在市場上出售產品，並將收帳款票面總金額全部支付到保理公司指定的帳戶中；

（7）保理公司在扣除相關保理服務費用及其他各項費用後，將所剩全部金額劃入上游供應商的指定帳戶。

二、國際保理相關流程介紹

國際保理業務是集融資、財務管理、壞帳擔保及催收為一體的貿易結算新模式，這類業務的開展不僅能為處於不同國家的貿易商提供金融便利，也能通過開展合作為雙方帶去相應的利潤，這些優點使得國際保理在國際貿易中所占地位越來越高，國際保理業務也被更多的貿易國家支持與接納。

具體來說，國際保理主要是指為了消除出口商和進口商由於法律、語言等

帶來的差異，順利開展國際貿易業務而形成的一種金融模式，由出口商（供應商）和出口商所在國家的保理商（出口保理商）簽訂保理協議，同時出口保理商在進口商所在國選定一家進口保理商並簽署相關保理協議，相互委託代理保理業務，提供各項相關的保理融資服務的一種保理模式。

目前國際保理模式的主要流程如圖 7-3：

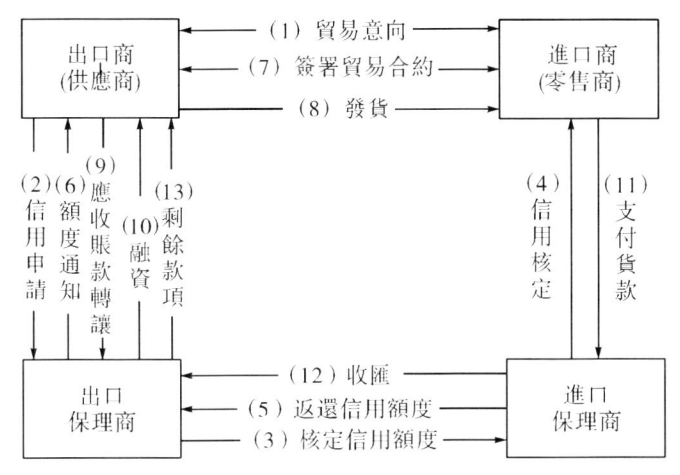

圖 7-3　國際保理融資模式的主要流程

下面，對國際保理融資模式的主要流程按照圖 7-3 中標註的順序進行說明：

（1）出口商和進口商有開展國際商業貿易的傾向或又一次的商業補充需求；

（2）出口商在其所在國選定出口保理商並提交其信用額度申請表進行信用額度申請從而滿足出口商的融資訴求；

（3）出口保理商收到信用額度申請後向進口保理商申請對進口商的資信水準進行詳細判斷；

（4）進口保理商由於與進口商在同一國家，根據其收集到的信息對進口商的資信水準進行判斷，大致確定進口商的融資額度；

（5）進口保理商將其確定的進口商信用額度結果通知給出口保理商；

（6）出口保理商接到信用額度水準及時告知給出口商；

（7）進口商和出口商簽訂國際貿易相關合約，且出口商與出口保理商同時簽署保理業務的相關保理協議，確定保理過程中涉及的利率及回報率等；

（8）在確定了出口商的信用額度水準後，出口商將相關貿易商品出售給進口商；

（9）出口商將有關發貨憑證和應收帳款的相關債權轉讓說明等資料提供給出口保理商；

（10）出口保理商按照之前確定的信用額度向出口商提供相關融資服務；

（11）在應收帳款到期後，進口商將出售貨物的所獲資金償還應收帳款；

(12) 進口保理商在扣除以部門事先約定好的保理費用後，將貨款轉交給出口保理商並將有關的報告表出示給出口保理商；

(13) 出口保理商在減去相應的相關保理服務費用後，將剩餘的全部餘款交給進行保理融資的出口商。

選擇國際保理對出口商的好處：

(1) 提供信用擔保：出口商在進行進出口貿易時，可以接受更多的賒帳銷售，不用擔心進行貿易合作的進口商無法提供現金流而拒絕交易；

(2) 獲得貿易融資：出口商不僅能順利地將核准的應收帳款以一定票面價值比率向出口保理商申請融資，將獲得的資金用於解決出口商的現金流缺口問題，還能把應收帳款的回收風險轉向保理商；

(3) 無授信額度占用：保理商提供的有關保理信用額度不會占用出口商在銀行或其他金融機構已有的授信額度；

(4) 有效規避風險：國際保理能有效規避在國際貿易中存在的匯率風險，通過保理商的融資使得出口商的應收帳款數額減少，美化公司的財務報表。

選擇國際保理對進口商的好處：

(1) 獲得信貸支持：進口商若有較高的資信水準以及財務表現，將會快速方便地得到來自保理商的信貸支持；

(2) 業務流程簡單：在辦理國際保理業務時，進口商無須開立信用證，也不用交付保理押金等占用企業自有資金，同時能更好地開展進口商的其他業務；

(3) 提升資金使用效率：通過簡單的保理業務流程，進口商可以在銷售出手中商品會再支付應收帳款，能降低風險，還能提高企業的資金使用效率；

(4) 付款方式多樣：進口商在銷售出手中現有商品後，獲得銷售資金，在支付應收帳款時，可以選擇最有利於自身的支付方式，方便日後再次與出口商合作時，獲得最優惠的交易價格。

第二節　信息不對稱理論

　　信息不對稱理論最初是美國的經濟學家斯蒂格利茨、阿克爾洛夫、斯彭斯提出的，該理論指出在任意市場經濟活動背景下，參與人員對活動的相關信息瞭解程度是各不相同的，其中那些擁有充分信息的參與者將會在經濟活動中處於較有優勢的位置，相反，那些信息缺乏的參與者將處於不利的位置，這樣的局面將導致參與雙方難以做出正確、有利的決策，信息不對稱也會給經濟業務中的某些參與方帶來危害。

然而初期人們大多忽視了信息不對稱在經濟活動中的重要性，他們大多認為市場本身完全可以進行自我調節來消除這一現象。但隨著經濟的發展，越來越多的經濟學者開始研究這一理論，這才使之逐漸被大眾接受且重視。在市場經濟狀況下，一般買方會比賣方擁有的信息更少，為了獲取更多相關信息，買方便會努力尋求解決方法，使得專業化行為得以發展。

信息不對稱一般按時間的先後分為事前和事後兩大類，我們常說的逆向選擇是由事前信息不對稱導致，而另外一種道德風險則由事後信息不對稱所導致。利用信息不對稱理論能為諸如股市沉浮、當代就業失業、市場價格及佔有率做出良好的解釋，其慢慢地延伸到現代金融、傳統農業市場等多個領域。

第三節　重複博弈的定義及特徵

重複博弈理論最初是由羅伯特·約翰·奧曼教授創立，該理論重點解釋了某些頻繁出現的問題，例如，在一項合作活動中，合作產生的矛盾衝突會隨著參與者數量的增加而增加，活動也會隨著參與者的某些表現而關係瓦解。隨後國外也有大量學者開始參與到重複博弈現象中進行研究。

重複博弈（又名「超級博弈」）是一種較為特殊的博弈，指在不變的狀態結構下，博弈有限次甚至延伸到無限次，其中每一次的博弈行為我們稱之為「階段博弈」，因此重複博弈簡單來說就是階段博弈的一系列重複，若重複次數有限則稱為有限次博弈，反之無限次博弈即為次數延伸至無限次。在每一次的博弈中，參與方做出的選擇是可變的，而他在每個階段博弈中做出的決策判斷也與他過去博弈的行為選擇息息相關。

重複博弈具有的三個基本特徵如下：

（1）在進行重複博弈的過程中，前一次博弈不會改變後一次博弈的狀態結構，即每一個階段博弈之間沒有「物質」聯繫；

（2）在進行新一階段的博弈時，博弈參與者均可掌握到之前雙方博弈的以往歷史信息，從而做出決策；

（3）在重複博弈結束後，參與者的全部階段博弈貼現收益總和或其加權平均數確定為其總收益。

第八章　在信息不對稱模式下雙保理商的博弈分析

在中國雙保理業務模式中，跟以往的單保理模式相比，由於保理商由一個變為兩個，使得供應鏈情況更加複雜。關於保理商與融資企業、下游核心企業的博弈分析已有大量學者前輩進行過詳細研究，因此，筆者決定選取供應商視角，著重討論買方保理商與賣方保理商之間的博弈問題。

第一節　保理商之間的競合關係

在保理過程中，賣方保理商出於減少資金壓力、分擔保理風險等因素，選定中國另一家保理商進行保理合作，共同對上游融資企業進行應收帳款保理融資業務。其中，賣方保理商和買方保理商之間不僅存在合作關係，在利益的角逐下，還有一定的競爭衝突。

一、賣方保理商和買方保理商之間的合作

在開展雙保理業務時，賣方保理商和買方保理商兩者存在委託代理關係。為了使保理業務順利進行，彼此的發展相互影響，主要包括以下四個方面的合作：

（1）信用相關的合作。

中國雙保理將會存在的根本原因是，保理商因保理風險過高導致其業務範疇受限，而其中大部分的風險來自應收帳款債權的債務人——下游零售商，為了減少這一風險，保理商便會選擇同業合作，雙方保理商在進行合作時，由於賣方保理商擁有更多的零售商相關信息，或者擁有良好的企業信用數據庫或信用評估模型，因此在信用合作方面，保理商間務必做到信息共享。

（2）監管相關的合作。

買方保理商在保理過程中需要對下游零售商進行嚴格監管，即時向賣方保理商匯報相關銷售信息，一旦發現零售商有違約動向或破產動向導致應收帳款

無法收回時，更要及時匯報情況並採取相應措施。

（3）營運管理相關的合作。

賣方保理商和買方保理商在供應鏈管理營運流程方面需要加強合作，以便更好更優化地進行營運管理工作，減少不必要的管理費用支出，縮短管理流程，並對保理模式提出補充，雙方優勢互補並減少營運管理過程中將有可能出現的問題。

（4）最終支付相關的合作。

當下游零售商順利將商品售出並準備支付應收帳款時，容易出現間接付款問題，即下游零售商未通過保理商而是直接將帳款返還給上游供應商（融資企業），這樣將會導致保理商無法獲得相應的業務收益。因此，在最終支付階段，雙方保理商需要加強合作，由買方保理商監督零售商按指定流程支付帳款。

二、賣方保理商和買方保理商之間的競爭

買方保理商與賣方保理商兩者間雖然存在委託代理關係，但有時在利益驅使下，這類關係並不十分有效。保理商均為「理性經濟人」，兩者的目標都是實現各自利益最大化，這必然促使兩家保理商產生或明或暗的競爭。對買方保理商而言，其收益主要來自賣方保理商支付的一定保理收益，一旦其有其他利益可圖，將會導致買方保理商與下游零售商相互勾結、向賣方保理商提供虛假信息、合謀損害賣方保理商的惡劣行為。

第二節　保理商之間的博弈分析

在雙保理模式中，買方保理商和賣方保理商兩者存在委託代理關係，其中賣方保理商作為其中的委託人，買方保理商則為代理人。雖然兩者之間設有協議，但買方保理商是否能與賣方保理商統一戰線履行自己的監督職責，賣方保理商還無法確定，這就會有買方保理商和買方合謀的道德風險問題出現。本節將基於博弈理論對這一問題做出相關分析。

一、基本假設

建立買方保理商和賣方保理商的博弈模型，模型的基本假設如下：

（1）博弈雙方（買方保理商、賣方保理商）都是理性的決策者，它們在任何一次階段博弈中都要求滿足自身期望收益的最大化；

（2）賣方保理商為上游供應商提供保理業務，確定的保理融資金額為 L

（一般由應收帳款票面價值和下游零售商的信用額度共同確定），賣方保理商的保理利率為 r（即為融資企業進行保理融資的融資成本）；

（3）買方保理商通過對買方的監管獲得來自賣方保理商提供的監管費用 $L\varphi$，其中 φ 表明監管費用與融資金額成正比且 $0 < L\varphi < Lr$；

（4）若買方出於自身利益考慮，希望與買方保理商合謀共同欺騙賣方保理商，則產生行賄成本 $L\varepsilon$，且買方最終履約的概率為 P；

（5）雙方（買方保理商、賣方保理商）之間雖然存在委託代理關係，但是實際上，雙方也會在各自利益驅使下進行博弈，為了更好地進行分析，假定雙保理商的公司規模、經濟實力及風險承受能力相同。

二、博弈模型

買方保理商、賣方保理商及買方（上游零售商）三者間的博弈樹如圖 8-1 所示：

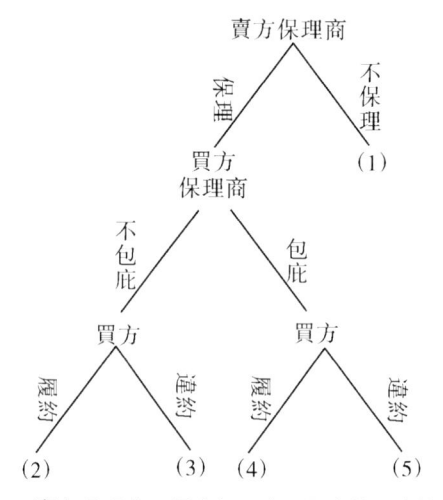

圖 8-1 賣方保理商、買方保理商、買方的三方博弈樹

在各種情況下，賣方保理商和買方保理商的支付函數分別為：
（1）$(0, 0)$；
（2）$(Lr - L\varphi, L\varphi)$；
（3）$(-L - L\varphi, L\varphi)$；
（4）$(Lr - L\varphi, L\varphi + L\varepsilon)$；
（5）$(-L, L\varepsilon)$。

從三方的博弈樹中我們可以得知，若賣方保理商對賣方應收帳款進行保理，那麼買方保理商將會在買方保理商是否包庇自己的兩種情況下，選擇違約或者履約。

（1）買方保理商選擇不包庇買方行為時：
賣方保理商的期望收益為：
$$R_1 = P(Lr - L\varphi) + (1-P)(-L - L\varphi) = L(Pr - \varphi + p - 1) \quad (8-1)$$
買方保理商的期望收益為：
$$V_1 = L\varphi \quad (8-2)$$
（2）買方保理商選擇包庇買方行為時：
賣方保理商的期望收益為：
$$R_2 = P(Lr - L\varphi) + (1-P)(-L) = L(Pr + P\varphi + P - 1) \quad (8-3)$$
買方保理商的期望收益為：
$$V_2 = P(L\varphi + L\varepsilon) + (1-P)L\varphi = L(P\varphi + \varepsilon) \quad (8-4)$$
由此得出買方保理商與賣方保理商的收益矩陣，如表 8-1 所示：

表 8-1 買方保理商和賣方保理商的收益矩陣

賣方保理商	買方保理商	
	不包庇	包庇
保理	$(L(Pr-\varphi+P-1), L\varphi)$	$(L(Pr+P\varphi+P-1), L(P\varphi+\varepsilon))$
不保理	(0,0)	$(0, L\varepsilon)$

對買方保理商進行分析：

要使 $V_2 - V_1 = L(P\varphi + \varepsilon) - L\varphi = L\varepsilon + L\varphi(P-1) > 0$，即只需要滿足 $\varepsilon > \varphi(1-P)$，其中 ε 與買方的行賄成本正相關，而 φ 與賣方保理商支付給買方保理商的監管費用正相關，因此，當買方給予買方保理商超過監管費用的行賄利益時，買方保理商在理性人的假設下，必定會選擇保理買方並與其合謀欺騙賣方保理商的利益。

在以上單階段博弈中，很明顯（保理，包庇）並不是一個帕累托最優解決方案，出於個人理性假設，博弈很難進行改進，合作過程中買方保理商由於短期利益和機會主義的誘惑，使其選擇包庇行為出現合謀現象。

而在現實生活中，兩家保理商的合作關係在其整個公司發展長河中，並非只有一次，他們的合作關係是長期存在的。因此，重複博弈必須納入雙保理模式的風險防範措施中，建立重複博弈模型能在兩家保理商之間形成「軟約束力」，加強彼此的信任，為今後建立長久良好的合作關係打下基礎，更能在一定程度上降低合謀問題的出現概率。

三、重複博弈模型的求解及分析

重複博弈模型假設：

（1）假設賣方保理商在買方保理商對買方做出信用調查後，選擇是否對

應收帳款進行保理，設賣方保理商進行保理的概率為 q，則不保理的概率為 $(1-q)$；

（2）假設後一次博弈中，賣方保理商根據前一次博弈結果做出是否保理的選擇，若存在一次買方保理商包庇買方的行為，則其會在下一次博弈中拒絕保理；

（3）σ 用來表示買方保理商的貼現因子，博弈次數為 T（$T > 0$ 且為整數）；

（4）為了更好地進行分析，假定雙保理商的公司規模、經濟實力及風險承受能力相同。

賣方保理商和買方保理商單次博弈收益矩陣如表8-2所示：

表8-2　賣方保理商與買方保理商單次博弈收益矩陣

賣方保理商	買方保理商	
	不包庇（A）	包庇（B）
保理（Y）	(R_1, V_1)	(R_2, V_2)
不保理（N）	(0, 0)	(0, V_3)

註：其中，$V_3 = L\varepsilon$，即買方保理商的受賄收益。

若雙方連續進行兩次博弈，並假設在第二次博弈時，雙方都已知道這是最後一次博弈，那麼根據單次博弈的分析得出，買方保理商出於自身利益的考慮，會選擇包庇行為獲得受賄收益，根據假設，賣方保理商也會根據之前合作中買方保理商的行為做出保理決策。

因此兩次博弈將出現兩種策略：（保理，不包庇；保理，包庇）（保理，包庇；不保理，包庇），我們簡化為策略一（Y, A; Y, B）、策略二（Y, B; N, B）。

若第一次博弈中買方保理商不包庇，則為策略一，買方保理商的兩期博弈總收益為：

$$S_1^{(2)} = qV_1 + \sigma[qV_2 + (1-q)V_3] \tag{8-5}$$

若第一次博弈買方保理商選擇包庇行為，則第二次博弈賣方保理商拒絕保理，則為策略二，其中買方保理商的兩期博弈總收益為：

$$S_2^{(2)} = qV_2 + (1-q)V_3 + \sigma V_3 \tag{8-6}$$

我們設定 $S_1^{(2)} - S_2^{(2)} > 0$，那麼兩者博弈將會繼續進行，即 $qV_1 + \sigma[qV_2+(1-q)V_3] > qV_2+(1-q)V_3+\sigma V_3$，推導出 $q > \dfrac{V_3}{V_1 + (\sigma-1)V_2 - (\sigma-1)V_3}$（條件一）。

若博弈重複三次，則根據相關假設，將出現三種博弈策略，簡化為：策略一（Y, A; Y, A; Y, B），策略二（Y, A; Y, B; N, B），策略三（Y,

B；N，B；N，B），

在策略一中，買方保理商的三期博弈總收益為：
$$S_1^{(3)} = qV_1 + \sigma qV_1 + \sigma^2[qV_2 + (1-q)V_3]$$
$$= qV_1 + \sigma\{qV_1 + \sigma[qV_2 + (1-q)V_3]\} \tag{8-7}$$

在策略二中，買方保理商的三期博弈總收益為：
$$S_2^{(3)} = qV_1 + \sigma[qV_2 + (1-q)V_3] + \sigma^2 V_3 \tag{8-8}$$

在策略三中，買方保理商的三期博弈總收益為：
$$S_3^{(3)} = qV_1 + (1-q)V_3 + \sigma V_3 + \sigma^2 V_3 \tag{8-9}$$

在兩次博弈中，得到博弈條件1，即 $q > \dfrac{V_3}{V_1 + (\sigma-1)V_2 - (\sigma-1)V_3}$，代入以上三個策略中，我們可以得出：$S_1^{(3)} > S_2^{(3)} > S_3^{(3)}$，即策略一（Y，A；Y，A；Y，B）是買方保理商根據自身利益最大化地考慮做出的最佳選擇。

將以上三次博弈累計重複4，5，…，T次，運用數學歸納法，可以很好地證明若賣方保理商進行保理的概率q滿足條件一時，賣方保理商與買方保理商在T次重複博弈中，會採用（不包庇；不包庇；不包庇……包庇）的策略，此時買方保理商的期望收益最大。

從以上重複博弈求解結果可知，如果買方保理商在第T次博弈階段前的任一階段選擇包庇行為（假設為階段t），賣方保理商均會立即終止與其合作，而對於買方保理商而言，他將失去今後所有與賣方保理商合作的機會，且對其聲譽影響極大。因此聲譽或信譽不好的保理商一旦加入雙保理模式中充當買方保理商的角色後，其也有積極與賣方保理商進行合作遵守合約，拒絕與借款企業合謀的意願。

上述分析中涉及的賣方保理商貼現因子，若其貼現因子極大，說明該保理商更加注重長遠利益，而對那些貼現因子較小的保理商來說，他們對未來的收益並不十分期待，相比較而言更重視短期利益，這類保理商可能在與買方保理商的重複博弈過程中，在某一階段博弈中選擇與買方合謀包庇其行為。

一般情況下，對於理性的買方保理商而言，其更傾向於在1至$T-1$階段選擇與賣方保理商合作，而在T階段違約選擇包庇行為，因此若賣方保理商選擇在最後一次博弈中不保理，那麼將保住其融資金額L；相反，若選擇保理，則買方保理商的期望收益為$q[\omega R_1 + (1-\omega)R_2]$，其中$\omega$為買方保理商包庇行為的發生概率。若滿足$Lq[\omega R_1 + (1-\omega)R_2] > L$，則賣方保理商在$T$階段選擇繼續與買方保理商合作開展雙保理業務，即此時的賣方保理商依據前$T-1$次的合作，認為買方保理商信譽良好不會與買方合謀。也就是說，若買方保理商想長遠獲得業務收益甚至在最終博弈中獲得合作勝利，意味著其必須在前$T-1$次合作中拒絕與買方合謀，與賣方保理商進行全面合作。綜上所述，採用重複博弈模型能在一定程度上達成促成雙保理模式健康運行的目的。

第三節　重複博弈策略小結

買方保理商和賣方保理商是雙保理業務中重要的兩大組成部分，是供應鏈中不可缺少的主體。兩者之間的競合關係如果在保理過程中處理不當，不僅會影響雙方利益，還會產生不利於整個供應鏈健康發展的負面影響，因此正確對待兩者之間的競合關係，減少競爭中會出現的道德風險，對中國雙保理模式的發展具有重要意義。

在本章中，我們首先分析了賣方保理商和買方保理商在雙保理模式中的競爭合作關係，然後通過單次靜態博弈分析方法發現雙方在合作時容易出現道德風險，即出現買方保理商和買方合謀的現象。

隨後由單次博弈轉變為重複博弈，通過比較分析得出以下結論：在雙保理運作模式中，如果買方保理商進行保理的概率較大，且日後雙方保理合作次數足夠多，那麼對於買方保理商而言，他將會採取與賣方保理商良性合作拒絕包庇行為、不與買方合謀的最優策略。因此對於賣方保理商而言，選擇重複博弈能促使雙保理模式健康發展，通過道德約束及聲譽效應能給買方保理商帶來一定的隱性激勵，使買方保理商與其全面合作減少合謀現象發生的概率。

而需要指出的是，這種重複博弈及其帶來的聲譽效應只是賣方保理商在不對稱信息下為避免買方保理商與買方合謀而採取的一種策略，而為了更好地解決合謀問題，還需積極尋求更優的解決方案。本書將在下一章提出由買方保理商和賣方保理商共同決定市場，在賣方保理商接到買方保理商的委託代理協議後，憑藉其對買方擁有充足信譽信息等優勢，決定是否為該次應收帳款保理業務提供擔保，並確定風險承擔比率和應收帳款的保理額度，在賣方保理商在接收到買方保理商的這些決策信息後，確定保理額度及保理利率。

第九章　在雙保理業務模式下合謀風險防範機制設計

第一節　合謀風險的提出

　　我們通過對中國當今經濟情況及保理業務發展趨勢得出，中國雙保理業務模式的出現意義重大。中國保理公司註冊數在近幾年內數量驟增，而這些保理公司的業務質量、業務能力及資信水準參差不齊，對這類公司而言若盲目單獨開展保理業務，沒有健全完善的企業信用評估體系和業務流程不熟悉必然會導致業務出現問題甚至導致保理業務失敗，這樣的結果對於剛獲新生的保理商來說，打擊是巨大的。因此，選擇那些擁有應收帳款債務人充足信息來源及本身業務能力及信譽較強的保理商進行協同合作，共同參與應收帳款保理業務，達到多贏狀態自然是中國保理商所期望且必須接受的。

　　在中國雙保理業務模式中，兩家保理商各自享有的信息程度是大不相同的，從而導致信息不對稱問題的出現。買方保理商因為自身信用評估水準較高或信息來源渠道通暢而處於信息攝取多的優勢方，能根據買方的流動資產與負債、盈利能力等有關信用指標決定保理業務的保理額度，對於賣方保理商而言，由於其對買方的瞭解較少只能通過買方保理商獲知，並根據買方保理商提供的保理額度開展應收帳款保理業務。因此在這一過程中賣方保理不僅需要面臨買方拒絕到期支付應收帳款的風險，還需面臨買方保理商在利益的驅使下與買方勾結合謀共同損害自身利益的道德風險。

　　在上一章中，我們對雙保理業務中買賣雙方保理商進行了博弈分析，並引入了在雙方不對稱信息下的重複博弈模型，指出了重複博弈能給買方保理商帶來隱性激勵從而減少合謀問題出現的可能性，以及賣方保理商在進行挑選合作保理商時，應將保理商的聲譽水準、風險偏好、未來長期合作的可能性等因素進行全面比較，綜合考慮從而選定買方保理商。然而重複博弈只是賣方保理商在不完全信息下避免買方與買方保理商合謀而採用的一種被動策略，實際上並沒有根本的解決信息不對稱帶來的道德風險問題。

为了更好地解决上章节遗留的合谋问题，接下来本书拟引入买方保理商是否对买方进行担保的两种模式讨论，重点比较在有无担保的情况下各自博弈结果中的最优保理利率、双方保理商的期望收益及卖方的最终融资额等指标，并得出买方保理商参与担保业务，将会使其期望收益得以增加，从而有效提高卖方的最终融资额等一系列结论。

第二节　无信用担保下双保理商的博弈分析

一、基本假设

在双保理业务模式中，买方保理商在接到卖方保理商的信用额度调查通知后，运用各种可以接触到的信息渠道对应收帐款中货物（包括市场环境、销售前景及价格波动等）、买方的偿还债务能力等各项因素做出全面调查，从而确定应收帐款的保理额度，并将确定好的保理额度与买方保理商确认，再由买方保理商确定是否开始展开保理事宜。

在前期调查过程中，买方保理商不参与担保活动，即应收帐款保理的业务风险全部由卖方保理商承担。在实际情况中，保理业务种类较多且保理公司的各自情况不尽相同。因此为了便于分析，建立以下假设：

（1）买方（零售商）在赊销应收帐款购买卖方（供应商）的商品后，在市场上进行销售，将产品售出所获销售款项用来偿还卖方的应收帐款，若销售失败，则会违约（买方不存在恶意违约的情况）；

（2）参与保理的应收帐款帐面总金额为 L；

（3）应收帐款保理额度为 α，买方保理商通过对买方的偿债能力等因素做出调查后确定，并与卖方保理商进行再次确认；

（4）买方保理商的保理费用收益率为 φ，该收益率在双方保理商签署委托代理合同时确定，并在最后结算阶段由卖方保理商进行支付；

（5）卖方保理商的保理利率为 r_1，卖方保理商的保理利率即为融资企业进行保理融资的融资成本；

（6）买方的履约概率为 P；

（7）在动态博弈的环境中，卖方会根据卖方保理商最终提供的保理利率来确定其融资需求 $D(r_1)=\theta-\mu r_1$，$0 \leqslant D(r_1) \leqslant 1$，且 μ 表示融资需求的利率敏感度，即卖方保理商确定的保理利率每增加一个单位相应的融资需求量将会减少 μ 个单位；

（8）在买方保理商与卖方保理商协同作战的模式下，不会出现买方保理商对买方做出包庇举动与其合谋损害买方保理商利益的情况；

(9) 為了更好地進行分析，假定雙保理商的公司規模、經濟實力及風險承受能力相同。

二、模型建立

買方保理商確定不參與信用擔保的模式下，賣方保理商的行動組合為（保理，不保理），買方的行動組合為（履約，違約）。在買方保理商不擔保的情況下，買方和賣方保理商的兩方博弈樹如圖9-1所示：

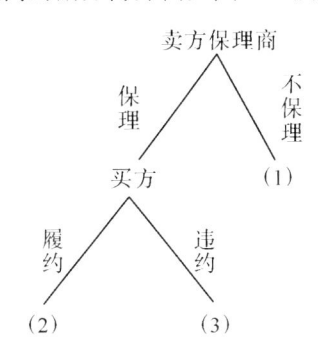

圖 9-1　在買方保理商不擔保的情況下，買方和賣方保理商的兩方博弈樹

在圖9-1中，我們主要分析買方保理商與賣方保理商之間的博弈。在各種情況下，賣方保理商和買方保理商的支付函數分別為：

(1) (0, 0)；
(2) $((\theta - \mu r_1) L\alpha r_1 - (\theta - \mu r_1) L\alpha\varphi, (\theta - \mu r_1) L\alpha\varphi)$；
(3) $(-(\theta - \mu r_1) L\alpha - (\theta - \mu r_1) L\alpha\varphi, (\theta - \mu r_1) L\alpha\varphi)$；

從三方博弈樹中我們可以看出，買方在賣方保理商決定開展保理業務的情況下，會進行違約或不違約的選擇。若賣方保理商拒絕保理，則雙方保理商收益皆為零。在賣方保理商同意保理的情況下：

賣方保理商的期望收益 M_1 為：

$$M_1 = P[(\theta - \mu r_1) L\alpha r_1 - (\theta - \mu r_1) L\alpha\varphi] + (1-P)[-(\theta - \mu r_1) L\alpha - (\theta - \mu r_1) L\alpha\varphi] \tag{9-1}$$

買方保理商的期望收益 N_1 為：

$$N_1 = (\theta - \mu r_1) L\alpha\varphi \tag{9-2}$$

三、模型求解及結果討論

來為了求解該博弈模型下的納什均衡，擬使用逆向歸納法。

命題 9-1：在買方保理商不提供擔保的情況下，賣方保理商選擇的最優保理利率 r_1^* 為：$r_1^* = \dfrac{P(\theta - \mu) + (1 + \varphi)\mu}{2P\mu}$，且與履約概率 P 呈負相關，與買方

保理商的保理費用收益率 φ 呈正相關。

證明：將公式（9-1）展開得：
$M_1 = P(\theta - \mu r_1) L\alpha r_1 - P(\theta - \mu r_1) L\alpha\varphi - (\theta - \mu r_1) L\alpha - (\theta - \mu r_1) L\alpha\varphi + P(\theta - \mu r_1) L\alpha + (\theta - \mu r_1) L\alpha\varphi$

在賣方保理商的期望收益函數 M_1 中對 r_1 求一階偏導，並使求導結果等於零，便可得到賣方保理商的最優保理利率，即

$\dfrac{\partial M_1}{\partial r_1} = P(\theta - \mu r_1) L\alpha - \mu P L\alpha r_1 + P\mu L\alpha\varphi + \mu L\alpha + \mu L\alpha\varphi - P\mu L\alpha - P\mu L\alpha\varphi$
$\qquad = 0$

得出， $\qquad r_1^* = \dfrac{P(\theta - \mu) + (1+\varphi)\mu}{2P\mu}$ (9-3)

由公式（9-3）得，當其他系數一定時，

$\dfrac{\partial r_1^*}{\partial P} = \dfrac{2P\mu(\theta-\mu) - 2\mu[P(\theta-\mu)+(1+\varphi)\mu]}{4P\mu} = -\dfrac{1+\varphi}{2P^2}$

$\dfrac{\partial r_1^*}{\partial P} = -\dfrac{1+\varphi}{2P^2} \leqslant 0$，說明最優保理利率與買方的履約概率 P 呈負相關。

同理，當其他系數一定時，$\dfrac{\partial r_1^*}{\partial \varphi} = \mu \geqslant 0$，說明最優保理利率與買方保理商的保理費用收益率呈正相關。

在實際保理業務中，可以理解為，當賣方保理商支付給買方保理商的保理監管費用越高，便會試圖從賣方處獲得更大的保理費用，即提高保理業務的保理利率，結論與實際相符。

命題 9-2：在買方保理商不提供擔保的模式下，當賣方保理商確定了最優保理利率 r_1^* 的策略，賣方保理商和買方保理商各自的利潤函數為：

$\max M_1 = \dfrac{L\alpha}{4P\mu}[P(\theta+\mu) - (1+\varphi)\mu]^2$

$\max N_1 = \dfrac{L\alpha\varphi}{2P}[P(\theta+\mu) - (1+\varphi)\mu]$

當 $\begin{cases} 0 \leqslant P < \dfrac{(1+\varphi)\mu}{\theta+\mu} \text{ 時，} \max M_1 \text{ 與履約概率 } P \text{ 呈負相關} \\ P = \dfrac{(1+\varphi)\mu}{\theta+\mu} \text{ 時，} \max M_1 \text{ 與履約概率 } P \text{ 無關} \\ \dfrac{(1+\varphi)\mu}{\theta+\mu} < P \leqslant 1 \text{ 時，} \max M_1 \text{ 與履約概率 } P \text{ 呈正相關} \end{cases}$

且 $\max N_1$ 與買方的履約概率呈正相關。

證明：從命題 9-1 中得到賣方保理商選擇的最優保理利率

$$r_1^* = \frac{P(\theta-\mu)+(1+\varphi)\mu}{2P\mu}$$

將 r_1^* 代入公式（9-1）中，

$\max M_1 = M_1(r_1^*)$

$= P[(\theta-\mu r_1^*)L\alpha r_1^*-(\theta-\mu r_1^*)L\alpha\varphi]+(1-P)[-(\theta-\mu r_1^*)L\alpha-(\theta-\mu r_1^*)L\alpha\varphi]$

$= P\dfrac{P(\theta+\mu)-(1+\varphi)\mu}{2P}L\alpha\dfrac{P(\theta+\mu)+(1+\varphi)\mu}{2P\mu}-\dfrac{P(\theta+\mu)-(1+\varphi)\mu}{2P}L\alpha(1+\varphi)$

$= \dfrac{L\alpha}{2P}\left[\dfrac{(P\theta+P\mu-\mu-\mu\varphi)(P\theta+P\mu+\mu+\mu\varphi)}{2\mu}-(1+\varphi)(P\theta+P\mu-\mu-\mu\varphi)\right]$

$= \dfrac{L\alpha}{4P\mu}[P(\theta+\mu)-(1+\varphi)\mu]^2 \qquad (9-4)$

同理，將公式（9-3）帶入到公式（9-2）中，得：

$\max N_1 = N_1(r_1^*) = (\theta-\mu r_1^*)L\alpha\varphi = \dfrac{L\alpha\varphi}{2P}[P(\theta+\mu)-(1+\varphi)\mu] \qquad (9-5)$

由公式（9-4）得，當其他系數一定時，

$\dfrac{\partial \max M_1}{\partial P} = \dfrac{2L\alpha[P(\theta+\mu)-(1+\varphi)\mu](\theta+\mu)\cdot 4P\mu - L\alpha[P(\theta+\mu)-(1+\varphi)\mu]^2\cdot 4\mu}{16P^2\mu^2}$

$= \dfrac{L\alpha\mu[P(\theta+\mu)-(1+\varphi)\mu]}{16P^2\mu^2}\cdot[4P\theta+4\mu(\varphi+1-P)]$

當 $0 \leq P < \dfrac{(1+\varphi)\mu}{\theta+\mu}$ 時，$\dfrac{\partial \max M_1}{\partial P} < 0$，表示 $\max M_1$ 與履約概率 P 呈負相關；

當 $P = \dfrac{(1+\varphi)\mu}{\theta+\mu}$ 時，$\dfrac{\partial \max M_1}{\partial P} = 0$，表示 $\max M_1$ 與履約概率 P 無關；

當 $\dfrac{(1+\varphi)\mu}{\theta+\mu} < P \leq 1$ 時，$\dfrac{\partial \max M_1}{\partial P} > 0$，表示 $\max M_1$ 與履約概率 P 呈正相關。

同理，由公式（9-5）得，當其他系數一定時，

$\dfrac{\partial \max N_1}{\partial P} = \dfrac{2P[L\alpha\varphi(\theta+\mu)]-2PL\alpha\varphi[P(\theta+\mu)-(1+\varphi)\mu]}{4P^2}$

$= \dfrac{L\alpha\varphi\mu(1+\varphi)}{2P} \geq 0$，即 $\max N_1$ 與 P 呈正相關，得證。

從命題9-2得出，當買方的履約概率越大時，買方保理商為了平衡所承擔的保理風險，將會提高相對應的保理利率，因此買方保理商和賣方保理商的期望利潤都會增加，即雙方保理商的期望利潤會隨著 P 的增大而增大，相反，買

方保理商的期望利潤也會隨著買方的履約概率的減小而減小。

命題9-3：買方保理商不提供擔保的模式中，在賣方保理商確定了保理利率 r_1^* 的最優策略下，賣方的最終融資需求即最終融資額 $D(r_1^*) = \dfrac{P(\theta + \mu) - (1 + \varphi)\mu}{2P}$，且與買方的履約概率 P 呈正相關，與買方保理商的保理費用收益率 φ 呈負相關。

證明：在賣方保理商確定好最佳保理利率 r_1^* 的情況下，賣方將根據這一保理利率決定最終的融資額，將公式（9-3） $r_1^* = \dfrac{P(\theta - \mu) + (1 + \varphi)\mu}{2P\mu}$ 代入到假設（7）中，得：

$$D(r_1^*) = \theta - \mu r_1^* = \theta - \mu \frac{P(\theta - \mu) + (1 + \varphi)\mu}{2P\mu}$$

$$= \frac{P(\theta + \mu) - (1 + \varphi)\mu}{2P} \tag{9-6}$$

由公式（9-6）可知，當其他系數一定時，

$\dfrac{\partial D(r_1^*)}{\partial P} = \dfrac{2P(\theta + \mu) - 2[P(\theta + \mu) - (1 + \varphi)\mu]}{4P^2} = \dfrac{\mu(1 + \varphi)}{2P^2} \geq 0$，賣方的最終融資額與買方的履約概率 P 呈正相關。

同理，當其他系數一定時，$\dfrac{\partial D(r_1^*)}{\partial \varphi} = -\mu \leq 0$，即賣方的最終融資需求即最終融資額與買方保理商的保理費用收益率 φ 呈負相關。

根據命題9-3可以看出，賣方最終確定的最終融資額 D 實質上也是由買方的履約概率 P、買方保理商的保理費用收益率 φ 共同決定，與買方的履約概率 P 呈正相關，而與 φ 呈負相關。

在實際情況中這可以理解為，若買方的履約概率 P 較高，賣方保理商最終確定的保理利率 r_1^* 則越小，因此賣方願意獲得更多的融資額 D。同理，當賣方保理商支付給買方保理商的保理監管費用 φ 越高，便會從賣方處獲得更大的保理費用，即提高保理業務的保理利率 r_1^*，而過高的保理利率將會導致賣方承受更多的保理業務融資成本，因此會試圖縮減融資額 D，結論與實際情況相符。

在買方保理商確定不參與信用擔保的模式下，應收帳款保理的業務風險全部由賣方保理商承擔。通過建立博弈模型對賣方保理商及買方保理商的博弈行為進行分析，求解出在該模式下，賣方保理商確定的最佳保理利率 r_1^* 及雙方保理商的利潤函數 $M_1(r_1^*)$、$N_1(r_1^*)$。

從求解結果可知，賣方保理商最終確定的最佳保理利率 r_1^* 實質上是由買方的履約概率 P、買方保理商的保理費用收益率 φ 共同決定的，與買方的履約

概率 P 呈負相關、與 φ 呈正相關；賣方最終確定的最終融資額 $D(r_1)$ 實質上也是由買方的履約概率 P、買方保理商的保理費用收益率 φ 共同決定的，與買方的履約概率 P 呈正相關、與 φ 呈負相關。

第三節　信用擔保下雙保理商的博弈分析

在雙保理業務模式中，買方保理商在接到信用額度調查通知後，運用各種可以接觸到的信息渠道對應收帳款中貨物（包括市場環境、銷售前景及價格波動等）、買方的償還債務能力等各項因素做出全面調查，從而確定應收帳款的保理額度及風險承擔比例，並將確定好的保理額度和風險承擔比例與買方保理商進行確認，再由買方保理商確定是否開始展開保理事宜並在此基礎上確定此次保理業務的保理利率。

一、基本假設

在買方保理商提供和不提供擔保兩種模式下，模型的相關假設和參數設置基本一致，只是在保理利率和買方保理商的保理費用收益率兩種參數設置不同，並增加了對買方保理商風險承擔比例的相關假設。基本假設如下：

（1）買方（零售商）在賒銷應收帳款購買賣方（供應商）的商品後，在市場進行銷售，將產品售出所獲銷售款項用來償還賣方的應收帳款，若銷售失敗，則會違約（買方不存在惡意違約的情況）；

（2）參與保理的應收帳款帳面總金額為 L；

（3）應收帳款保理額度為 α，買方保理商通過對買方的償債能力等因素做出調查後確定，並與賣方保理商進行再次確認；

（4）買方保理商的風險承擔比例為 β；

（5）買方保理商的保理費用收益率為 $\varphi(1+\beta)$，該收益率與買方的風險承擔比例正相關，由雙方保理商簽署委託代理合同時確定，並在最後結算階段由賣方保理商進行支付；

（6）賣方保理商的保理利率為 r_2，賣方保理商的保理利率即為融資企業進行保理融資的融資成本；

（7）買方的履約概率為 P；

（8）在動態博弈的環境中，賣方會根據賣方保理商最終提供的保理利率來確定其融資需求 $D(r_2)=\theta-\mu r_2$，$0 \leq D(r_1) \leq 1$ 且 $0 \leq \theta$、$\mu \leq 1$，且 μ 表示融資需求的利率敏感度，即賣方保理商確定的保理利率每增加一個單位相應的融資需求量將會相應減少 μ 個單位；

(9) 在買方保理商與賣方保理商協同作戰的模式下，不會出現買方保理商對買方做出包庇舉動與其合謀損害買方保理商利益的情況；

(10) 為了更好地進行分析，假定雙保理商的公司規模、經濟實力及風險承受能力相同。

二、模型建立

當買方保理商確定參與信用擔保的模式，賣方保理商的行動組合為（保理，不保理），買方的行動組合為（違約，不違約）。在買方保理商擔保的情況下，買方和賣方保理商的兩方博弈樹如圖9-2所示：

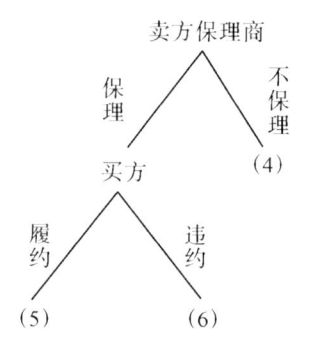

图9-2 在買方保理商擔保的情況下，買方和賣方保理商的兩方博弈樹

在圖9-2中，我們主要分析買方保理商與賣方保理商兩者間的博弈。在各種情況下，賣方保理商和買方保理商的支付函數分別為：

(4) $(0, 0)$；

(5) $((\theta-\mu r_2)L\alpha r_2-(\theta-\mu r_2)L\alpha\varphi(1+\beta), (\theta-\mu r_2)L\alpha\varphi(1+\beta))$；

(6) $(-(\theta-\mu r_2)L\alpha-(\theta-\mu r_2)L\alpha\varphi(1+\beta)+(\theta-\mu r_2)L\alpha\beta, (\theta-\mu r_2)L\alpha\varphi(1+\beta)-(\theta-\mu r_2)L\alpha\beta)$。

從三方博弈樹中我們可以看出，買方在賣方保理商決定開展保理業務的情況下，會進行違約或不違約的選擇。若賣方保理商拒絕保理，則雙方保理商收益皆為零。在賣方保理商同意保理的情況下：

賣方保理商的期望收益 M_2 為：

$$M_2 = P[(\theta-\mu r_2)L\alpha r_2-(\theta-\mu r_2)L\alpha\varphi(1+\beta)] + (1-P)[-(\theta-\mu r_2)L\alpha-(\theta-\mu r_2)L\alpha\varphi(1+\beta)+(\theta-\mu r_2)L\alpha\beta] \tag{9-7}$$

買方保理商的期望收益 N_2 為：

$$N_2 = P[(\theta-\mu r_2)L\alpha\varphi(1+\beta)]+(1-P)[(\theta-\mu r_2)L\alpha\varphi(1+\beta)-(\theta-\mu r_2)L\alpha\beta] \tag{9-8}$$

三、模型求解及結果討論

為了求解該博弈模型下的納什均衡，擬使用逆向歸納法。

命題 9-4：賣方保理商在買方保理商提供擔保的情況下，若買方保理商給定風險承擔比例 β，則賣方保理商選擇的最優保理利率 r_2^* 為：

$$r_2^*(\beta) = \frac{P[\theta + (\beta - 1)\mu] - [\beta - \varphi(1+\beta) - 1]\mu}{2P\mu}$$，與買方的履約概率 P 均呈負相關，

而 $\begin{cases} 0 \leq P < 1-\varphi \text{ 時，} r_2 \text{ 與風險承擔比例 } \beta \text{ 呈負相關} \\ P = 1-\varphi \text{ 時，} r_2 \text{ 與風險承擔比例 } \beta \text{ 無關} \\ 1-\varphi < P \leq 1 \text{ 時，} r_2 \text{ 與風險承擔比例 } \beta \text{ 呈正相關} \end{cases}$

證明：將公式（4.7）展開，得：

$M_2 = P(\theta-\mu r_2)L\alpha\, r_2 - P(\theta-\mu r_2)L\alpha\varphi(1+\beta) - (\theta-\mu r_2)L\alpha\, r_2 - (\theta-\mu r_2)L\alpha\varphi(1+\beta) + (\theta-\mu r_2)L\alpha\beta + P(\theta-\mu r_2)L\alpha\, r_2 + P(\theta-\mu r_2)L\alpha\varphi(1+\beta) - P(\theta-\mu r_2)L\alpha\beta$

考慮在給定風險承擔比例 β 的情況下，賣方保理商最終選擇的最優保理利率 r_2^*。在賣方保理商的期望收益函數 M_2 中對 r_2 求一階偏導，並使求導結果等於零，便可得到賣方保理商的最優保理利率，即

$\dfrac{\partial M_2}{\partial r_2} = -P\mu L\alpha\, r_2 + PL\alpha(\theta - \mu r_2) + P\mu L\alpha\varphi(1+\beta) + \mu L\alpha +$
$\qquad \mu L\alpha\varphi(1+\beta) - \mu L\alpha\beta - P\mu L\alpha - P\mu L\alpha\varphi(1+\beta) + P\mu L\alpha\beta$
$= 2P\mu L\alpha\, r_2 + PL\alpha\theta + \mu L\alpha + \mu L\alpha\varphi(1+\beta) - \mu L\alpha\beta - P\mu L\alpha + P\mu L\alpha\beta$
$= 0$

得出，

$$r_2^*(\beta) = \frac{PL\alpha\theta + \mu L\alpha + \mu L\alpha\varphi(1+\beta) - \mu L\alpha\beta - P\mu L\alpha + P\mu L\alpha\beta}{2P\mu L\alpha}$$

$$= \frac{P[\theta + (\beta - 1)\mu] - [\beta - \varphi(1+\beta) - 1]\mu}{2P\mu} \qquad (9-9)$$

化簡公式（9-9），得：$r_2^*(\beta) = \dfrac{P(\theta + \mu\beta - \mu) - (\beta - \varphi - \varphi\beta - 1)\mu}{2P\mu}$

在其他系數一定的情況下，

$\dfrac{\partial r_2^*(\beta)}{\partial \beta} = \dfrac{P\mu - \mu(1-\varphi)}{2P\mu} = \dfrac{P - (1-\varphi)}{2P}$，則：

當 $0 \leq P < 1-\varphi$ 時，$\dfrac{\partial r_2^*(\beta)}{\partial \beta} < 0$，表示 r_2 與風險承擔比例 β 呈負相關；

當 $P = 1-\varphi$ 時，$\dfrac{\partial r_2^*(\beta)}{\partial \beta} = 0$，表示 r_2 與風險承擔比例 β 無關；

當 $1-\varphi < P \leq 1$ 時，$\dfrac{\partial r_2^*(\beta)}{\partial \beta} > 0$，表示 r_2 與風險承擔比例 β 呈正相關。

從上述討論結果可知：其他條件一定，當買方的履約概率 P 很小，即在基本可以肯定買方會違約的情況下，買方保理商的風險承擔比例 β 增加，賣方保理商承擔的保理風險將會減少，那麼其一定會降低保理利率 r_2，即買方保理商確定的保理利率 r_2 隨著買方保理商的風險承擔比例 β 增大而減小；當買方的履約概率 P 很大，即在基本不存在違約的情況下，買方保理商確定的保理利率 r_2 則隨著買方的風險承擔比例 β 增大而增大。

同理，在其他系數一定的情況下，

$$\frac{\partial r_2^*}{\partial P} = \frac{2P\mu[\theta+(\beta-1)\mu] - 2\mu\{P[\theta+(\beta-1)\mu] - [\beta-\varphi(1+\beta)-1]\mu\}}{4P^2\mu^2}$$

$$= \frac{2\mu^2[\beta-\varphi(1+\beta)-1]}{4P^2\mu^2} = \frac{\beta-\varphi(1+\beta)-1}{2P^2} \leq 0$$，即保理利率 r_2 與買方的履約概率 P 呈負相關。

命題 9-5：在買方保理商提供擔保的情形下，其選擇的最優風險承擔比例 β^* 為：

$$\beta^* = \frac{P(\theta+\mu) - \mu(2\varphi+1)}{2\mu(P+\varphi-1)}, \quad r_2^* = \frac{P(3\theta-\mu)+\mu}{4P\mu}$$，r_2 與買方履約概率 P 呈負相關，

當 $0 \leq \varphi < \dfrac{\theta}{\theta+3\mu}$，且 $\begin{cases} 0 \leq P < 1-\varphi \text{ 時}, \beta \text{ 與買方的履約概率 } P \text{ 呈負相關} \\ P = 1-\varphi \text{ 時}, \beta \text{ 與買方的履約概率 } P \text{ 無關} \\ 1-\varphi < P \leq 1 \text{ 時}, \beta \text{ 與買方的履約概率 } P \text{ 呈正相關} \end{cases}$

當 $\varphi = \dfrac{\theta}{\theta+3\mu}$，$\beta$ 與買方的履約概率 P 無關，

當 $\dfrac{\theta}{\theta+3\mu} < \varphi \leq 1$，且 $\begin{cases} 0 \leq P < 1-\varphi \text{ 時}, \beta \text{ 與買方的履約概率 } P \text{ 呈正相關} \\ P = 1-\varphi \text{ 時}, \beta \text{ 與買方的履約概率 } P \text{ 無關} \\ 1-\varphi < P \leq 1 \text{ 時}, \beta \text{ 與買方的履約概率 } P \text{ 呈負相關} \end{cases}$

證明：將公式（9-9）代入買方保理商的期望收益函數公式（9-8）中，求 β 的一階偏導並使之為零，得

$N_2 = P[(\theta-\mu r_2^*)L\alpha\varphi(1+\beta)] + (1-P)[(\theta-\mu r_2^*)L\alpha\varphi(1+\beta) - (\theta-\mu r_2^*)L\alpha\beta]$

$= P\left[\left(\theta-\mu\dfrac{P[\theta+(\beta-1)\mu]-[\beta-\varphi(1+\beta)-1]\mu}{2P\mu}\right)L\alpha\varphi(1+\beta)\right] +$

$\quad (1-P)\left[\left(\theta-\mu\dfrac{P[\theta+(\beta-1)\mu]-[\beta-\varphi(1+\beta)-1]\mu}{2P\mu}\right)L\alpha\varphi(1+\beta) - \right.$

$\quad \left.\left(\theta-\mu\dfrac{P[\theta+(\beta-1)\mu]-[\beta-\varphi(1+\beta)-1]\mu}{2P\mu}\right)L\alpha\beta\right]$

對 β 一階求導並化簡：

$$\frac{\partial N_2}{\partial r_2^*} = \frac{\mu-\mu\varphi-P\mu}{2P}\varphi + \frac{\mu-\mu\varphi-P\mu}{2P}\varphi\beta^* + \frac{\beta^*\mu(1-\varphi-P)+P\theta+P\mu-\mu-\mu\varphi}{2P}\varphi$$

$$-\frac{\mu-\mu\varphi-P\mu}{2P}\beta^* - \frac{\beta^*\mu(1-\varphi-P)+P\theta+P\mu-\mu-\mu\varphi}{2P} + P\frac{\mu-\mu\varphi-P\mu}{2P}\beta^* +$$

$$P\frac{\beta^*\mu(1-\varphi-P)+P\theta+P\mu-\mu-\mu\varphi}{2P} = 0$$

$$\frac{\mu-\mu\varphi-P\mu}{2P}\beta^* + \frac{\beta^*\mu(1-\varphi-P)+P\theta+P\mu-\mu-\mu\varphi}{2P} = \frac{\mu-\mu\varphi-P\mu}{2P}\frac{\varphi}{1-\varphi-P}$$

$$\frac{\mu-\mu\varphi-P\mu}{2P}\beta^* + \frac{P\theta+P\mu-\mu-\mu\varphi}{2P} = \frac{\mu-\mu\varphi-P\mu}{2P}\frac{\varphi}{1-\varphi-P}$$

最終得 $\beta^* = \dfrac{P(\theta+\mu)-\mu(2\varphi+1)}{2\mu(P+\varphi-1)}$ \hfill (9-10)

再將公式（9-10）帶入到命題 9-5 中的公式（9-9），可得：

$$r_2^* = \frac{P[(\theta+(\beta^*-1)\mu)] - [\beta^*-\varphi(1+\beta^*)-1]\mu}{2P\mu}$$

$$= \frac{\beta\mu(\varphi+P-1)+P\theta-P\mu+\mu+\mu\varphi}{2P\mu}$$

$$= \frac{P(3\theta-\mu)+\mu}{4P\mu} \hfill (9-11)$$

對公式（9-11）進行分析，當其他系數一定時，

$$\frac{\partial r_2}{\partial P} = \frac{4P\mu(3\theta-\mu)-4\mu[P(3\theta-\mu)+\mu]}{16P^2\mu^2} = -\frac{1}{4P^2} < 0，即 r_2 與買方履約$$

概率 P 呈負相關。

同理，對公式（9-10）進行分析，當其他系數一定時，

$$\frac{\partial \beta}{\partial P} = \frac{2\mu(\theta+\mu)(P+\varphi-1)-2\mu[P(\theta+\mu)-\mu(2\varphi+1)]}{4\mu^2(P+\varphi-1)^2}$$

$$= \frac{(\theta+3\mu)\varphi-\theta}{2\mu(P+\varphi-1)^2}，則：$$

當 $0 \leqslant \varphi < \dfrac{\theta}{\theta+3\mu}$，且 $\begin{cases} 0 \leqslant P < 1-\varphi \text{ 時，} & \beta \text{ 與買方的履約概率 } P \text{ 呈負相關} \\ P = 1-\varphi \text{ 時，} & \beta \text{ 與買方的履約概率 } P \text{ 無關} \\ 1-\varphi < P \leqslant 1 \text{ 時，} & \beta \text{ 與買方的履約概率 } P \text{ 呈正相關} \end{cases}$

當 $\varphi = \dfrac{\theta}{\theta+3\mu}$，$\beta$ 與買方的履約概率 P 無關，

當 $\dfrac{\theta}{\theta+3\mu} < \varphi \leqslant 1$，且 $\begin{cases} 0 \leqslant P < 1-\varphi \text{ 時，} & \beta \text{ 與買方的履約概率 } P \text{ 呈正相關} \\ P = 1-\varphi \text{ 時，} & \beta \text{ 與買方的履約概率 } P \text{ 無關} \\ 1-\varphi < P \leqslant 1 \text{ 時，} & \beta \text{ 與買方的履約概率 } P \text{ 呈負相關} \end{cases}$

以上討論結果可以理解為：其他條件一定，在 $0 \leq P < 1-\varphi$ 的情況下，當買方保理商的保理費用收益率 φ 很小時，即便買方的履約概率如何增大都無法使買方保理商願意投資更大的風險承擔比例來占用其流動資金，因此買方保理商確定的風險承擔比例 β 會隨著買方的履約概率 P 增大而減小，買方保理商的保理費用收益率 φ 很大時，買方保理商確定的風險承擔比例 β 則隨著買方的履約概率 P 增大而增大。

從命題 9-4、命題 9-5 可以總結得出，在買方保理商先行決定保理額度及風險承擔比例、賣方保理商決定保理利率的雙邊市場中，本質上是由買方保理商基於買方的履約概率 P（根據假設（1），買方不存在惡意違約的情況，因此買方的履約概率主要受銷售商品的變現難易程度及銷售市場的供需關係等影響）來確定其參與擔保的風險承擔比例 β，隨後賣方保理商據此來確定最佳保理利率 r_2。

命題 9-6：當買方保理商提供擔保，在買方保理商的最優風險承擔比例 β^* 和賣方保理商的最優保理利率 r_1^* 的策略下，賣方保理商和買方保理商各自的利潤函數為：

$$\max M_2 = \frac{L\alpha}{16P\mu}[P(\theta+\mu)-\mu]^2, \quad \max N_2 = \frac{L\alpha}{8P\mu}[P(\theta+\mu)-\mu]^2，且$$

當 $\begin{cases} 0 \leq P < \dfrac{\mu}{\theta+\mu} \text{ 時}, & M_2、N_2 \text{ 均與買方的履約概率 } P \text{ 呈負相關} \\ P = \dfrac{\mu}{\theta+\mu} \text{ 時}, & M_2、N_2 \text{ 均與買方的履約概率 } P \text{ 無關} \\ \dfrac{\mu}{\theta+\mu} < P \leq 1 \text{ 時}, & M_2、N_2 \text{ 均與買方的履約概率 } P \text{ 呈正相關} \end{cases}$

證明：將公式（9-7）化簡，得：

$M_2 = P(\theta-\mu r_2)L\alpha[r_2-\varphi(1+\beta)]-(1-P)(\theta-\mu r_2)L\alpha[1+\varphi(1+\beta)-\beta]$

$\quad = P(\theta-\mu r_2)L\alpha r_2-(\theta-\mu r_2)L\alpha(1+\varphi+\varphi\beta-\beta)+P(\theta-\mu r_2)L\alpha(1-\beta)$

$\quad = (\theta-\mu r_2)L\alpha[Pr_2-1-\varphi+P-\beta(\varphi+P-1)]$

再將公式（9-10）、公式（9-11）中 β^*、r_2^* 代入到 M_2 的化簡式中，可得：

$\max M_2 = \left[\theta-\mu\dfrac{P(3\theta-\mu)+\mu}{4P\mu}\right]L\alpha\left[\dfrac{P(\theta+\mu)-\mu(2\varphi+1)}{2\mu(P+\varphi-1)}-P-1-\varphi\right]$

$\quad\quad\quad = \dfrac{L\alpha}{16P\mu}[P(\theta+\mu)-\mu]^2 \quad\quad\quad\quad\quad\quad\quad\quad\quad\quad (9-12)$

同理，將公式（9-8）化簡，得：

$N_2 = P(\theta-\mu r_2)L\alpha[\varphi+\varphi\beta]+(1-P)(\theta-\mu r_2)L\alpha[\varphi+\varphi\beta-\beta]$

$\quad = (\theta-\mu r_2)L\alpha(\varphi+\varphi\beta-\beta)+P(\theta-\mu r_2)L\alpha\beta$

$\quad = (\theta-\mu r_2)L\alpha[\varphi+\beta(\varphi+P-1)]$

再將公式（9-10）、公式（9-11）中 β^*、r_2^* 代入到 M_2 的化簡式中，可得：

$$\max N_2 = \frac{P\theta + P\mu - \mu}{4P} L\alpha \left(\varphi + \frac{P\theta + P\mu - 2\mu\varphi - \mu}{2\mu} \right)$$

$$= \frac{P\theta + P\mu - \mu}{4P} L\alpha \frac{P\theta + P\mu - \mu}{2\mu}$$

$$= \frac{L\alpha}{8P\mu} [P(\theta + \mu) - \mu]^2 \qquad (9\text{-}13)$$

對公式（9-12）進行分析，當其他系數一定時，

$$\frac{\partial M_2}{\partial P} = \frac{2L\alpha [P(\theta + \mu) - \mu](\theta + \mu) \cdot 16P\mu - 16L\alpha\mu [P(\theta + \mu) - \mu]^2}{256 P^2 \sigma^2}$$

$$= \frac{L\alpha [P(\theta + \mu) - \mu](P\theta + P\mu + \mu)}{16 P^2 \mu}，則：$$

當 $0 \leqslant P < \dfrac{\mu}{\theta + \mu}$ 時，$\dfrac{\partial M_2}{\partial P} < 0$，表示 M_2 與買方的履約概率 P 呈負相關；

當 $P = \dfrac{\mu}{\theta + \mu}$ 時，$\dfrac{\partial M_2}{\partial P} = 0$，表示 M_2 與買方的履約概率 P 無關；

當 $\dfrac{\mu}{\theta + \mu} < P \leqslant 1$ 時，$\dfrac{\partial M_2}{\partial P} > 0$，表示 M_2 與買方的履約概率 P 呈正相關。

同理，對公式（9-13）進行分析，當其他系數一定時，

$$\frac{\partial N_2}{\partial P} = \frac{2L\alpha [P(\theta + \mu) - \mu] \cdot 8P\mu(\theta + \mu) - 8L\alpha\mu [P(\theta + \mu) - \mu]^2}{64 P^2 \mu^2}$$

$$= \frac{L\alpha [P(\theta + \mu) - \mu](P\theta + P\mu + \mu)}{8 P^2 \mu}，則：$$

當 $0 \leqslant P < \dfrac{\mu}{\theta + \mu}$ 時，$\dfrac{\partial N_2}{\partial P} < 0$，表示 N_2 與買方的履約概率 P 呈負相關；

當 $P = \dfrac{\mu}{\theta + \mu}$ 時，$\dfrac{\partial N_2}{\partial P} = 0$，表示 N_2 與買方的履約概率 P 無關；

當 $\dfrac{\mu}{\theta + \mu} < P \leqslant 1$ 時，$\dfrac{\partial N_2}{\partial P} > 0$，表示 N_2 與買方的履約概率 P 呈正相關。

以上討論結果可以理解為：其他條件一定，當買方的履約概率 P 很小，即在基本可以肯定買方會違約的情況下，賣方保理商的利潤 M_2 和買方保理商的利潤 N_2 隨著買方的履約概率 P 的增大而減小；而當買方的履約概率 P 很大，即在基本不存在違約的情況下，賣方保理商的利潤 M_2 和買方保理商的利潤 N_2 隨著買方的履約概率 P 的增大而增大。

命題 9-7：當買方保理商提供擔保，在賣方保理商確定了保理利率 r_2^* 的

最優策略下，賣方的最終融資需求即最終融資額。

$$D(r_2^*) = \frac{\beta\mu(1-\varphi-P)+P\theta+P\mu-\mu-\mu\varphi}{2P}$$，且與買方的履約概率 P 呈正相關，與買方保理商的保理費用收益率 φ 呈負相關，

當 $\begin{cases} 0 \leqslant P < 1-\varphi \text{ 時，} & D(r_2^*) \text{ 與買方的風險承擔比例 } \beta \text{ 呈負相關} \\ P = 1-\varphi \text{ 時，} & D(r_2^*) \text{ 與買方的風險承擔比例 } \beta \text{ 無關} \\ 1-\varphi < P \leqslant 1 \text{ 時，} & D(r_2^*) \text{ 與買方的風險承擔比例 } \beta \text{ 呈正相關} \end{cases}$

證明：在賣方保理商確定好最佳保理利率 r_2^* 的情況下，賣方將根據這一保理利率決定最終的融資額，將公式 (9-11) $r_2^* = \frac{P(3\theta-\mu)+\mu}{4P\mu}$ 代入到假設 (7) 中，得：

$$\begin{aligned} D(r_2^*) &= \theta - \mu r_2^* = \theta - \mu \frac{P(3\theta-\mu)+\mu}{4P\mu} \\ &= \frac{\beta\mu(1-\varphi-P)+P\theta+P\mu-\mu-\mu\varphi}{2P} \end{aligned} \quad (9\text{-}14)$$

對公式 (9-14) 進行分析，展開得：

$$\begin{aligned} D(r_2) &= \frac{\beta\mu - \beta\mu\varphi - \beta\mu P + P\theta + P\mu - \mu - \mu\varphi}{2P} \\ &= \frac{(\theta+\mu-\beta\mu)P + \beta\mu - \beta\mu\varphi - \mu - \mu\varphi}{2P} \\ &= (\theta+\mu-\beta\mu) - \frac{(\beta\varphi+\varphi+1)\mu - \beta\mu}{2P} \end{aligned}$$

由於買方的風險承擔比例 β 滿足 $0 \leqslant \beta \leqslant 1$，因此 $(\beta\varphi+\varphi+1)\mu-\beta\mu > 0$，得出 $D(r_2)$ 隨著 P 的增大而增大，即賣方的最終融資額 D 與買方的履約概率 P 呈正相關。

當其他系數一定時，$D(r_2) = \frac{\beta\mu - \beta\mu\varphi - \beta\mu P + P\theta + P\mu - \mu - \mu\varphi}{2P}$

$\frac{\partial D(r_2)}{\partial \varphi} = -\frac{\beta\mu+\mu}{2P} \leqslant 0$，得出 $D(r_2)$ 與買方保理商的保理費用收益率 φ 呈負相關。

同理，當其他系數一定時，

$\frac{\partial D(r_2)}{\partial \beta} = \frac{\mu(1-\varphi-P)}{2P}$，則當 $0 \leqslant P < 1-\varphi$ 時，$D(r_2)$ 與風險承擔比例 β 呈負相關；當 $P = 1-\varphi$ 時，$D(r_2)$ 與風險承擔比例 β 無關；當 $1-\varphi < P \leqslant 1$ 時，$D(r_2)$ 與風險承擔比例 β 呈正相關。

根據上述結果可以看出，賣方最終確定的最終融資額 D 實質上由買方的履

約概率 P、買方保理商的保理費用收益率 φ 共同決定，與 P 呈正相關，且與 φ 呈負相關。可以理解為，當支付給買方保理商的保理監管費用越高時，賣方保理商便會設法從賣方處獲得更大的保理費用，即提高保理業務的保理利率 r_2，而過高的保理利率 r_2 將會導致賣方承受更多的保理業務相關融資成本，因此會試圖縮減融資額 $D(r_2)$，結論與實際情況相符。

綜上所述，在買方保理商確定參與擔保的模式下，應收帳款保理的業務風險由賣方保理商和買方保理商共同承擔。通過建立博弈模型對賣方保理商及買方保理商的博弈行為進行分析，在求解出在該模式下，賣方保理商確定的最佳保理利率 r_2^*、賣方保理商確定的風險承擔比例 β^*、雙方保理商的利潤函數 M_2^*、N_2^* 及賣方的最終融資需求即最終融資額 $D(r_2^*)$。

由求解結果可得出結論：賣方保理商最終確定的最佳保理利率 r_2^* 實質上是由買方的履約概率 P、買方保理商的保理費用收益率 φ 和風險承擔比例 β 共同決定的，與買方的履約概率 P 呈負相關；賣方最終確定的最終融資額 $D(r_2)$ 實質上也是由買方的履約概率 P、買方保理商的保理費用收益率 φ 共同決定的，與買方的履約概率 P 呈正相關、與 φ 呈負相關。

第四節 有無擔保的結果比較分析

在以上兩節內容中，本章第二節和第三節討論了雙保理模式下買方保理商不提供信用擔保和提供信用擔保兩種情形的博弈過程，分別通過建立賣方保理商、買方保理商和買方的三方博弈樹，對其中買方保理商和賣方保理商的博弈行為進行分析，重點分析了兩種情況下的最優保理利率、在此最優決策下買賣雙方保理商的期望利潤及融資市場需求函數的表達式，並討論了買方的履約概率對它們的影響。

為了更好地對買方保理商是否對保理業務提供擔保的兩種模式進行分析，接下來分別對保理利率、期望利潤及最終融資需求進行比較，分析買方保理商參與擔保的行為對雙保理業務模式的影響。

一、保理利率的比較

由公式（9-3）和公式（9-11）已知，$r_1^* = \dfrac{P(\theta - \mu) + (1+\varphi)\mu}{2P\mu}$，$r_2^* = \dfrac{P(3\theta - \mu) + \mu}{4P\mu}$。

命題 9-8：不提供擔保的模式中最優決策下保理利率 r_1^* 與提供擔保的模

式中最優決策下保理利率 r_2^* 的大小關係為：

當 $\begin{cases} 0 \leq P < \dfrac{2\mu\varphi + \mu}{\theta + \mu} \text{時，} & r_1^* > r_2^* \\ P = \dfrac{2\mu\varphi + \mu}{\theta + \mu} \text{時，} & r_1^* = r_2^* \\ \dfrac{2\mu\varphi + \mu}{\theta + \mu} < P \leq 1 \text{時，} & r_1^* < r_2^* \end{cases}$

且兩者差額 $r = r_1^* - r_2^*$ 與買方的履約概率 P 呈負相關。

證明：已知 $r_1^* = \dfrac{P(\theta - \mu) + (1 + \varphi)\mu}{2P\mu}$，$r_2^* = \dfrac{P(3\theta - \mu) + \mu}{4P\mu}$，則

$$r = r_1^* - r_2^* = \dfrac{P(\theta - \mu) + (1 + \varphi)\mu}{2P\mu} - \dfrac{P(3\theta - \mu) + \mu}{4P\mu}$$

$$= \dfrac{\mu(2\varphi + 1) - P(\theta + \mu)}{4P\mu}$$

分析得，當 $0 \leq P < \dfrac{2\mu\varphi + \mu}{\theta + \mu}$ 時，$r = r_1^* - r_2^* > 0$；

當 $P = \dfrac{2\mu\varphi + \mu}{\theta + \mu}$ 時，$r = r_1^* - r_2^* = 0$；

當 $\dfrac{2\mu\varphi + \mu}{\theta + \mu} < P \leq 1$ 時，$r = r_1^* - r_2^* < 0$。

同時對 $r = r_1^* - r_2^*$ 進行分析，當其他系數一定時，

$$\dfrac{\partial r}{\partial P} = \dfrac{-4P\mu(\theta + \mu) - 4\mu[\mu(1 + 2\varphi) - P(\theta + \mu)]}{16P^2\mu^2}$$

$$= -\dfrac{1 + 2\varphi}{4P^2} < 0$$

即兩種模式下最佳保理利率差額 $r = r_1^* - r_2^*$ 與買方的履約概率 P 呈負相關。

從命題9-8可以得出，當買方的履約概率小於某一臨界值 $\left(P = \dfrac{2\mu\varphi + \mu}{\theta + \mu}\right)$ 時，在買方保理商不進行擔保的模式下賣方保理商設置的保理利率 r_1^* 將大於在買方保理商進行擔保的模式下賣方保理商設置的保理利率 r_2^*，相反，當買方的履約概率大於這一臨界值 $\left(P = \dfrac{2\mu\varphi + \mu}{\theta + \mu}\right)$ 時，在擔保模式下的 r_2^* 將大於在不擔保模式下的 r_1^*。

二、期望利潤比較

由公式（9-4）、公式（9-12）已知 $\max M_1 = \dfrac{L\alpha}{4P\mu}[P(\theta+\mu)-(1+\varphi)\mu]^2$、

$$\max M_2 = \frac{L\alpha}{16P\mu}[P(\theta+\mu)-\mu]^2。$$

命題 9-9：不提供擔保的模式中最優決策下賣方保理商的期望利潤 $\max M_1$ 與提供擔保的模式中最優決策下賣方保理商的期望利潤 $\max M_2$ 的大小關係為：

當 $\begin{cases} 0 \leq P < \dfrac{2\mu\varphi+\mu}{\theta+\sigma} \text{時}, & \max M_1 > \max M_2 \\ P = \dfrac{2\mu\varphi+\mu}{\theta+\mu} \text{時}, & \max M_1 = \max M_2 \\ \dfrac{2\mu\varphi+\mu}{\theta+\mu} < P \leq 1 \text{時}, & \max M_1 < \max M_2 \end{cases}$

且兩者差額 $M = \max M_1 - \max M_2$ 與買方的履約概率 P 呈負相關。

證明：已知 $\max M_1 = \dfrac{L\alpha}{4P\mu}[P(\theta+\mu)-(1+\varphi)\mu]^2$、$\max M_2 = \dfrac{L\alpha}{16P\mu}[P(\theta+\mu)-\mu]^2$，則：

$$\frac{\max M_1}{\max M_2} = \frac{L\alpha\,[P(\theta+\mu)-\mu]^2}{16P\mu} \cdot \frac{4P\mu}{L\alpha\,[P(\theta+\mu)-(1+\varphi)\mu]^2}$$

$$= \left[\frac{P(\theta+\mu)-\mu}{2P(\theta+\mu)-2\mu(1+\varphi)}\right]^2$$

若要使 $\max M_1 > \max M_2$，則必須使 $P(\theta+\mu)-\mu > 2P(\theta+\mu) - 2\mu(1+\varphi)$，即：$P(\theta+\mu) - 2\mu(1+\varphi) < -\mu$，$P < \dfrac{2\mu\varphi+\mu}{\theta+\mu}$。

綜上所述得，當 $0 \leq P < \dfrac{2\mu\varphi+\mu}{\theta+\mu}$ 時，$\dfrac{\max M_1}{\max M_2} > 1$，即 $\max M_1 > \max M_2$；

當 $P = \dfrac{2\mu\varphi+\mu}{\theta+\mu}$ 時，$\dfrac{\max M_1}{\max M_2} = 1$，即 $\max M_1 = \max M_2$；

當 $\dfrac{2\mu\varphi+\mu}{\theta+\mu} < P \leq 1$ 時，$\dfrac{\max M_1}{\max M_2} < 1$，即 $\max M_1 < \max M_2$。

由命題 9-9 可以得出，當買方的履約概率小於某一臨界值 $\left(P = \dfrac{2\mu\varphi+\mu}{\theta+\mu}\right)$ 時，在買方保理商不進行擔保的模式下賣方保理商的期望收益 $\max M_1$ 將大於在買方保理商進行擔保的模式下賣方保理商的期望收益 $\max M_2$，相反，當買方的履約概率大於這一臨界值 $\left(P = \dfrac{2\mu\varphi+\mu}{\theta+\mu}\right)$ 時，在擔保模式下的 $\max M_2$ 將大於在不擔保模式下的 $\max M_1$。而當買方的履約概率越臨近臨界值 $\left(P = \dfrac{2\mu\varphi+\mu}{\theta+\mu}\right)$ 時，兩

種模式下賣方保理商期望收益的差額越小。

由公式（9-5）、公式（9-13）可知 $\max N_1 = \dfrac{L\alpha\varphi}{2P}[P(\theta+\mu)-(1+\varphi)\mu]$、$\max N_2 = \dfrac{L\alpha}{8P\mu}[P(\theta+\mu)-\mu]^2$。

命題 9-10：不提供擔保的模式中最優決策下買方保理商的期望利潤 $\max N_1$ 與提供擔保的模式中最優決策下買方保理商的期望利潤 $\max N_2$ 的大小關係為：

$$\max N_1 - \max N_2 \begin{cases} =0, & P=\dfrac{2\mu\varphi+\mu}{\theta+\mu} \\ <0, & 0\leq P\leq 1 \text{ 且 } P\neq\dfrac{2\mu\varphi+\mu}{\theta+\mu} \end{cases}$$

證明：已知 $\max N_1 = \dfrac{L\alpha\varphi}{2P}[P(\theta+\mu)-(1+\varphi)\mu]$、$\max N_2 = \dfrac{L\alpha}{8P\mu}[P(\theta+\mu)-\mu]^2$，則：

$$\max N_1 - \max N_2 = \dfrac{L\alpha\varphi}{2P}[P(\theta+\mu)-(1+\varphi)\mu] - \dfrac{L\alpha}{8P\mu}[P(\theta+\mu)-\mu]^2$$

$$= \dfrac{4L\alpha\varphi\mu(\theta+\mu)P - 4(1+\varphi)\mu^2 L\alpha\varphi - L\alpha(\theta+\mu)^2 P^2 + 2L\alpha\mu(\theta+\mu)P - L\alpha\mu^2}{8P\mu}$$

$$= -\dfrac{L\alpha[(\theta+\mu)^2 P^2 - 2\mu(\theta+\mu)(1+2\varphi)P + \mu^2(1+2\varphi)^2]}{8P\sigma}$$

$$= -\dfrac{L\alpha[(\theta+\mu)P - (1+2\varphi)\mu]^2}{8P\mu}$$

得到存在唯一的 $P=\dfrac{2\mu\varphi+\mu}{\theta+\mu}$，使 $\max N_1 - \max N_2 = 0$，即 $\max N_1 = \max N_2$；而當 $0\leq P\leq 1$ 且 $P\neq\dfrac{2\mu\varphi+\mu}{\theta+\mu}$ 時，$\max N_1 - \max N_2 < 0$，即 $\max N_1 < \max N_2$。

由以上結果可以得出結論：無論買方的履約概率為何值，買方保理商在參與擔保的模式下的期望收益始終不小於在不參與擔保模式下的期望收益。總結得到，在雙保理業務模式下，買方保理商參與擔保業務，將會獲得更大的利潤收益。因此，對於理性的買方保理商而言，為了獲得更大的利潤收益，其應在保理過程中對保理業務進行擔保，一旦其參與擔保將會促使買方保理商與賣方保理商形成利益共同體，也將從根本上解決買方保理商與買方進行合謀損害賣方保理商利益的相關問題。

三、融資市場需求比較

由公式（9-6）和公式（9-14）已知 $D(r_1^*) = \dfrac{P(\theta - \mu) - (1+\varphi)\mu}{2P}$、

$D(r_2^*) = \dfrac{\beta\mu(1-\varphi-P) + P\theta + P\mu - \mu - \mu\varphi}{2P}$。

命題 9-11：在不提供擔保的模式的最優決策下賣方的最終融資需求即最終融資額 $D(r_1^*)$ 與在提供擔保的模式最優決策下賣方的最終融資需求即最終融資額 $D(r_2^*)$ 的大小關係為：

當 $\begin{cases} 0 \leq P < 1-\varphi \text{ 時,} & D(r_2^*) > D(r_1^*) \\ P = 1-\varphi \text{ 時,} & D(r_2^*) = D(r_1^*) \\ 1-\varphi < P \leq 1 \text{ 時,} & D(r_2^*) < D(r_1^*) \end{cases}$。

證明：已知 $D(r_1^*) = \dfrac{P(\theta+\mu) - (1+\varphi)\mu}{2P}$、$D(r_2^*) = \dfrac{\beta\mu(1-\varphi-P) + P\theta + P\mu - \mu - \mu\varphi}{2P}$，則

$$D(r_2^*) - D(r_1^*) = \dfrac{\beta\mu(1-\varphi-P) + P\theta + P\mu - \mu - \mu\varphi}{2P} - \dfrac{P(\theta+\mu) - (1+\varphi)\mu}{2P}$$

$$= \dfrac{\beta\mu - \beta\mu\varphi - \beta\mu P + P\theta + P\mu - \mu - \mu\varphi - P\theta - P\mu + \mu + \varphi\mu}{2P}$$

$$= \dfrac{\beta\mu(1-\varphi-P)}{2P}$$

則，當 $\begin{cases} 0 \leq P < 1-\varphi \text{ 時,} & D(r_2^*) > D(r_1^*) \\ P = 1-\varphi \text{ 時,} & D(r_2^*) = D(r_1^*) \\ 1-\varphi < P \leq 1 \text{ 時,} & D(r_2^*) < D(r_1^*) \end{cases}$

因此可以得到，在雙保理模式中買方保理商參與擔保業務相比於其不參與擔保業務而言，賣方的最終融資需求得以增加。主要原因是，買方保理商參與擔保業務說明其對買方進行足夠的信用調查後認為買方的履約概率較高，且買方保理商通過擔保業務分擔了賣方保理商的一部分保理風險，綜合考慮，賣方保理商承擔的保理風險顯著下降，而保理利率作為賣方保理商用來衡量保理業務風險的重要指標，必定會隨之減小，保理利率的減小降低了賣方的保理融資成本，因此其融資需求得以增加。

第五節　雙保理商合謀防範機制設計

一、買方保理商是否擔保的策略選擇

我們假設買方保理商是理性的經濟人，那麼其做出選擇的必要條件一定是使自身利益達到最大，即買方保理商將會根據其期望利潤的大小比較，從而確定是否參與對買方進行信用擔保。

從命題 9-10 中我們可以得到：不提供擔保的模式中最優決策下買方保理商的期望利潤 $\max N_1$ 與提供擔保的模式中最優決策下買方保理商的期望利潤 $\max N_2$ 的大小關係為：

$$\max N_1 - \max N_2 \begin{cases} = 0, & P = \dfrac{2\mu\varphi + \mu}{\theta + \mu} \\ < 0, & 0 \leq P \leq 1 \text{ 且 } P \neq \dfrac{2\mu\varphi + \mu}{\theta + \mu} \end{cases}$$

在 $P \neq \dfrac{2\mu\varphi + \mu}{\theta + \mu}$ 的情況下，買方保理商將會選擇為買方提供信用擔保，獲取更大期望收益。此時，雙保理商形成利益共同體，有效解決了買方保理商與買方合謀損害賣方保理商的行為。

而當 $P = \dfrac{2\mu\varphi + \mu}{\theta + \mu}$ 時，買方保理商不能確定是否參與擔保，從而將可能出現合謀現象。

由以上結論可以得知，合謀現象的出現與否與 P 的某一臨界值有關 ($\dfrac{2\mu\varphi + \mu}{\theta + \mu}$)，接下來將對買方的履約概率 P 展開進一步分析。

根據本章第三節的基本假設（1）我們可以得知，若當時市場需求超過買方預測值，則買方從賣方處所購產品會成功銷售，那麼買方將會履約，因此買方的履約概率 P 是與市場需求正相關。

若市場需求隨機且服從 $f(x) = \begin{cases} \dfrac{1}{q_1 - q_2}, & q_2 \leq x \leq q_1 \\ 0, & \text{其他} \end{cases}$，其中 q_1 為買方的銷售能力，q_2 為該產品市場最差需求量。設買方與賣方簽訂的應收帳款中訂單量為 q ($q_2 \leq q \leq q_1$)，不妨認為買方的履約概率 $P = \int_q^{q_1} f(x)\, dx = \dfrac{q_1 - q}{q_1 - q_2}$，當 $q = q_2$，$P = 1$，即訂單量等於歷史最差需求量時，可以理解為買方一定會成功售

出全部產品，從而獲得銷售金額支付應收帳款，即買方的履約概率為1。

那麼要使買方保理商選擇對買方進行信用擔保，避免兩者合謀損害賣方保理商利益的條件為：

$$\frac{q_1 - q}{q_1 - q_2} \neq \frac{2\mu\varphi + \mu}{\theta + \mu}$$

化簡得出：$\varphi \neq \dfrac{\theta(q_1 - q) - \mu(q_2 - q)}{2\mu(q_1 - q_2)}$，其中 φ 為買方保理商的保理費用收益率。

綜上所述，在進行雙保理模式進行應收帳款融資時，賣方保理商應全面獲取相關信息，更加準確地判斷買方的銷售能力 q_1 及市場歷史最差需求 q_2，並據此與買方保理商確定其保理費用收益率 φ，確保 $\varphi \neq \dfrac{\theta(q_1-q)-\mu(q_2-q)}{2\mu(q_1-q_2)}$，那麼根據命題 9-10，買方保理商一定會選擇對買方進行擔保，合謀問題得以解決。

二、其他博弈方的策略選擇

由第三節可以得知，當買方保理商做出擔保的策略選擇時，買方保理商選擇的最優風險承擔比例 $\beta^* = \dfrac{P(\theta + \mu) - \mu(2\varphi + 1)}{2\mu(P + \varphi - 1)}$，賣方保理商選擇的最佳保理利率 $r_2^* = \dfrac{P(3\theta - \mu) + \mu}{4P\mu}$。

當 β^* 和 r_2^* 確定後，賣方保理商和買方保理商各自的利潤函數為：

$\max M_2 = \dfrac{L\alpha}{16P\mu}[P(\theta + \mu) - \mu]^2$，$\max N_2 = \dfrac{L\alpha}{8P\mu}[P(\theta + \mu) - \mu]^2$，賣方的最終融資需求即最終融資額 $D(r_2^*) = \dfrac{\beta\mu(1 - \varphi - P) + P\theta + P\mu - \mu - \mu\varphi}{2P}$。

第六節　風險策略總結

在上兩節內容中，首先，在雙保理模式下，將買方保理商對保理業務提供擔保分為是、否兩大類，分別通過建立賣方保理商、買方保理商和買方的三方博弈樹，對其中買方保理商和賣方保理商的博弈行為進行了分析，求解出賣方保理商確定的最佳保理利率 r^*、雙方保理商的利潤函數 M_1、N_1 和 M_2、N_2 及買方保理商與賣方保理商雙方在進行博弈後的賣方確定的最終融資額 $D(r)$，

並討論了買方的履約概率對它們的影響。

其次，對買方保理商是否提供擔保的兩種模式進行對比分析，得出買方保理商參與擔保業務，不僅可以增加賣方的最終融資需求，有效促進經濟市場下保理業務繁榮發展，還能使買方保理商獲得更大的利潤收益，一旦買方保理商參與擔保將會促使其與賣方保理商形成利益共同體，這從根本上解決了買方保理商和買方進行合謀損害賣方保理商利益的相關問題。

在本章的研究中，引入雙方共同決定市場，由買方保理商通過對買方的調查研究確定保理額度及風險承擔比例，賣方保理商據此確定擔保業務的保理利率，買方保理商為買方提供信用擔保並提供一定比例的擔保金額，這樣的設計安排能促使買方保理商與賣方保理商形成共同體，從根本上有效防止了買方保理商與買方合謀，同時還能簡化保理業務相關流程、提高市場的融資效率及拓寬保理商的業務渠道。

第十章　雙保理模式風險策略的數值分析

第一節　買方履約概率對各均衡值的影響

在買方保理商擔保和不擔保兩種情況下，當其他各參數取某一確定值時，買方的履約概率 P 對保理利率、買賣雙方保理商的期望利潤、買方保理商的風險承擔比例（在擔保的情況下）及融資市場需求量的影響進行數值模擬分析。

假設賣方的融資需求量 $D(r) = 1 - r$，即 $\theta = 1$，$\mu = 3$，應收帳款的帳面價值 $L = 1,000$，應收帳款保理額度 $\alpha = 0.8$，買方保理商的保理費用收益率 $\varphi = 0.05$。假設買方保理商的履約概率 P 從 0.1 變化到 1，可通過 $r_1^* = \dfrac{P(\theta - \mu) + (1 + \varphi)\mu}{2P\mu}$、$\max M_1 = \dfrac{L\alpha}{4P\mu}[P(\theta + \mu) - (1 + \varphi)\mu]^2$、$\max N_1 = \dfrac{L\alpha\varphi}{2P}[P(\theta + \mu) - (1 + \varphi)\mu]$、$D(r_1^*) = \dfrac{P(\theta + \mu) - (1 + \varphi)\mu}{2P}$ 分別計算在買方不參與擔保的情況下的保理利率、買賣雙方保理商的期望利潤及融資需求。同樣根據 $\beta^* = \dfrac{P(\theta + \mu) - \mu(2\varphi + 1)}{2\mu(P + \varphi - 1)}$、$r_2^* = \dfrac{P(3\theta - \mu) + \mu}{4P\mu}$、$\max M_2 = \dfrac{L\alpha}{16P\mu}[P(\theta + \mu) - \mu]^2$、$\max N_2 = \dfrac{L\alpha}{8P\mu}[P(\theta + \mu) - \mu]^2$、$D(r_2^*) = \dfrac{\beta\mu(1 - \varphi - P) + P\theta + P\mu - \mu - \mu\varphi}{2P}$ 計算出在買方參與擔保的情況下的保理利率、買方的風險承擔比例、買賣雙方保理商的期望利潤及融資需求。

下面利用上述數據分別討論在不擔保的情況下各均衡解隨 P 的變化（見表 10-1）、在擔保的情況下各均衡解 P 的變化（見表 10-2）和在有、無擔保的情況下各均衡解差隨 P 的變化（見表 10-3）。

表 10-1　在不擔保的情況下各均衡解隨 P 的變化

P	r_1^*	$\max M_1$	$\max N_1$	$D(r_1^*)$
0.1	4.917	5,041.667	−550	−13.75
0.2	2.292	1,840.833	−235	−5.875
0.3	1.417	845	−130	−3.25
0.4	0.979	400.417	−77.5	−1.938
0.5	0.717	176.333	−46	−1.15
0.6	0.542	62.5	−25	−0.625
0.7	0.417	11.66	−10	−0.25
0.75	0.367	2	−4	−0.1
0.787,5	0.333	0	0	0
0.8	0.323	0.209	1.25	0.031,3
0.825	0.303	1.812	3.636	0.061
0.9	0.25	15	10	0.125
0.95	0.219	29.649	13.684	0.211
1	0.192	48.167	17	0.425

表 10-2　在擔保的情況下各均衡解隨 P 的變化

P	r_2^*	β^*	$\max M_2$	$\max N_2$	$D(r_2^*)$
0.1	2.5	0.569	1,126.67	2,253.33	−6.5
0.2	1.25	0.556	403.33	806.67	−2.75
0.3	0.833	0.538	180	360	−1.5
0.4	0.625	0.515	81.67	163.33	−0.875
0.5	0.5	0.481	33.33	66.667	−0.5
0.6	0.417	0.429	10	20	−0.25
0.7	0.357	0.333	0.952	1.905	−0.071
0.75	0.333	0.25	0	0	0
0.787,5	0.317	0.154	0.476	0.952	0.048
0.8	0.313	0.111	0.833	1.667	0.063
0.825	0.303	0	1.818	3.636	0.083
0.9	0.278	−1	6.667	13.333	0.126
0.95	0.263	−0.005	11.228	22.456	0.211
1	0.25	2.333	16.66	33.333	0.35

表 10-3　在有、無擔保的情況下各均衡解差隨 P 的變化

P	$r_1^* - r_2^*$	$\max M_1 - \max M_2$	$\max N_1 - \max N_2$	$D(r_1^*) - D(r_2^*)$
0.1	2.417	3,915	-2,803.33	-7.25
0.2	1.042	1,437.5	-1,041.67	-3.125
0.3	0.583	665	-490	-1.75
0.4	0.354	318.75	-240.833	-1.063
0.5	0.217	143	-112.667	-0.65
0.6	0.125	52.5	-45	-0.375
0.7	0.059	10.714	-11.905	-0.178,6
0.75	0.033	2	-4	-0.1
0.787,5	0.016	-0.476	-0.952	-0.048
0.8	0.01	-0.625	-0.417	-0.031
0.825	0	0	0	-0.022
0.9	-0.028	8.333	-3.333	-0.001
0.95	-0.044	18.421	-8.772	0
1	-0.058	31.5	-16.333	0.075

一、買方履約概率對最佳保理利率的影響

在買方保理商參與擔保及買方保理商不參與擔保的兩種情況下，各自最佳保理利率 r_1^*、r_2^* 隨買方履約概率 P 的變化情況：

從圖 10-1 可以看到，在買方不參與擔保的情況下，博弈均衡時的最佳保理利率 r_1^* 是隨著買方履約概率 P 的增大而減小，驗證了命題 9-1 中 r_1^* 與 P 呈負相關的結論。同理可以看出，在買方參與擔保的情況下，博弈均衡時的最佳保理利率 r_2^* 也是隨著買方履約概率 P 的增大而減小，符合命題 9-5 中 r_2^* 與 P 呈負相關的結論。

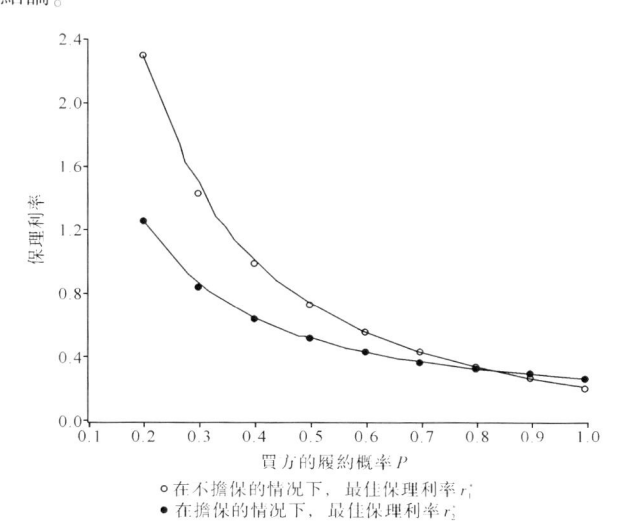

圖 10-1　在有、無擔保的情況下，最佳保理利率隨 P 的變化

已知 $\theta=1$，$\sigma=3$，應收帳款保理額度 $\alpha=0.8$，買方保理商的保理費用收益率 $\varphi=0.05$，得 $\frac{2\sigma\varphi+\mu}{\theta+\mu}=0.825$。從圖 10-2 及表 10-3 可以看出，$P=0.825$ 是兩種情況下的保理利率之差 $r_1^*-r_2^*$ 的分界線，即當 $0\leqslant P<0.825$ 時，$r_1^*>r_2^*$；

當 $0.825<P\leqslant 1$ 時，$r_1^*<r_2^*$，且兩種情況下的保理利率之差 $r_1^*-r_2^*$ 是隨著買方履約概率 P 的增大而減少，同樣與命題 9-8 中的結論相符。

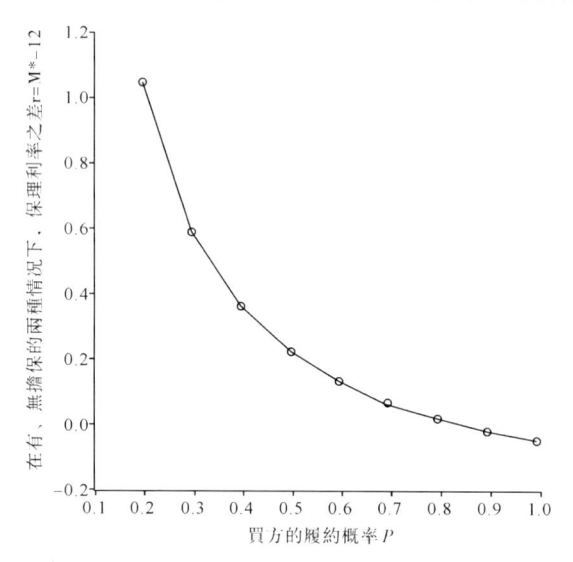

圖 10-2　在有、無擔保的兩種情況下，最佳保理利率之差隨 P 的變化

二、買方履約概率對雙保理商期望利潤的影響

在買方保理商參與擔保及買方保理商不參與擔保的兩種情況下，賣方保理商期望利潤 $\max M_1$、$\max M_2$ 隨買方履約概率 P 的變化情況（如圖 10-3）。

從圖 10-3 及表 10-1、表 10-2 可以看出，在買方不參與擔保的情況下，已知 $\frac{(1+\varphi)\mu}{\theta+\mu}=0.787\,5$，博弈均衡時的賣方保理商的期望利潤 $\max M_1$ 在 $0\leqslant P<0.787\,5$ 時隨著買方履約概率 P 的增大而減小，在 $0.787\,5\leqslant P<1$ 時隨著買方履約概率 P 的增大而增大，驗證了命題 9-2 中的相關結論。同理可以看出，在買方參與擔保的情況下，已知 $\frac{\mu}{\theta+\mu}=0.75$，博弈均衡時的賣方保理商的期望利潤 $\max M_2$ 在 $0\leqslant P<0.75$ 時隨著買方履約概率 P 的增大而減小，在 $0.75\leqslant P<1$ 時隨著買方履約概率 P 的增大而增大，同樣符合命題 9-6 中的相關結論。

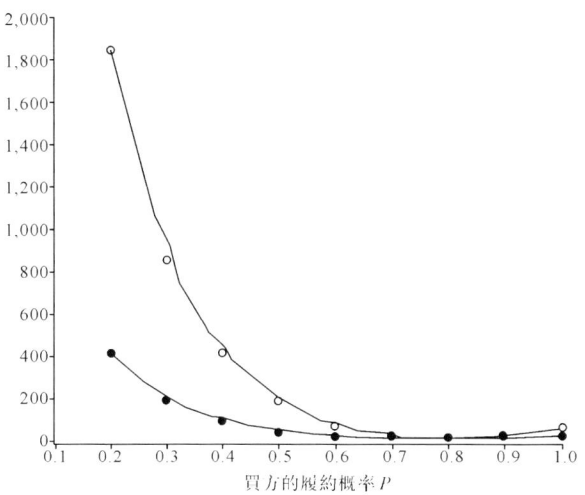

图 10-3　在有、无担保的情况下，卖方保理商的期望利润随 P 的变化

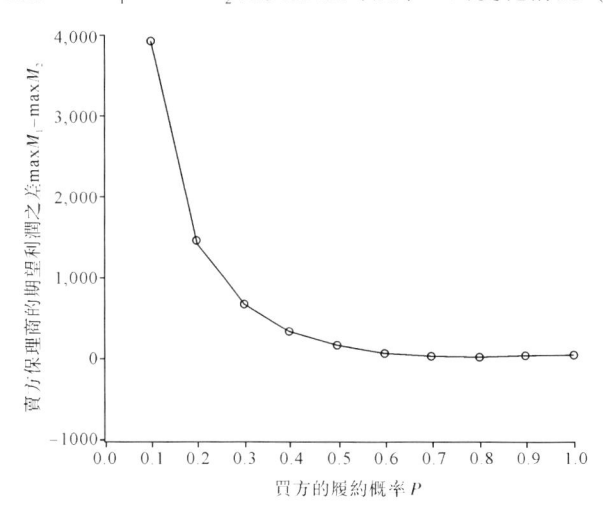

在买方保理商参与担保及买方保理商不参与担保的两种情况下，卖方保理商期望利润之差 $\max M_1 - \max M_2$ 随买方履约概率 P 的变化情况（如图10-4）：

图 10-4　在有、无担保的两种情况下，卖方保理商的期望利润之差随 P 的变化

已知 $\theta = 1$，$\mu = 3$，应收帐款保理额度 $\alpha = 0.8$，买方保理商的保理费用收益率 $\varphi = 0.05$，得 $\dfrac{2\sigma\varphi + \mu}{\theta + \mu} = 0.825$。从图 10-4 及表 10-3 可以看出，$P = 0.825$ 是在两种情况下卖方保理商期望利润之差 $\max M_1 - \max M_2$ 的分界线，即

當 $0 \leq P < 0.825$ 時，$\max M_1 > \max M_2$；當 $0.825 < P \leq 1$ 時，$\max M_1 < \max M_2$，且兩種情況下的賣方保理商期望利潤之差 $\max M_1 - \max M_2$ 是隨著買方履約概率 P 的增大而減少，與命題 9-9 中的結論相符。

在買方保理商參與擔保及買方保理商不參與擔保的兩種情況下，買方保理商期望利潤 $\max N_1$、$\max N_2$ 與期望利潤之差 $\max N_1 - \max N_2$ 隨買方履約概率 P 的變化情況（如圖 10-5）：

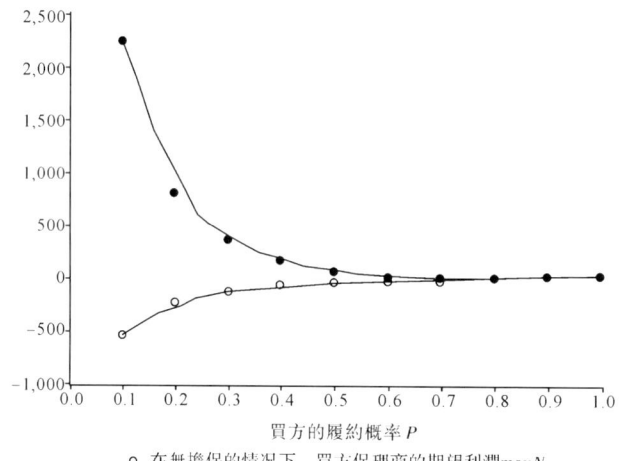

○ 在無擔保的情況下，買方保理商的期望利潤$\max N_1$
● 在有擔保的情況下，買方保理商的期望利潤$\max N_2$

圖 10-5　在有、無擔保的情況下，買方保理商的期望利潤隨 P 的變化

從圖 10-5 及表 10-2 可以看到，在買方不參與擔保的情況下，博弈均衡時的買方保理商的期望利潤 $\max N_1$ 是隨著買方履約概率 P 的增大而減小的，驗證了命題 9-2 中的相關結論。同理可以看出，在買方參與擔保的情況下，已知 $\dfrac{\mu}{\theta + \mu} = 0.75$，博弈均衡時的買方保理商的期望利潤 $\max N_2$ 在 $0 \leq P < 0.75$ 時隨著買方履約概率 P 的增大而減小，在 $0.75 \leq P < 1$ 時隨著買方履約概率 P 的增大而增大，同樣符合命題 9-6 中的相關結論。

已知 $\theta = 1$，$\mu = 3$，應收帳款保理額度 $\alpha = 0.8$，買方保理商的保理費用收益率 $\varphi = 0.05$，得 $\dfrac{2\mu\varphi + \mu}{\theta + \mu} = 0.825$。從圖 10-6 及表 10-3 可以看出，$P = 0.825$ 是兩種情況下買方保理商期望利潤之差 $\max N_1 - \max N_2$ 的分界線，即當 $P = 0.825$ 時，$\max N_1 = \max N_2$；當 $0 \leq P \leq 1$ 且 $P \neq 0.825$ 時，$\max N_1 - \max N_2$ 均小於零，即 $\max N_1 < \max N_2$，與命題 9-10 中的結論相符。

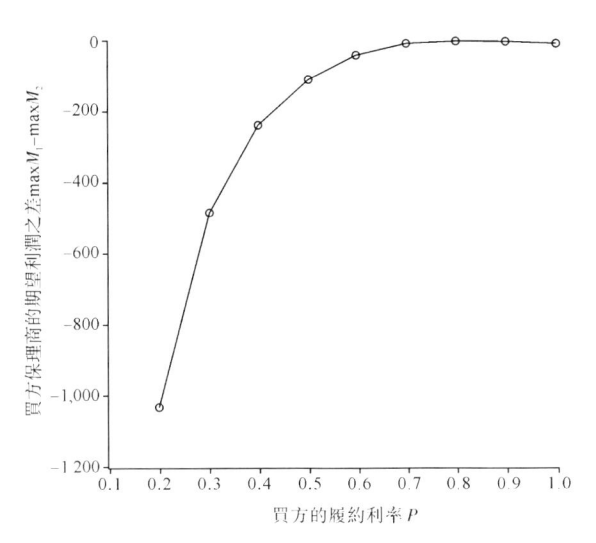

圖 10-6　在有、無擔保的兩種情況下，買方保理商的期望利潤之差隨 P 的變化

三、買方履約概率對賣方融資需求的影響

在買方保理商參與擔保及買方保理商不參與擔保的兩種情況下，賣方的融資需求 $D(r_1^*)$、$D(r_2^*)$ 隨買方履約概率 P 的變化情況（如圖 10-7）：

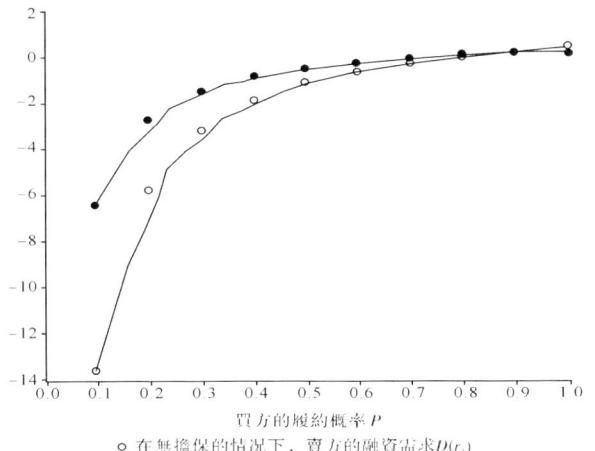

○ 在無擔保的情況下，賣方的融資需求 $D(r_1^*)$
● 在有擔保的情況下，賣方的融資需求 $D(r_2^*)$

圖 10-7　在有、無擔保的情況下，賣方的融資需求隨 P 的變化

從圖 10-7 可以看出，在買方不參與擔保的情況下，博弈均衡時的賣方的融資需求 $D(r_1^*)$ 是隨著買方履約概率 P 的增大而增大的，驗證了命題 9-3 中的相關結論。同理可以看出，在買方參與擔保的情況下，博弈均衡時的賣方的

融資需求 $D(r_2^*)$ 同樣隨著買方履約概率 P 的增大而增大，符合命題 9-7 中的相關結論。

在買方保理商參與擔保及買方保理商不參與擔保的兩種情況下，賣方的融資需求之差 $D(r_2^*) - D(r_1^*)$ 隨買方履約概率 P 的變化情況：

從圖 10-8 可以看出，在買方不參與擔保的情況下，當 $0 \leqslant P < 0.95(1 - \varphi = 0.95)$ 時，博弈均衡時的賣方的融資需求 $D(r_1^*)$ 與買方參與擔保情況下賣方的融資需求 $D(r_2^*)$ 的差值始終小於零，即 $D(r_2^*)$ 恒大於 $D(r_1^*)$，且它們的差額 $D(r_2^*) - D(r_1^*)$ 是隨買方履約概率 P 的增大而減小的，符合命題 9-11 中的相關結論。得出在雙保理模式中買方保理商參與擔保業務相比於其不參與擔保業務而言，賣方的最終融資需求量在大多數情況下得以增加。

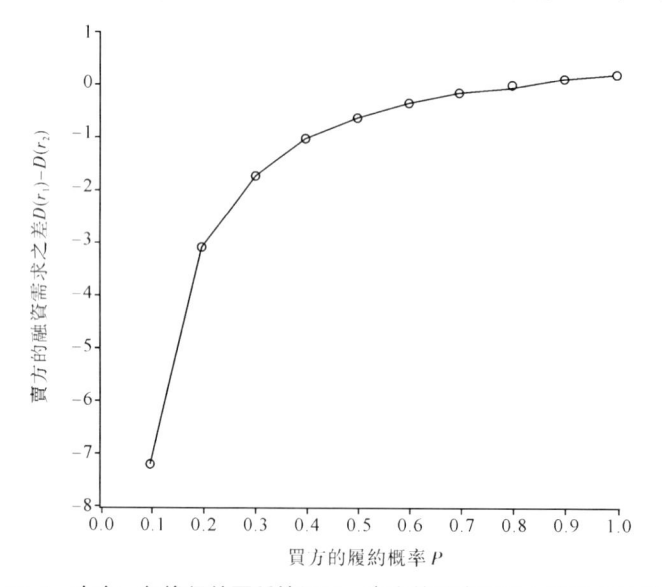

圖 10-8　在有、無擔保的兩種情況下，賣方的融資需求之差隨 P 的變化

四、買方履約概率對買方風險承擔比例的影響

在買方保理商參與擔保及買方保理商不參與擔保的兩種情況下，買方風險承擔比例 β 隨買方履約概率 P 的變化情況：

從圖 10-9 及表 10-2 可以看出，當 $0 \leqslant P < 0.95(1 - \varphi = 0.95)$ 時，買方的風險承擔比例 β 隨買方的履約概率 P 的增大而減小，當 $0.95 \leqslant P < 1$ 時，買方的風險承擔比例 β 隨著買方的履約概率 P 的增大而增大，而又已知 $\theta = 1$，$\mu = 3$，應收帳款保理額度 $\alpha = 0.8$，買方保理商的保理費用收益率 $\varphi = 0.05$，得 $\dfrac{\theta}{\theta + 3\mu} = 0.1$，假設中 $\varphi = 0.05 < 0.1$，因此得，數值模擬分析所得

結果與命題 9-5 中的理論推導結果完全一致。

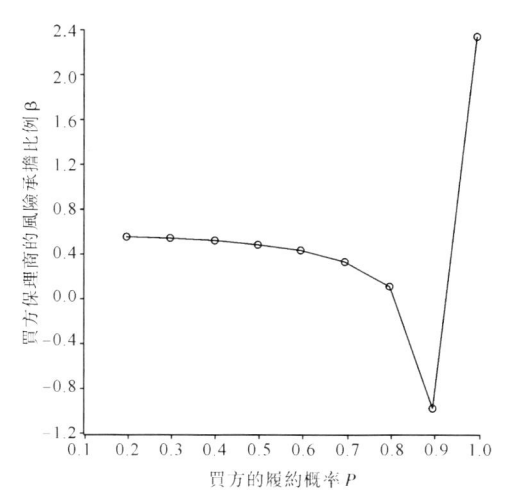

圖 10-9　在有擔保的情況下，買方風險承擔比例隨 P 的變化

第二節　應收帳款訂單量對最優策略下各均衡值的影響

當其他各參數取某一確定值時，買方與賣方簽訂的應收帳款協議中，確定的訂單量對最優策略下（買方保理商對買方進行擔保）各均衡值的影響進行數值模擬分析。

假設應收帳款訂單量 q 從 100 變化到 190，買方的銷售能力 $q_1 = 200$，市場歷史最差需求 $q_2 = 100$，可通過 $P = \dfrac{q_1 - q}{q_1 - q_2}$ 計算出買方的履約概率 P 的值。假設賣方的融資需求量 $D(r) = 1 - r$，即 $\theta = 1$，$\mu = 3$，應收帳款的帳面價值 $L = 1,000$，應收帳款保理額度 $\alpha = 0.8$，買方保理商的保理費用收益率 $\varphi = 0.05$。隨著應收帳款項訂單量的變化，買方保理商的履約概率 P 也會發生變化，可通過 $\beta^* = \dfrac{P(\theta + \mu) - \mu(2\varphi + 1)}{2\mu(P + \varphi - 1)}$、$r_2^* = \dfrac{P(3\theta - \mu) + \mu}{4P\mu}$、$\max M_2 = \dfrac{L\alpha}{16P\mu}[P(\theta + \mu) - \mu]^2$、$\max N_2 = \dfrac{L\alpha}{8P\mu}[P(\theta + \mu) - \mu]^2$、$D(r_2^*) = \dfrac{\beta\mu(1 - \varphi - P) + P\theta + P\mu - \mu - \mu\varphi}{2P}$ 計算出在買方保理商的最優策略（參與擔保）的情況下的保理利率、買方的風險承擔比例、買賣雙方保理商的期望利潤及融資需求，如表 10-4 所示。

表 10-4　最優策略下各均衡值隨應收帳款訂單量 q 的變化

q	P	r_2^*	β^*	max M_2	max N_2	$D(r_2^*)$
100	1	0.25	2.333	16.66	33.333	0.35
110	0.9	0.278	−1	6.667	13.333	0.126
120	0.8	0.313	0.111	0.833	1.667	0.063
130	0.7	0.357	0.333	0.952	1.905	−0.071
140	0.6	0.417	0.429	10	20	−0.25
150	0.5	0.5	0.481	33.33	66.667	−0.5
160	0.4	0.625	0.515	81.67	163.33	−0.875
170	0.3	0.833	0.538	180	360	−1.5
180	0.2	1.25	0.556	403.33	806.67	−2.75
190	0.1	2.5	0.569	1,126.67	2,253.33	−6.5

一、應收帳款訂單量 q 對買方履約概率 P 的影響

在買方的銷售能力及該產品歷史最差需求量確定的情況下，隨著應收帳款訂單量 q 的變化，買方履約概率 P 的變化請款如圖 10-10 所示：

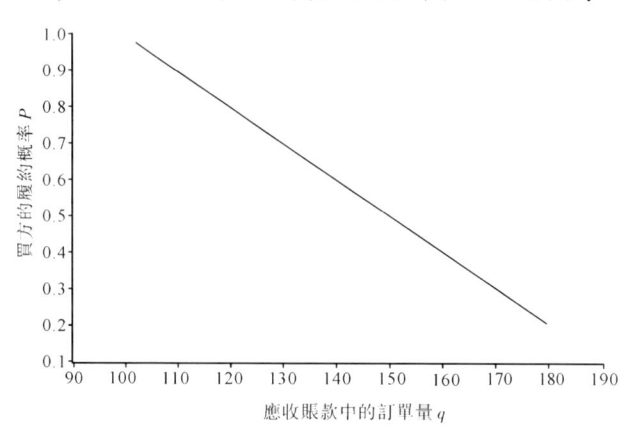

圖 10-10　買方履約概率 P 隨應收帳款訂單量 q 的變化

從圖 10-10 可以看出，當其他條件一定時，隨著應收帳款中的訂單量 q 逐漸增大，買方的履約概率 P 逐漸減小。二者之間呈負相關。我們可以理解為，當用於融資的應收帳款中，訂單量大於該產品的歷史最差市場需求時，隨著訂單量 q 的增加，買方進行成功售出的概率越小，在買方不存在惡意違約的情況下，其履約概率 P 也將隨著銷售難度的增加而增加。

二、在擔保策略下，應收帳款訂單量對最佳保理利率的影響

在買方保理商選擇擔保策略的情況下，最佳保理利率 r_2^* 隨應收帳款訂單量 q 的變化情況如圖 10-11 所示：

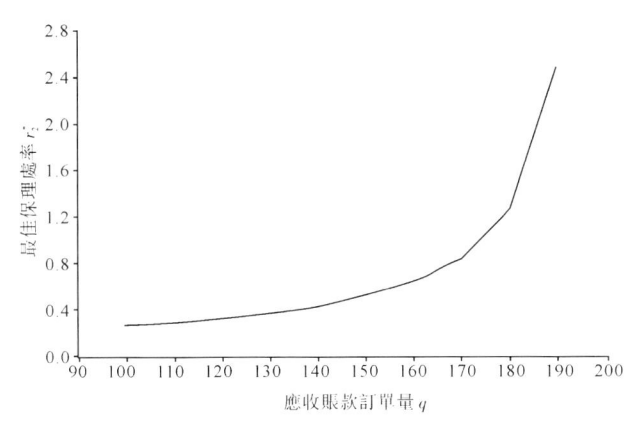

圖 10-11　擔保策略下，最佳保理利率隨應收帳款訂單量的變化

從圖 10-11 可以看到，買方保理商做出擔保的策略選擇後，博弈均衡時的最佳保理利率 r_2^* 與應收帳款訂單量 q 呈正相關，它隨著應收帳款訂單量 q 的增大而逐漸增大。不難理解，隨著應收帳款訂單量的增加，買方的履約概率會減小，而賣方保理商為了獲得足夠的利潤來承擔這一融資風險，必然會相應地提高保理利率。

三、在擔保策略下，應收帳款訂單量對雙保理商期望利潤的影響

在買方保理商選擇擔保策略的情況下，賣方保理商的期望利潤 $\max M_2$ 與買方保理商的期望利潤 $\max N_2$ 隨應收帳款訂單量 q 的變化情況如圖 10-12 所示。

從圖 10-12 可以看出，當其他條件一定時，應收帳款訂單量很大時，買方的履約概率 P 很小，即基本可以肯定買方會違約的情況下，賣方保理商的利潤 M_2 和買方保理商的利潤 N_2 隨著訂單量的增大而增大；而當應收帳款訂單量很小時，買方的履約概率 P 則很大，即基本不存在違約的情況下，賣方保理商的利潤 M_2 和買方保理商的利潤 N_2 隨著訂單量的增大而減小。

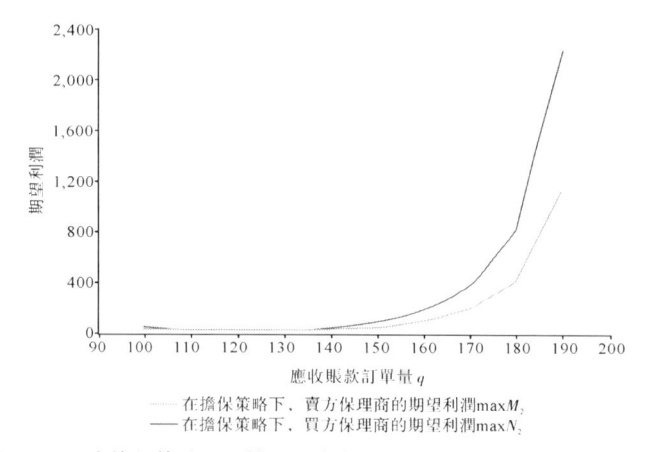

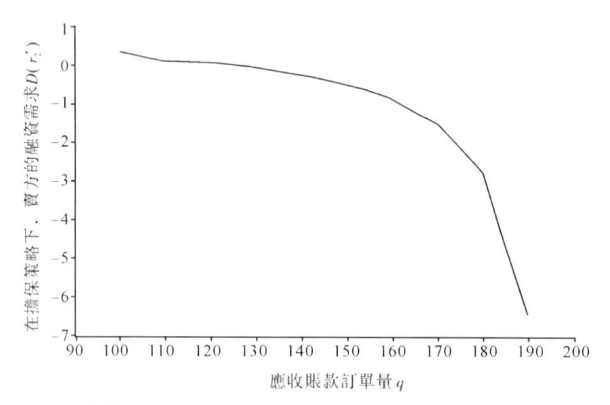

图 10-12 在担保策略下，双保理商期望利润随应收帐款订单量的变化

四、在担保策略下，应收帐款订单量对双保理商期望利润的影响

在买方保理商参与担保情况下，卖方的融资需求 $D(r_2^*)$ 随应收帐款订货量 q 的变化情况如图 10-13 所示：

图 10-13 在担保策略下，卖方的融资需求随应收帐款订单量的变化

从图 10-13 可以看出，在买方参与担保的情况下，博弈均衡时的卖方的融资需求 $D(r_2^*)$ 与应收帐款订单量呈负相关，随着应收帐款订单量的增大而减小。当其他条件一定时，应收帐款订单量越大，买方的销售难度越大，其履约概率则相应减小，而卖方保理商会选择收取更大的保理收益（增大保理利率）来平衡保理风险，因此在面对较大的保理融资成本时，卖方的融资需求将会相应减小。

通过本章的数值模拟对在买方保理商是否进行担保的两种情况下，买方的履约概率 P 及买方保理商做出担保策略时，应收帐款订单量对保理利率、买卖双方保理商的期望利润、买方保理商的风险承担比例（在担保的情况下）及融资市场需求量的影响做出实证分析，所得结果与上章节中的理论推导及实际意义相符。

第三部分
基於 P2P 平臺在線貸款融資模式風險控制研究

近年來，在線 P2P 借貸平臺參與供應鏈金融系統融資的情況越來越普遍，各大 P2P 借貸平臺都陸續採用各種模式為實體企業提供供應鏈融資服務，在線 P2P 借貸平臺相比傳統的商業銀行貸款，融資效率更高，這方面恰好與供應鏈融資的需求急、時間短的特點相結合。因此 P2P 借貸與供應鏈融資的結合為中小企業融資提供了新的解決途徑。在本部分研究中考慮了一個在線 P2P 借貸平臺參與的單週期的供應鏈系統，經系統由單個製造商與單個零售商組成，這些零售商按需求向生產商以一定的批發價格採購產品，再以一定的零售價格銷售給顧客群體。本書假設中小型零售商在採購過程中存在資金約束。當零售商將訂單提交給生產商，生產商也面臨相似的資金約束問題。我們假設零售商和生產商存在資金約束時必須通過在線 P2P 借貸平臺借入資金。平臺確定貸款的服務費率，製造商為產品設定批發價格，零售商選擇產品的訂單數量。我們確定了 SCF 系統中參與者的最佳 Stackelberg 策略，將借貸服務費、有限融資額度、借貸利率作為風險控制因素，探究以上風控因素對零售商和生產商營運決策的影響。

第十一章　P2P 供應鏈金融相關理論基礎

第一節　P2P 供應鏈金融

一、P2P 供應鏈金融概念

供應鏈金融概念起源於國外，相關產品於 21 世紀出現在中國並逐漸發展起來的，供應鏈金融是在經濟全球化背景下發展起來的。隨著信息流和物流的技術進步，國際貿易的全球化催生了這種貿易融資的新方法，在全球化階段資金流向成為供應鏈環節關注的重點。研究人員在之前的財務供應鏈的基礎上深化並衍生出供應鏈融資的概念。供應鏈金融出現的根本原因是企業內生性地解決企業生產經營活動中的融資問題，進而促使供應鏈協調提升管理效率。

目前，國內外學者對供應鏈金融理念有著不同的理解。國外的代表性概念是供應鏈金融可以被理解為供應鏈中的兩個或更多組織，包括外部服務提供者，通過規劃、實施和控制組織之間的財務資源流動來共同創造價值。中國普遍定義認為供應鏈金融是一種獨特的商業融資模式，通過核心客戶的依託，利用真實貿易背景進行自償性的貿易融資。

隨著供應鏈金融的發展，衍生出多種供應鏈融資模式，例如，應收帳款質押融資、倉單融資和已付帳款融資等。同時在資金出借端，供應鏈金融也在延伸和發展。近兩年 P2P 行業發展瓶頸凸顯以及政策監管頻出的大背景下，P2P 網貸開始尋求與供應鏈合作，開發出不同於傳統供應鏈金融的 P2P 供應鏈金融模式，成為供應鏈融資的創新點。簡單地說，P2P 供應鏈金融即是個人投資者通過 P2P 借貸平臺作為資金出借方，為企業提供供應鏈融資服務。

二、主要操作模式與制約

（一）主要操作模式

供應鏈融資優化產業鏈中的財務資源，降低企業交易和融資成本，提高整個產業鏈的效率和競爭力。P2P 在線借貸平臺作為供應鏈金融的重要參與者之一，有三種主要的操作模式：

(1) P2P 與核心企業合作模式

P2P 在線借貸平臺與供應鏈核心企業合作,管理供應鏈上下游中小企業的資金流和物流,將個體企業無法控制的風險轉化為整個供應鏈企業的風險。從目前 P2P 在線借貸平臺與供應鏈核心企業的合作模式來看,主要是上游企業應收帳款融資/商業票據和下游企業信用貸款。根據上下游企業之間的實際產品或服務進行交易,供應商的應收帳款/商業票據轉移是信用的基礎或由核心企業為下游企業提供擔保。P2P 在線借貸平臺是為供應鏈中的上下游企業提供貸款服務,具體模式如圖 11-1 所示。

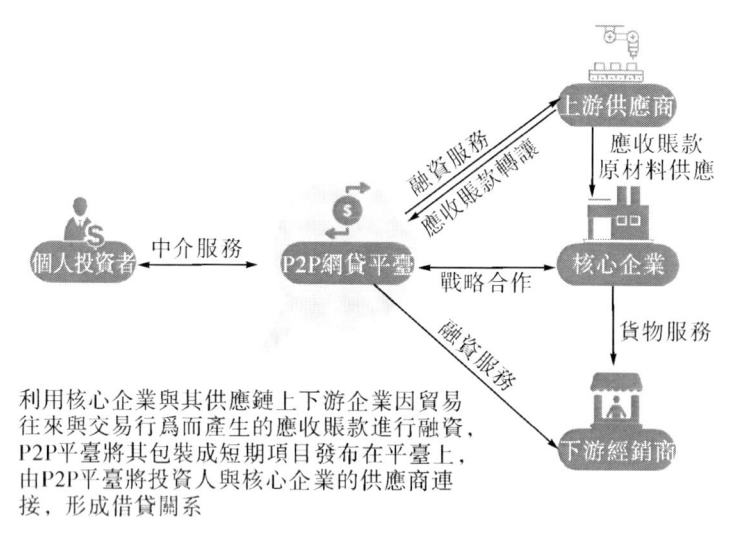

利用核心企業與其供應鏈上下游企業因貿易往來與交易行爲而產生的應收賬款進行融資,P2P平臺將其包裝成短期項目發布在平臺上,由P2P平臺將投資人與核心企業的供應商連接,形成借貸關系

圖 11-1　P2P 供應鏈金融對接核心企業模式示意圖

P2P 供應鏈金融對接核心企業模式中最典型的是道口貸,道口貸採用「校友+供應鏈金融」模式,由核心企業書面承諾付款責任,上級供應商將應收帳款轉讓給道口貸平臺,道口貸平臺為個人投資者提供信息披露和在線投資的平臺,標的達成後由道口貸將融資款交給上游供應商,核心企業到期償還應收帳款。除了傳統的信用風險和流動性風險之外,貸款還會在校友網絡評估的基礎上增加道德約束,進一步由校友圈形成道德約束,增加違約成本,增加對償還的意願。

(2) P2P 與核心資產合作模式

P2P 在線借貸平臺圍繞應收帳款的收益權,與保理公司合作,圍繞公司核心企業應收帳款的收益權為產業鏈中的企業提供融資服務。

近年來,一些 P2P 在線借貸平臺選擇與保理公司合作。上游公司將應收帳款轉入商業保理公司,然後保理公司將應收帳款收益權轉移給 P2P 在線貸款平臺。實質是供應商根據商業交易將核心企業(即買方)的信用轉換為自

己的信用，並實現應收帳款融資。在交易過程中，P2P 借貸平臺將在交易過程中設置一個或多個措施，以確保投資者的資金安全，如設立擔保、保險、建立風險補償資金池以及保理公司回購，具體操作方式如圖 11-2 所示。

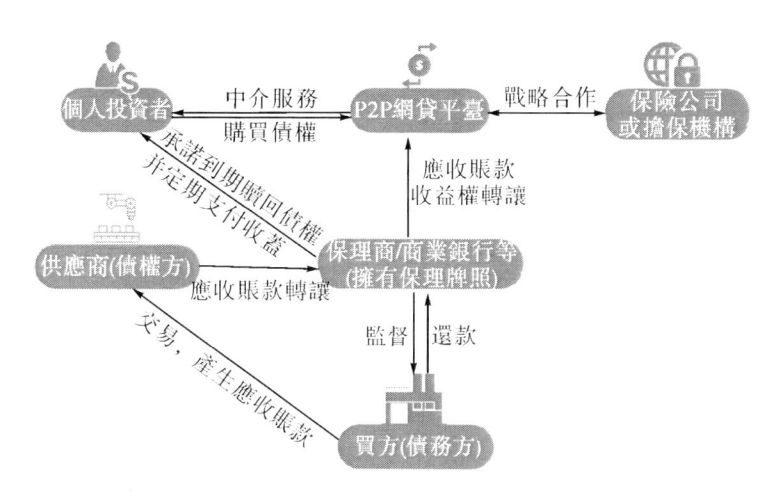

圖 11-2 P2P 供應鏈金融對接核心企業模式示意圖

新聯在線平臺上的「國應通」產品在對接核心資產模式中更為典型。該產品的主要運行機制是項目的上下游企業將應收帳款（一般由國資企業給出）轉讓給新聯在線公司。新聯在線公司與保理公司合作，平臺負責將保理資產轉讓給投資者。在目標到期後，保理公司負責回購和贖回。這種核心資產模式與政府和國有企業（中央企業）基礎設施建設相連。還款方是政府或國有企業（中央企業）的，還款能力強，還款來源穩定可靠。

（3）P2P 與核心數據合作模式

P2P 借貸平臺與核心數據合作模式主要形式是對接電子商務平臺。他們兩大平臺之間合作來整合上下游資源，管理應收帳款、庫存以及運輸等。在產業鏈上下游之間提供一個全方位的供應鏈金融服務。在中國，採用這種模式的廠商大多數是電商平臺與 P2P 借貸平臺同屬於一個集團公司，同一個集團公司帶來的好處就是可以在信息方面提供共享，包括庫存、銷售、物流等一系列信息。同一集團下的交易信息共享為 P2P 借貸平臺的實現數據風控提供根本性的支持。

P2P 在線借貸平臺和電子商務平臺屬於集團公司，在此條件下兩大平臺可實現直接對接。借款人使用電子商務平臺並且以一定比例的庫存作為融資申請物。如果借款人未能履行其還款義務，電子商務公司將代表出資方履行借款人庫存銷售，所得的資金履行借款人未還款的義務，具體操作方式如圖 11-3 和圖 11-4 所示。

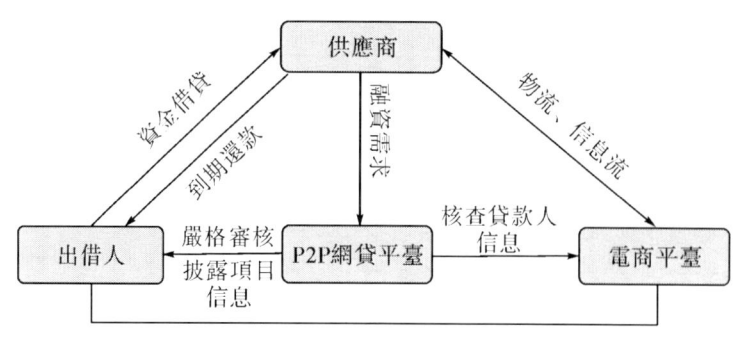

图 11-3 直接對接電商的 P2P 供應鏈金融業務模式

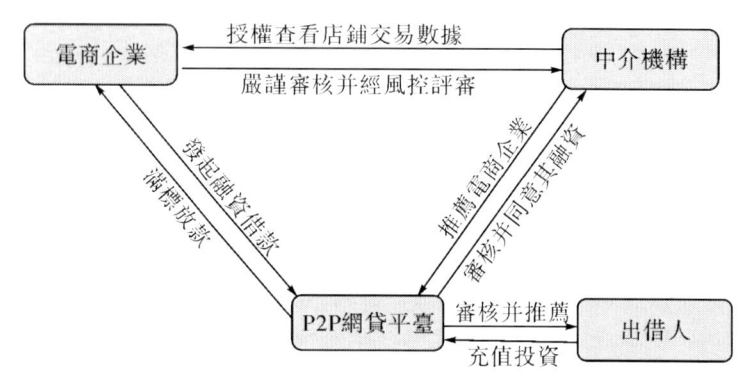

图 11-4 對接仲介機構的 P2P 供應鏈金融業務模式

本書研究的供應鏈融資是 P2P 與核心數據結合的操作模式，該種模式的顯著特徵是互聯網屬性較強，可以通過自身的數據優勢整合產業鏈上下游資源，通過核心數據完成對產業鏈上下游企業做資金融通服務。其顯著特點是 P2P 平臺因為掌握信息和資金優勢可作為整個供應鏈金融的主導者，類似於核心企業地位，但實際上又不發生直接的貿易業務，即產融分離的模式。

（二）主要限制因素

在 P2P 供應鏈金融運作模式的探索中，本書發現在實際經濟和社會活動中，P2P 在線貸款提供供應鏈金融服務占 P2P 在線借貸行業交易量的比例仍然處於較低水準。本書發現 P2P 在線借貸平臺參與到供應鏈金融業務中受到的主要限制因素可歸納如下：

（1）限額嚴格

國家監管方面嚴格規定了通過 P2P 在線貸款平臺借款有明確限額要求，一般的中小企業如果日常營業額不大，單一平臺貸款餘額上限為 100 萬元，可能與存在實際融資需求差距過大的情況。因此，政策上監管因素的影響可能是

對 P2P 參與供應鏈金融最為核心和重要的因素之一。

目前市場上提供 P2P 供應鏈金融服務的領域涉及汽車、農業、醫藥、大宗商品交易、批發零售等行業。對於上述幾個行業來說，大宗商品交易較為頻繁，自身行業的體量較大，從 P2P 在線貸款獲得的融資金額對這些行業的企業來說是杯水車薪，僅能為他們提供微弱的支持。相比之下，在三農領域、普通零售領域，P2P 在線供應鏈融資提供資金幫助要大得多。

（2）資金成本高

中國資金市場的貸款利率普遍較高，供求雙方處於不平等的地位，融資難造就了資金成本高居不下，P2P 在線供應鏈融資服務為了吸引個人投資者，往往會加高利率，這無形中推高了企業融資成本，有數據顯示中國 P2P 供應鏈融資成本在 7%～10%，而銀行的實際利率在 5%～6%，這高企不下的資金成本嚴重制約了行業的發展。

（3）競爭產品的實力很強

P2P 在線供應鏈融資服務的直接競爭對手就是傳統的商業銀行。傳統商業銀行的商譽相對於 P2P 平臺較好，而且他們扎根供應鏈金融領域的時間長、參與程度高，整體產品服務的成熟度遠遠高於剛起步 P2P 供應鏈融資。銀行有自身完善的風控體系，能夠準確降低放貸風險。另外，電子商務平臺的參與更有著 P2P 在線平臺所嚴重缺乏的供應鏈資源以及數據資源，而且電商自身的數據累積身後，其利用數據風控的能力也是普通 P2P 借貸平臺所不具備的。

（4）核心企業實力與數量不足

核心企業在供應鏈金融中發揮著重要作用，核心企業應該是在整個供應鏈中占據主導地位、具有強大輻射能力和對其他成員公司有吸引力的企業。這類核心企業在相應領域具有明顯的競爭優勢、較高的市場知名度、較長的業務鏈和較高的市場份額。但是，大型的核心企業並不是都願意與普通的 P2P 平臺開展合作，因此合作的核心企業並不多。

（5）市場認知模糊

P2P 在線借貸平臺頻繁暴雷的事件讓行業本身承載著一定的輿論壓力，加上前兩年的野蠻生長讓 P2P 平臺開展供應鏈金融業務困難重重。一方面，它源於外部感知的偏見。借款人由核心企業推動，對於核心企業構建 P2P 在線貸款平臺，外界可能會誤解平臺自我整合，但這種模式實際上是利用業務資源的整合。輿論壓力是另一個主要的來源，早期發展起來的 P2P 供應鏈融資平臺「掛羊頭賣狗肉」，通過虛假宣傳高收益率來發行虛假債券，傷害市場資金出借方，這對整個行業也帶來了相當嚴重的負面評價。

三、相關的理論問題

P2P 供應鏈金融的產生一方面是 P2P 借貸平臺轉型的需要，另一方面是

國家政策導向服務實體經濟的結果。P2P 供應鏈金融業務的出現為中小企業融資提供了新途徑，創新建設了中國供應鏈金融的業務體系。P2P 供應鏈金融由於是 P2P 借貸與供應鏈金融的結合，在實際的理論基礎方面兼具兩者的理論基礎。本書研究認為，P2P 供應鏈金融涉及信息不對稱、交易成本、委託代理、道德風險等理論。

（1）信息不對稱理論

無論是供應鏈金融還是 P2P 借貸，其實都涉及信息不對稱理論，而由於信息不對稱造成的中小企業融資難的問題其實一直困擾著中小企業家和政府。供應鏈金融和 P2P 借貸都是從信息不對稱的環節出發，在交易模式和資金端均有效地緩解了信息不對稱的問題，對資金供需雙方的借貸矛盾有著非常積極的作用。

信息不對稱也被稱為非對稱信息（Asymmetric Information），被普遍認為是在系統下相應的個體之間有著信息獲取的差異，信息呈不對稱、不均勻分佈，即有些人對關於某些事情的信息比另外一些人掌握得多一些。通常在博弈游戲中，我們將具備信息優勢方稱之為「代理人」，信息的劣勢方我們稱之為「委託人」。信息不對稱理論正是將研究的重點放入兩者如何在信息差異的情況下實現均衡達成契約。

雖說 P2P 通過技術解決了借貸的「時間」和「空間」上的問題，讓資金供需雙方可以以最低成本、方便快捷地實現投融資服務。在此種信息看似透明的 P2P 借貸實際上還是存在信息隱瞞造成的信息不對稱的現象。

在 P2P 借貸環節中，有時借款人可能出於某種原因存在機會主義傾向，也被稱為投機主義，就是為了達到自己的目標就可以不擇手段。投機主義行為的突出表現集中在違反既定的規則行事，將規則看作腐儒之論，行為人的最終目標是實現自己想要的結果，以結果來衡量一切，而不重視其過程。而在 P2P 網絡借貸平臺中，借款人或多或少都有一定的機會主義傾向，他們可能選擇有策略地利用信息，按自己的需要貸款金額對信息進行加工和包裝，違背自己對未來行為的承諾。在 P2P 市場中，由於機會主義傾向的存在，借款者會利用貸款者對於借款人本人的信息掌握不足，有意隱瞞真實情況，欺騙 P2P 借貸投資人。借款人之所以會有機會主義傾向是因為他們相信，作為一個理性的人來說不可能對複雜而又多變的環境一覽無遺，不可能獲得關於融資方面現在和將來可能產生變化的所有信息。在這種情況下，部分借貸人就可能充分利用自身具備的某種有利信息，欺瞞貸款者實現融資。

（2）委託代理理論

上文（1）所提到的信息不對稱所形成的信息優勢方作為「代理人」，信息劣勢方作為「委託人」，由此引出了委託代理理論。該理論出現的根源就在於試圖解決信息不對稱的問題。在 P2P 供應鏈金融模式下，P2P 借貸平臺、

第三方物流企業等仲介機構作為連接中小企業和銀行的金融之橋，運用自身的技術信息方面的優勢，將供應鏈環節的資金流和物流整合起來，有效地解決中小企業融資難的問題。P2P 供應鏈金融能夠使中小企業的資金實現更快的流轉，激發中小企業的經濟活力，提升資金的使用效率，同時在某種程度上也幫助金融機構降低一定的放貸風險。這種供應鏈金融最終實現的結果是多方參與者的共贏狀態。但 P2P 供應鏈金融涉及多方參與合作，在這種合作過程中自然而然觸發產生了委託代理的關係。通過委託代理理論的研究可以實現和優化 P2P 供應鏈金融環節參與各方的權利與義務，通過合約條款和參與模式的設計，規避信息不對稱造成的信貸風險，最終實現供應鏈整個環節的協調與均衡。

（3）交易成本理論

傳統供應鏈金融環節和 P2P 借貸環節均存在一定的交易成本。交易成本理論起源於 20 世紀 30 年代，現階段已經成為經濟學重要的一大理論分支。交易成本理論所屬的新制度經濟學通過對信息、交易成本、制度等多種經濟活動做解釋形成了獨有的一套經濟學理論，為經濟金融政策與改革提供基礎的理論依據。該理論認為交易成本的大小取決於制度的建設優劣，進而影響到整個經濟運行的效率。單獨從 P2P 借貸環節或者供應鏈金融環節我們均能發現交易成本降低的身影。P2P 借貸通過互聯網技術的手段實現了資金的融通，使得資金供需雙方可以在平臺中直接接觸，在某種程度上方便快捷的投融資方式降低了交易成本。但實際的經濟社會活動中，融資方在 P2P 借貸平臺上並未感受到交易成本降低帶來的優惠，主要根源是行業的野蠻式生長拔高了平臺的經營成本，但隨著行業發展趨於平穩，未來交易成本降低會真正體現在投融資兩端。

交易成本降低的助推還有供應鏈金融模式的出現，通過供應鏈環節企業間的相互協調和優化設計，不論在供應鏈內部融資還是外部金融機構融資，企業均能在較短的時間內獲得資金方面的支持，相比傳統銀行貸款審批時間更長、手續更繁瑣，供應鏈融資更能配合企業物流，從而提升了中小企業的週轉效率，簡化了週轉的流程，降低了交易的成本。P2P 供應鏈金融的出現將傳統供應鏈的各項活動放在線上，實現資金供求雙方的直接接洽，減少信息傳遞環節，比傳統供應鏈金融更進一步地降低了交易成本。

（4）逆向選擇

基於 P2P 借貸的供應鏈金融活動中存在著事前的逆向選擇問題。當信息處於對稱狀態時，資金的需求方是具備共同信息的，此時資金的出借方可能會選擇不同的融資利率，這取決於資金需求方的實際情況。但 P2P 市場信息並不對稱，資金需求方很難接觸到資金出借方，僅能獲得個別的極少數基本信息，但對資金出借方的真實狀況很難瞭解得非常清晰，而且已獲得的信息可能

還要面臨著虛假信息的風險。相對而言，借款人對自己的真實情況卻非常清楚。

P2P市場中的逆向選擇一般集中體現在融資需求方上，即借款人。在發布個人融資需求之前，借款人對自身的收入來源、經濟能力、償還貸款能力等都非常清楚，對借款從事的活動的風險程度、市場需求等情況也會有比較詳細的瞭解和調查，而這些信息對於作為「局外人」來說的資金出借方是無法準確得知的，資金出借方只能通過借款人自行提供的個人情況、融資用途等基本信息進行大致的分析和整合形成判斷，由此造成信息不對稱。在社會經濟活動中，誰掌握了資金，誰就掌握了主動權，資金供不應求讓出資借貸成為相對稀缺性資源，在這種大環境下，資金的需求端迫切想籌集資金，必然會導致借款人通過對貸款人隱瞞自己真實的經濟實力和風險狀況來謀求信貸支持。這主要可以表現為隱瞞自身真實的資信狀況和還款能力，自行偽造虛假的證明材料，獲得網絡借款平臺上較好的信用等級，來騙取其他一些不知情的貸款人的資金。而此時，資金出借方由於處於信息窪地，缺少判斷依據，必然會導致其做出逆向選擇的行為。

如果信息能夠實現更為有效的傳播，資金出借方（信息優勢）能夠將實際情況準確傳達給資金需求方（信息劣勢），而需求方可以有相應的手段對信息做進一步的判斷和甄選，進而降低信息不對稱的程度，這樣交易的帕累托改進將會得到實現。我們可以通過「軟」信息這一方式將有效信號傳遞給貸款人，相信這是有效規避逆向選擇問題的一種方法。根據以上思路，筆者將有效方法歸納為兩類：第一，借款人可以將自己的工資單或者單位出具的收入證明、房產證明或者銀行卡流水帳單等一系列有用證件上傳至網站。第二，借款人可以運用他在社交網絡中的社會資本，通過網絡上的好友將自己的有效信息傳遞給貸款人，或通過朋友的競標金額來間接支持借款人的信用，從而有效地區分借款者的違約風險，達到風險控制的目的。

（5）道德風險

P2P供應鏈金融市場中的道德風險問題主要是指資金出借方考察資金需求方在P2P借貸平臺上發布的借款信息，再結合需求方的融資利率、借款用途、經濟來源及還款能力，將資金通過網絡平臺出借給需求方。在此之後需求方可能會將資金投入到非披露信息中使用的領域，如借款人將以用於週轉項目資金的名義籌集的資金，從事炒股、賭博這類高風險的活動，從而導致了這些貸款很有可能不能按時償還，甚至難以償還的現象。借款人在獲得借款資金後，有可能利用貸款人的「信息缺陷」，在貸款成功後，資金需求方利用這種「信息缺陷」，隱瞞部分資金用途的實際情況，為獲得更高經濟利益而從事高風險活動。高風險意味著高失敗率，從而大大增加了貸款不能如期歸還的可能性，這種高風險活動帶來的資金損失的風險較大且最終後果可能需要由貸款人及P2P

借貸平臺來共同承擔，由此信息不對稱使得投資人的借貸資金存在著道德風險。

在交易過程中一旦存在有道德風險增加的情況勢必會導致交易成本的上升，交易成本上升主要來自避免道德風險的監管成本以及甄別信息所花費的監督成本，由此還會降低市場的運行效率。對 P2P 市場中的借款情況來說，監督的成本無疑是巨大的。因為借貸雙方是在尚未碰面的情況下產生的借貸關係，貸款人如果僅憑一己之力來監督借款人事後的資金使用情況，這是完全不可能做到的事情。

此外，當在 P2P 平臺上交易時可能會出現一定的信用缺失現象。信用是一種建立在貸款人對借款人承諾每月定時償付貸款利息和本金的信任基礎上，而使借款人獲得使用資金的權利，這種信任是以借貸雙方信息對稱作為前提的。但在 P2P 平臺實際運行中，信息不對稱伴隨機會主義的存在，資金需求方的欺騙隱瞞行為在一定程度上加深了出借方的放貸風險，因此造成信用損失。

懲罰機制不足和監管的缺失都為道德風險的存在提供了增長的空間。由於 P2P 網絡借貸市場發展時間短，市場機制和法律法規還不夠健全，對於交易中出現的各種詐欺行為的約束能力和激勵機制還不夠，也沒有建立完善的失信懲罰機制。對於失信的懲罰機制必須建立在完整的法律法規基礎上，對提供不真實數據和出現詐欺行為的借款人必須加以嚴懲。

第二節　多層次的 Stackelberg 博弈

一、Stackelberg 博弈的概念

隨著人類社會的不斷發展進步，經濟活動中出現的問題變得更加複雜、多樣，也涉及更多層級的決策人員。最先需要明確的是，不同層級的決策者擁有不同範圍的權利執行範圍。高層級的決策可以支配更多、更大範圍的行使決策權利，低層級的決策人員行使的權利範圍較小，決策的影響因子的影響程度也相對較低。在 Stackelberg 博弈涉及多層級時，一般在每個層級均會設置一個目標函數及相應的約束條件；不同的層級分別表現出領導者與被領導的關係，相對領導層比被領導層的決策更加重要，影響也更加偏向於全局。在這種分層級的領導決策體系內要實現均衡就是首選相對領導層做最優決策，被領導層在相關領導層最優條件下制定自身的最優決策，使各級在有限條件下目標函數實現最優化。這樣的決策問題就被稱為「主從遞階決策問題」。

Stackelberg 最早提出「主從遞階決策問題」，所以該問題也稱為 Stackelberg

博弈問題。Stackelberg 博弈在供應鏈研究過程被廣泛使用，究其原因在於博弈的參與者之間的實力處於不相當的狀態，博弈中的古諾模型並不具備這一特點。

Stackelberg 博弈是存在一定先後行動順序且做出決策不能撤回的序貫博弈。在信息不對稱的條件下，博弈體系的多個決策單元各自產生自己的決策，因為有先後順序的存在，我們習慣性將最先做決策的人作為博弈的領導者，跟隨之後做決策的我們認為是跟隨者。領導者擁有先發優勢肯定會做最有利於自身的決策，當然，各決策單元之間有相關性，即一方做出決策勢必影響另一方。領導者決策完成後，跟隨者根據領導者的最優決策做出自己最有利的決策。因為博弈決策的不可撤回規定，多層級相互制定最優策略，最終進行到底實現均衡。

一般的 Stackelberg 博弈過程中會有多個參與者共同組成多個層級的博弈體系，我們稱之為多階段 Stackelberg 博弈，多階段的 Stackelberg 博弈仍然遵照兩階段 Stackelberg 博弈原理。由領導者先做決策，跟隨者緊隨其後決策，整個過程完全是動態而不是靜態博弈的過程，同時獲得的最終行動區間並不是連續的，且不能採用決策樹的方式表現出來，以下本書通過序號來表明決策的先後順序，雙重 Stackelberg 博弈的過程如下：

第一階段：領導者先做出他的決策。

第二階段：跟隨者依據領導者所做決策，實現自身的最優利益，做出最優決策。其數學模型如下：

$$\begin{cases} \min_y H(x) \\ s.t.\ g(x,y) \leq 0 \\ \begin{cases} \min_y h(x,y) \\ s.t.\ k(x,y) \leq 0 \end{cases} \end{cases}$$

公式中 x, y 我們分別定義為領導者和跟隨者所能夠決定的控制向量，$H(x,y)$, $h(x,y)$ 分別是領導者和追隨者的目標函數，$g(x,y)$, $k(x,y)$ 分別是主從雙方分別需要滿足的約束。

二、Stackelberg 博弈的均衡

Stackelberg 博弈均衡是 Nash 博弈均衡的推廣。但在 Nash 博弈並不區分領導者與被領導者之間的關係，而 Stackelberg 博弈需要考慮不同層級，不同先後順序與決策變量對最終結果的影響。Stackelberg 博弈的領導者從策略集 $x \in R^{nx}$ 選擇某個策略，追隨者根據領導者選擇的策略 $x \in X$ 選擇自己的策略，其策略集 $Y_i(x) \in R^m$ 是閉凸的。

成本函數為 $h(x, y_i, y_{-i}): \prod_{j}^{N} R^m \to R$ 其中 N 為追隨者的數量，$x \in X$，

$y_i \in Y_i(x)$，並假設 $h(x, y_i, y_{-i})$ 是凸函數，並且 $y_i \in Y_i(x)$ 是連續、可導的。利用 $h(x, y_i, y_{-i})$ 的凸性以及集合集 $Y_i(x)$，追隨者按照 Nash 非合作博弈的思想做出反應，即對於每一個 $x \in X$，均會選擇合理的反向向量 y_i^*，並使得：

$$y_i^* \in argmin\{h(x, y_i, y_{-i}), x \in X, y_i \in Y_i(x)\}$$

因此雙重 Stackelberg 博弈是雙寡頭的模型，決策優先實際上成為一把雙刃劍，需要同時獲得先發決策帶來的優勢以及後發決策造成的劣勢。圖 11-5 表示兩階段 Stackelberg 博弈過程。

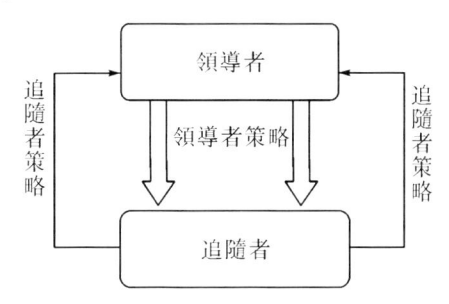

圖 11-5　兩階段 Stackelberg 博弈過程

三、Stackelberg 博弈的求解

在 Stackelberg 動態博弈中，逆向歸納法求解的步驟如下：

（1）從決策終點結出發，向上尋找每一個基本決策結點；

（2）在上述步驟找到每一個基本決策結點上，根據決策結點到達每一個終點結上尋找最優的行動以便獲取最大利潤；

（3）將在步驟（2）中驗過的每一個基本決策結所致使的所有非優枝刪除；

（4）以上步驟可以構成了一個新的博弈樹，比最開始的決策樹更加精簡；

（5）如果此時沒有到達樹根，那麼重新回到步驟（1），重複上面步驟；

（6）對博弈參與者來看，在決策結點上獲得的最優決策集中起來，由多個最優決策組成的集合我們可以認為是博弈參與者的最佳活動策略。

第十二章　P2P借貸平臺參與的供應鏈金融模型

第一節　問題描述

　　供應鏈融資是全球中小型企業和大型企業非常重要的資金來源，其作用是優化供應商與零售商的生產經營環節。本書考慮在一個單週期的供應鏈系統中，系統由單個製造商與單個零售商組成，供應商與零售商皆為風險中性的。現假設市場需求是隨機的，零售商按需求向生產商以一定的批發價格採購產品，再以一定的零售價格銷售給顧客群體。本書假設中小型零售商在採購過程中存在資金約束，即零售商的自有資金不能滿足其採購需求。當零售商將訂單提交給生產商時，生產商也面臨相似的資金約束問題。

　　此外，在供應鏈實踐中，製造商或零售商通常面臨供應鏈中貨物和現金流的時間分離流動。因此，實際的問題是零售商和製造商在採購中都存在資本約束。生產過程為了提高供應鏈效率，生產商選擇從資金提供方獲得融資。在供應鏈融資體系與傳統供應鏈的比較中，最重要的差異是金融機構作為資本供給方的參與。具體而言，我們考慮不具備商業銀行放貸條件下參與對象為互聯網P2P借貸平臺的情況。

第二節　基本假設

　　為簡化模型推導我們做出了如下假設：
　　假設1：在線P2P借貸平臺、生產商、零售商均為風險中性的，他們均會在有限條件下最大限度地賺取預期收益。
　　假設2：零售商與生產商在存在資金約束時，一般會優先選擇通過銀行融資，而在本書中假設兩者皆難以獲得銀行授信融資，P2P平臺是他們唯一的融

資方。

假設 3：零售商、生產商與 P2P 借貸平臺對需求的瞭解是相同的，即三者在需求信息方面是對稱的。

假設 4：零售商和生產商都可能面臨著破產風險，破產與否取決於他們的流動資產是否可以償還他們的貸款。

假設 5：完美資本市場假設，我們假設資本市場沒有稅收、交易成本和破產成本。

第三節　模型建立

一、符號說明

本書為了方便模型描述，定義了模型涉及的相關變量，給出各類變量說明如表 12-1 所示。

表 12-1　模型符號定義

符號	含義	變量類型
p	零售商售出產品的單位價格	—
q	零售商制定的訂貨量	決策變量
w	製造商的單位批發價格	決策變量
c	單位產品的成本	—
I_r, I_m	生產商與零售商的融資利率，取決於借款人信譽	外生變量
S_r, S_m	P2P 平臺提供給生產商與零售商的服務費 $S_r \cdot [\underline{S_r}, \overline{S_r}]$，$0 \leq \underline{S_r} < \overline{S_r} \leq 1$ $S_m \cdot [\underline{S_m}, \overline{S_m}]$，$0 \leq \underline{S_m} < \overline{S_m} \leq 1$	決策變量
B_r, B_m	零售商與生產商的初始資本	內生變量
x	市場的隨機需求量	外生變量
$f(D)$	市場需求的密度函數	—
$F(x) \overline{F}(x)$	需求的分佈函數且 $\overline{F}(x) = 1 - F(x)$	—
$\varepsilon_r, \varepsilon_m$	零售商與生產商的信譽水準	內生變量
π_r, π_m, π_p	零售商、生產商與 P2P 借貸平臺的收益函數	—
ξ	借款人破產時，P2P 借貸平臺的最高恢復成本	—
η	在線 P2P 借貸平臺無法應對借款人的破產，$\eta \in [0, 1]$（$\eta=1$ 表示該平臺沒有風險準備金，$\eta=0$ 表示平臺具有最大風險準備金的情況	—

市場的隨機需求滿足通用失效率遞增（IFR）性質，即 $xh(x) = xf(x)/1 - F(x)$ 以及廣義失敗率 $G(x) = xh(x)$ 隨 x 遞增，保證存在最優可行解。這是供應鏈建模中通用的需求假設，絕大多數常用的需求假設包括指數分佈、均勻分佈、韋伯分佈、正態分佈均符合 IFR 性質。為了方便模型推理運算，本書還補充了部分假設與變量的定義。

（1）本書假設未售商品的殘值為零。

（2）本書生產商與零售商皆存在資金約束，因此可表示為 $wq - B_r > 0$，$cq - B_m > 0$；為了保證模型的經濟一致性，我們假設 $p \geq w[1 + i_r(\varepsilon_r) + S_r] \geq c[1 + i_m(\varepsilon_m) + S_m]$。

（3）定義 λ；零售商融資本息服務費之和 $\lambda_r = 1 + i_r + S_r$；生產商融資本息服務費之和 $\lambda_m = 1 + i_m + S_m$；

（4）定義 T；零售商總償還 $T_r = (wq - B_r)(1 + i_r + S_r) = \lambda_r(wq - B_r)$；生產商總償還 $T_m = (wq - B_m)(1 + i_m + S_m) = \lambda_m(wq - B_m)$；

（5）定義 L；零售商總融資需求 $L_r = wq - B_r$；生產商總償還 $L_m = wq - B_m$。

二、模型活動順序分析

本書假設存在單一生產商、單一零售商、單一在線 P2P 借貸平臺組成的供應鏈金融（SCF）系統，這是一種單週期的報童模型。在上文提到在假設均成立的情況下，考慮零售商與供應商均存在資金約束，系統框架圖如圖 12-1 所示。零售商面臨著傳統報童的情況，零售商在從供應商採購單一產品出售給消費者時，並不知道市場的實際需求。此外，在實際的供應鏈中，生產商與零售商都可能出現物流、資金流暫時性中斷的問題。因此同時考慮存在資金約束的生產商與零售商是符合市場的實際情況的。

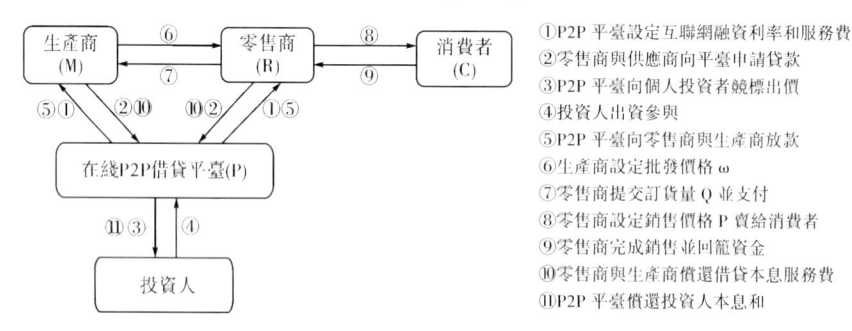

①P2P 平臺設定互聯網融資利率和服務費
②零售商與供應商向平臺申請貸款
③P2P 平臺向個人投資者競標出價
④投資人出資參與
⑤P2P 平臺向零售商與生產商放款
⑥生產商設定批發價格 ω
⑦零售商提交訂貨量 Q 並支付
⑧零售商設定銷售價格 P 賣給消費者
⑨零售商完成銷售並回籠資金
⑩零售商與生產商償還借貸本息服務費
⑪P2P 平臺償還投資人本息和

圖 12-1　考慮生產商及零售商同時存在資金約束——SCF 系統的活動順序

這裡我們考慮使用具體存在資金約束時的流行訂單融資方案，當市場出現產品需求而供應商與生產商又同時存在資金約束，此時為了業務的正常開展，供應商與零售商都準備開展在 P2P 借貸平臺融資（兩方均不具備商業銀行放

貸條件）。P2P 平臺作為領導者根據借貸方的信用狀況分別設置了生產商與零售商的服務費率和借貸利率，實際操作過程中借貸利率可能由 P2P 平臺與借貸方共同決定，但在本書研究過程為了方便模型求解忽略了借貸方的影響。此時零售商與供應商向平臺申請借款，P2P 平臺向投資人發布借貸信息競標出價，投資人根據項目情況出資參與，P2P 平臺獲得借款並交付生產商與零售商使用。此時，生產商作為博弈活動中的次級領導者，根據訂貨量、借款利率和服務費率等信息制定合適的批發價格 w。零售商依據生產商的批發價格和市場需求制定訂貨量 Q 並支付貨款給生產商零售商制定銷售價格 P 並賣給消費者完成資金回籠。零售商與生產獲得資金後償還借貸的本息服務費之和，在線 P2P 平臺獲得服務費，投資人獲得本息和。在實際的供應鏈操作中，時間順序既可能所偏差，也可能出現貨款延期付款的情況，本書為簡化模型對實際付款時間偏差所產生的利息收入將不做考慮。

三、參與方目標函數

P2P 借貸平臺參與下的供應鏈金融模型建立的過程中確定參與方的目標函數至關重要，關係到後期模型求解的正確與否。在簡化的博弈過程中，參與各方考慮的最重要因素，也是唯一因素就是實現自身利益的最大化。因此對於參與三方來說，目標函數可以簡化為：

$$利潤 = 收入 - 成本$$

下面，我們針對參與三方制定具體的目標函數。

P2P 平臺作為雙層博弈體系的領導者，他的利潤來源為簡化的目標函數的變型，在整個體系中 P2P 平臺並沒有實際的成本支出（不考慮平臺的營運成本），因此 P2P 平臺獲得的所有收入即為該參與方的利潤，其收入也主要為生產商與零售商借貸所產生的服務費率之和。制定的 P2P 借貸平臺方的目標函數如公式（12-1）所示：

$$leader: \max \pi_p(i_r, i_m, S_r, S_m: q, w) = \pi_p^r(i_r, S_r: q) + \pi_p^m(i_m, S_m: w) \quad (12-1)$$

生產商作為雙層博弈體系的次級領導者，他的收入取決於自身制定的批發價格與零售商具體的訂貨數量；成本主要由兩部分組成，包括該種產品的生產成本與借貸資金（生產所需資金與自有資金之差）產生的利息服務費之和。制定的生產商的目標函數如公式（12-2）所示：

$$sub\text{-}leader: \max_w \pi_m(w: i_m, S_m, q) = wq - cq - (cq - B_m)(i_m + S_m) \quad (12-2)$$

零售商作為雙層博弈體系的跟隨者，他訂購產品的銷售收入即為總收入，值得注意的是，本書模型考慮的市場需求是隨機的，因此在市場不確定的情況下，其銷售產品的數量為市場隨機需求與產品訂購數量的較小值。成本為零售商的採購成本與借貸資金（採購成本與自有資金之差）產生的利息服務費之和，同樣我們對參與三方的營運成本均不做考慮。為方便後期模型計算求解，

制定的零售商的目標函數變形如公式（12-3）所示：
$$follower: \max_q \pi_r(q:i_r,S_r,w) = E[p\min(q,x)] - B_r - (wq-B_r)(1+i_r+S_r)$$
(12-3)

第四節　雙層博弈體系的分析

在由存在資金約束的生產商、零售商及 P2P 借貸平臺組成的供應鏈金融系統中，理性的決策者都會追求自身利益的最大化。在如圖 12-1 所示的供應鏈金融系統中，一方面，零售商作為資金需求方，需考慮如何通過訂單融資向 P2P 借貸平臺融資，以緩解其資金約束並使其營運決策達到最優；另一方面，生產商需要制定合適的批發價格以激勵零售商增加訂貨，從而實現利潤最大化。同時，P2P 借貸平臺作為資金供應方，也要考慮如何通過向生產商與零售商提供融資以規避風險，並獲得利潤最大化。因此，本書假設供應鏈金融系統中的參與主體在資源調配、渠道控制等方面存在權力差異，其博弈過程遵循 P2P 借貸平臺為主方（Leader）、生產商為次主方（Sub-Leader），零售商為從方（Follower）的 Stackelberg 主從對策，如公式（12-1）至公式（12-12）所示。

下面採用逆向歸納法求解每個參與主體的均衡解。

$$(Leader) \max \pi_p(i_r,i_m,S_r,S_m:q,w) = \pi_p^r(i_r,S_r:q) + \pi_p^m(i_m,S_m:w) \quad (12-4)$$

$$s.t.$$

$$\pi_p^r(i_r,S_r:q) = \min\{(wq-B_r)(1+i_r+S_r), E[p\min(q,x)]\} - (wq-B_r)(1+i_r) \quad (12-5)$$

$$\pi_p^m(i_m,S_m:w) = \min\{(cq-B_m)(1+i_m+S_m), wq\} - (cq-B_m)(1+i_m) \quad (12-6)$$

$$q^*(i_r,S_r:w) = \arg\max_q \pi_r(q:i_r,S_r,w) \quad (12-7)$$

$$w^*(i_m,S_m:q) = \arg\max_w \pi_m(w:i_m,S_m,q) \quad (12-8)$$

$$(Sub\text{-}leader) \max_w \pi_m(w:i_m,S_m,q) = wq - cq - (cq-B_m)(i_m+S_m) \quad (12-9)$$

$$s.t. B_m \leq cq \quad (12\text{-}10)$$

$$(Follower) \max_q \pi_r(q:i_r,S_r,w) = E[p\min(q,x)] - B_r - (wq-B_r)(1+i_r+S_r) \quad (12\text{-}11)$$

$$s.t. B_r \leq wq \quad (12\text{-}12)$$

一、零售商最優策略

當零售商在營運過程中出現資金短缺從而影響下一階段的銷售活動時,他們會優先考慮決策性問題是如何在 P2P 借貸條件下制定合理的訂貨量保證自身利益的最大化,即 $\pi_r = \max\limits_{q} \pi_r(q:i_r, S_r, w)$。考慮到零售商歷史交易信息、信用狀況、公司產品銷售等歷史狀況,P2P 平臺制定服務費率與利率。

因此,零售商的決策問題如公式(12-11)至公式(12-12)所示:

(Follower)

$$\max_{q} \pi_r(q:i_r, S_r, w) = E[p\min(q,x)] - B_r - (wq - B_r)(1 + i_r + S_r)$$

(12-11)

$$s.t. B_r \leq wq \qquad (12\text{-}12)$$

引理12-1:零售商在經營過程中存在破產風險,向 P2P 平臺借貸不破產的條件為市場隨機需求必須大於且等於 $x \geq \hat{x} = (wq - B_r)(1 + i_r + S_r)/p = \lambda_r L_r/p$。

證明:當零售商的預期收入能償還 P2P 借貸的本息服務費之和,R 不會破產,即 $p\min(q,x) - (wq - B_r)(1 + i_r + S_r) \geq 0$;當 $x \leq q$ 時,上式為 $px - \lambda_r L_r \geq 0$,即當 $x \geq \hat{x} = (wq - B_r)(1 + i_r + S_r)/p = \lambda_r L_r/p$ 時,零售商不破產。

命題12-1:如果市場需求隨機不確定,對於給定的融資本息服務費和 λ_r 及批發價格 w,零售商基於資本約束的最優訂貨量 $q^* = F^{-1}[\varphi F(\hat{x})]$,其中,$\varphi = w(1 + i_r + S_r)/p$。

證明:由公式(12-11)可得 $\pi_r = P\int_{\hat{x}}^{q} \bar{F}(x)dx - B_r$;該公式對 q 求導,獲得一階導數為 $\dfrac{d\pi_r}{dq} = p[\bar{F}(q) - \varphi \bar{F}(\hat{x})]$,二階導數為 $\dfrac{d^2\pi_r}{dq^2} = p[-f(q) + \varphi^2 f(\hat{x})]$。已知 $p \geq w(1 + i_r + S_r)$,可知 $\varphi \leq 1$ 且 $\varphi^2 \leq 1$。又根據假設的市場隨機需求符合通用失效率遞增(IFR)性質且為了保證零售商不破產,因此可知 $q \geq \hat{x}$;綜上兩個條件可得 $-f(q) + \varphi^2 f(\hat{x}) < 0$,即二階導數小於零,由此可知當 $\dfrac{d\pi_r}{dq} = 0$ 時,$\bar{F}(q) = \varphi \bar{F}(\hat{x})$,零售商可獲得最優訂貨量 $q^* = \bar{F}[\varphi \bar{F}(\hat{x})]^{-1}$,證畢。

引理12-2:給定零售商的初始資本,如果需求分佈為 IFR,零售商的最優訂購數量 q^* 隨生產商制定的批發價格 w 遞減,即 $\partial q^*(w)/\partial w < 0$。

證明:已知最優訂貨量 $q^* = \bar{F}[\varphi \bar{F}(\hat{x})]^{-1}$,$\hat{x}(q^*) = (wq^* - B_r)\lambda_r/p$;將最優訂貨量 q^* 帶入 $\bar{F}(q) = \varphi \bar{F}(\hat{x})$,獲得 $\bar{F}(q^*) = \varphi \bar{F}[(wq^* - B_r)\lambda_r/p]$,為了方

便後續計算,定義 $\Delta = B_r\lambda_r/p$; $\bar{F}(q^*) = \varphi F[\varphi q^* - \Delta]$。該公式對 w 求一階偏導,得到下式:

$$\frac{\partial q^*(w)}{\partial w} = \frac{\lambda_r[F(\varphi q^* - \Delta) - \varphi q^* f(\varphi q^* - \Delta)]}{p[\varphi^2 f(\varphi q^* - \Delta) - f(q^*)]} = \frac{\lambda_r[F(\hat{x}) - \varphi q^* f(\hat{x})]}{p[\varphi^2 f(\hat{x}) - f(q^*)]} \quad (12-13)$$

由分子 $[\bar{F}(\hat{x}) - \varphi q^* f(\hat{x})]$ 變形獲得 $\bar{F}(\hat{x})[1 - \varphi q^* h(\hat{x})]$,已知 $0 < \varphi \le 0$, $\varphi q^* h(\hat{x}) \le q^* h(\hat{x}) < q^* h(q^*) \le 1$, $\bar{F}(\hat{x})[1 - \varphi q^* h(\hat{x})] > 0$; 已知 $q^* > \hat{x}$, 推導可得 $f(\hat{x}) < f(q^*)$ 且 $\varphi^2 f(\hat{x}) - f(q^*) < 0$。

綜上可得 $\partial q^*(w)/\partial w < 0$, 證畢。

引理 12-3: 零售商的最優訂貨量 q^* 隨著互聯網融資 i_r 和服務費 S_r 而降低,即 $\partial q^*/\partial i_r = \partial q^*/\partial S_r < 0$。

證明: 已知最優訂貨量 $q^* = \bar{F}[\varphi \bar{F}(\hat{x})]^{-1}$, 將最優訂貨量 q^* 帶入 $\bar{F}(q) = \varphi \bar{F}(\hat{x})$, 獲得 $\bar{F}(q^*) = \varphi F[(wq^* - B_r)(1 + i_r + S_r)/p]$; 該式對 i_r 求一階偏導數,得到下式:

$$\frac{\partial q^*}{\partial i_r} = \frac{\partial q^*}{\partial S_r} = \frac{w[\bar{F}(\hat{x}) - \hat{x}f(\hat{x})]}{p[\varphi^2 f(\hat{x}) - f(q^*)]} \quad (12-14)$$

對 S_r 求一階偏導數也可獲得同樣的公式(12-14); 分子 $[\bar{F}(\hat{x}) - \hat{x}f(\hat{x})] = \bar{F}(\hat{x})[1 - \hat{x}h(\hat{x})]$, $\hat{x}h(\hat{x}) < q^* h(q^*) < 1$, $[\bar{F}(\hat{x}) - \hat{x}f(\hat{x})] > 0$; 分母 $\varphi^2 f(\hat{x}) - f(q^*) < 0$。

綜上可得 $\partial q^*/\partial i_r = \partial q^*/\partial S_r < 0$, 證畢。

引理 12-4: 零售商的最優訂貨量 q^* 隨其初始資本 B_r 而降低,即 $\partial q^*/\partial B_r < 0$。

證明: $\bar{F}(q^*) = \varphi F[(wq^* - B_r)(1 + i_r + S_r)/p]$, 該式對 B_r 求一階偏導數,可得 $-f(q^*)\partial q^*/\partial B_r = -\varphi[\varphi\Delta\partial q^*/\partial B_r - \lambda_r/p]f[(wq - B_r)\lambda_r/p]$, 整理該式可得:

$$\frac{\partial q^*}{\partial B_r} = \frac{\lambda_r \varphi f(\hat{x})}{p[\varphi^2 f(\hat{x}) - f(q^*)]} \quad (12-15)$$

由上文可知, $[\varphi^2 f(\hat{x}) - f(q^*)] < 0$, 分子大於零, 綜上可知 $\partial q^*/\partial B_r < 0$, 證畢。

二、生產商最優策略

生產商面臨資金短缺難以維繫生產滿足零售商得訂單需求時,此時生產商已知零售商優化考慮制定的最優訂貨量 q^*, 為了保證自身利益的最大話, 會制定最優的訂貨價格, 生產商的決策問題如公式(12-9)和公式(12-10)所示:

$$(Sub-leader) \max_w \pi_m(w; i_m, S_m, q) = wq - cq - (cq - B_m)(i_m + S_m)$$
(12-9)
$$s.t. B_m \leq cq \qquad (12-10)$$

在本書中，我們還假設生產商在採購和生產過程中存在資本約束。作為上述 Stackelberg 游戲的成員，生產商可以決定如何根據零售商的訂單設置合適的批發價格並取得最大化利潤。接下來，將在命題 12-2 中分析製造商的最佳批發價格。

命題 12-2：對於 IFR 需求分佈，當 P2P 借貸平臺設置 S_m 並且零售商選擇最佳訂單數量 q^* 時，存在資本約束生產商有一個獨特的最優解決方案 w^*。

$$w^* = c\lambda_m - q^* \frac{p[\varphi^2 f(\hat{x}) - f(q^*)]}{\lambda_r [F(\hat{x}) - \varphi q^* f(\hat{x})]} \qquad (12-16)$$

證明：由公式 (12-9) $\pi_m(w; i_m, S_m, q) = wq - cq - (cq - B_m)(i_m + S_m)$，該式分別對 w 求一階導數與二階導數；一階導數為：

$$\frac{d\pi_m}{dw} = q^* + (w - c\lambda_m)\frac{\partial q^*}{\partial w} \qquad (12-17)$$

公式 (12-9) 對 w 求二階導數為：

$$\frac{d^2\pi_m}{dw^2} = 2\frac{\partial q^*}{\partial w} + (w - c\lambda_m)\frac{\partial^2 q^*}{\partial w^2} \qquad (12-18)$$

由引理 12-2 證明可知 $\frac{\partial q^*(w)}{\partial w} = \frac{\lambda_r [F(\hat{x}) - \varphi q^* f(\hat{x})]}{p[\varphi^2 f(\hat{x}) - f(q^*)]}$，由該式對 w 求導獲得 $q^*(w)$ 對 w 的二階偏導函數；$\frac{\partial^2 q^*(w)}{\partial w^2} = -2\left(\frac{\lambda_r}{p}\right)^2 \frac{\varphi^2 f^2(\hat{x}) q^* - q^* f(\hat{x}) f(q^*) + 2\varphi f(\hat{x})[F(\hat{x}) - \varphi q^* f(\hat{x})]}{[\varphi^2 f(\hat{x}) - f(q^*)]^2}$；

廣義失效率 $G(x) = xf(x)/1 - F(x) \leq 1$ 推導出 $\frac{\partial^2 q^*(w)}{\partial w^2} \leq -2\left(\frac{\lambda_r}{p}\right)^2$ $\frac{f(\hat{x}) + \varphi f(\hat{x})[F(\hat{x}) - \varphi q^* f(\hat{x})]}{[\varphi^2 f(\hat{x}) - f(q^*)]^2}$；由條件 $[F(\hat{x}) - \varphi q^* f(\hat{x})] > 0$ 可證明 $\frac{\partial^2 q^*(w)}{\partial w^2} < 0$，且由引理 12-2 可知 $\frac{\partial q^*(w)}{\partial w} < 0$，綜上兩個條件可知由此可以推出，公式 (12-9) 對 w 二階導數為負，即 $d^2\pi_m/dw^2 < 0$；因此當 $d\pi_m/dw = 0$ 時，生產商可以達到最優的均衡值。

綜上可知當 $w^* = c\lambda_m - q^* \frac{p[\varphi^2 f(\hat{x}) - f(q^*)]}{\lambda_r [F(\hat{x}) - \varphi q^* f(\hat{x})]}$ 時，存在資本約束生產商有一個獨特的最優解決方案 w^*，證畢。

三、P2P借貸平臺的最優策略

在供應鏈融資環境中，P2P借貸平臺在緩解資金需求和促進供應鏈貿易方面發揮著關鍵作用。因此，作為最重要的合作夥伴之一，他將作為Stackelberg游戲的領導者，為每個借款人設定合適的融資利率及服務費。在銷售季節結束之後，零售商和生產商從其收入中向P2P借貸平臺支付貸款本金與利息服務費之和。平臺在整個活動獲得其他參與方的服務費，投資者獲得本金和利息。

P2P借貸平臺的決策問題如公式（12-2）至公式（12-6）所示：

$$\pi_p^r(i_r, S_r : q) = \min\{(wq - B_r)(1 + i_r + S_r), E[p\min(q, x)]\} - (wq - B_r)(1 + i_r) \tag{12-5}$$

$$\pi_p^m(i_m, S_m : w) = \min\{(cq - B_m)(1 + i_m + S_m), (w - c)q\} - (cq - B_m)(1 + i_m) \tag{12-6}$$

命題12-3：如果需求分配是符合IFR，考慮到零售商的初始資本，P2P借貸平臺將設置最優服務費 S_r^* 如下：

$$S_r^* = \frac{(wq^* - B_r)[f(q^*) - \varphi^2 f(\hat{x})]}{w\left[F(q^*) - \dfrac{w(1 + i_r)}{p}\right][1 - \varphi q^* h(\hat{x})]} - (1 + i_r)$$

證明：公式（12-2）利潤函數求導公式為 $\dfrac{d\pi_p^r}{dS_r} = \dfrac{\partial \pi_p^r}{\partial q} \cdot \dfrac{\partial q}{\partial S_r} + \dfrac{\partial \pi_p^r}{\partial S_r}$；先將公式（12-2）變形為 $\pi_p^r(i_r, S_r : q) = p\int_0^{\hat{x}} \bar{F}(\hat{x}) dx - (wq^* - B_r)(1 + i_r)$；該公式先對 q 求一階偏導可得 $\dfrac{\partial \pi_p^r}{\partial q} = p\varphi \bar{F}(\hat{x}) - w(1 + i_r) = w\lambda_r \bar{F}(\hat{x}) - w(1 + i_r)$；再用公式（12-2）的變形式對 S_r 求一階偏導數可得 $\dfrac{\partial \pi_p^r}{\partial S_r} = p\bar{F}(\hat{x}) \cdot \dfrac{\partial \hat{x}}{\partial S_r} = (wq^* - B_r)\bar{F}(\hat{x})$；通過上文引理12-3證明可知 $\dfrac{\partial q^*}{\partial S_r} = \dfrac{w[F(\hat{x}) - \hat{x}f(\hat{x})]}{p[\varphi^2 f(\hat{x}) - f(q^*)]}$。將三項帶入求導公式中可得：

$$\frac{d\pi_p^r}{dS_r} = \frac{w[\lambda_r w\bar{F}(\hat{x}) - w(1 + i_r)][\bar{F}(\hat{x}) - \varphi q^* f(\hat{x})]}{p[\varphi^2 f(\hat{x}) - f(q^*)]} - (wq^* - B_r)\bar{F}(\hat{x}) \tag{12-19}$$

綜上，由一階最優性可知當 $\dfrac{d\pi_p^r}{dS_r} = 0$ 時，P2P借貸平臺對零售商存在一個

獨特最優服務費方案 $S_r^* = \dfrac{(wq^* - B_r)\,[f(q^*) - \varphi^2 f(\hat{x})]}{w\left[F(q^*) - \dfrac{w(1+i_r)}{p}\right][1 - \varphi q^* h(\hat{x})]} - (1+i_r)$，

證畢。

從命題 12-3 來看，顯然 P2P 借貸平臺對資本約束零售商的最優融資服務費率取決於借款人的財務狀況（即初始資本和信貸額度），以及他或她的營運參數（即零售價格、訂單數量和批發價格）。它還表明，在營運決策和融資決策之間存在著不可分割的關係。

命題 12-4：如果需求分佈為 IFR，P2P 借貸平臺將在給定的初始資本 B_m 下為生產商設定最佳融資服務費率 S_m，具體如下：

$$S_m^* = \frac{-p(cq^* - B_m)\,[\varphi^2 f(\hat{x}) - f(q^*)]}{c^2 \lambda_r \,[F(\hat{x}) - \varphi q^* f(\hat{x})]}$$

證明：先將公式（12-6）變形為 $\pi_p^m(i_m, S_m; w) = (cq^* - B_m)S_m$；該式分別對 S_m 求一階導數與二階導數；一階導數為：

$$\frac{d\pi_p^m}{dS_m} = (cq^* - B_m) + cS_m \cdot \frac{\partial q^*}{\partial S_m} \quad (12\text{-}20)$$

公式（12-6）對 S_m 的二階導數為：

$$\frac{d^2 \pi_p^m}{dS_m^2} = 2c \cdot \frac{\partial q^*}{\partial S_m} + cS_m \cdot \frac{\partial^2 q^*}{\partial S_m^2} \quad (12\text{-}21)$$

由於 $[F(\hat{x}) - \varphi q^* f(\hat{x})] > 0$，$[\varphi^2 f(\hat{x}) - f(q^*)] < 0$，可知在公式（12-20）和公式（12-21）中 $\dfrac{\partial q^*}{\partial S_m} = \dfrac{\partial q^*}{\partial w} \cdot \dfrac{\partial w}{\partial S_m} = \dfrac{c\lambda_r\,[F(\hat{x}) - \varphi q^* f(\hat{x})]}{p\,[\varphi^2 f(\hat{x}) - f(q^*)]} < 0$；$\dfrac{\partial^2 q^*}{\partial S_m^2} = \dfrac{c\lambda_r}{p} \cdot$

$\dfrac{-2f(\hat{x})\varphi \cdot \dfrac{\partial q^*}{\partial S_m}}{[\varphi^2 f(\hat{x}) - f(q^*)]} = \left(\dfrac{c\lambda_r}{p}\right)^2 \cdot \dfrac{-2\varphi f(\hat{x}) F(\hat{x})\,[1 - \varphi q^* h(\hat{x})]}{[\varphi^2 f(\hat{x}) - f(q^*)]^2} < 0$；將 $\dfrac{\partial q^*}{\partial S_m} < 0$

和 $\dfrac{\partial^2 q^*}{\partial S_m^2} < 0$ 帶入公式（12-21）中，得到 $\dfrac{d^2 \pi_p^m}{dS_m^2} < 0$。因此當 $d\pi_p^m/dS_m = 0$ 時，借貸平臺對生產商的服務費率可以獲得最優均衡解。

綜上，當 $S_m^* = \dfrac{-p(cq^* - B_m)\,[\varphi^2 f(\hat{x}) - f(q^*)]}{c^2 \lambda_r\,[F(\hat{x}) - \varphi q^* f(\hat{x})]}$ 時，P2P 借貸平臺對生產商的服務費率存在一個獨特的最優解決方案 S_m^*，證畢。

在傳統的企業融資中，借貸方專注於評估借款人的歷史信譽，資本狀況，抵押品和擔保。然而，在供應鏈金融體系中，為了避免破產風險，P2P 借貸平臺應該進一步關注調查和監控整個供應鏈的營運。

第五節　模型拓展

為了進一步研究 P2P 借貸平臺參與下的供應鏈金融系統的特點，我們考慮三個方面的模型拓展和變化：第一個是考慮將有限融資額度作為 P2P 借貸平臺的風險控制因素，考慮在有限融資條件下生產商與零售商如何實現均衡；第二個是考慮 P2P 借貸平臺參與下的生產商與零售商共同存在資金約束的情況下，P2P 借貸平臺考慮破產成本的最優利潤的變化情況；第三個擴展方向是供應鏈金融系統的協調分析。

一、考慮有限融資作為 P2P 平臺風險控制因素的博弈分析

P2P 供應鏈金融在實際運作過程中，投資者如果出於風險考量並不一定會足額投資，最終的達成標的融資額可能低於借貸方真正需求，這種情況的出現也引出了本書對有限融資額度方面的研究。

本章在第三節中提及了 P2P 平臺參與供應鏈金融的活動順序，本書在對照實際 P2P 供應鏈金融的運作模式後發現，借貸方是否能夠成功獲得融資，並且取得多少融資額度的決定權並不在 P2P 平臺，實際上平臺更多提供的是交易磋商、對接投融資的功能。

P2P 供應鏈金融提供有限融資額度和傳統銀行供應鏈金融的有限融資不同之處在於，銀行在博弈中作為參與方把融資額度作為博弈體系中的內生變量，由銀行當作決策變量做決定。但在 P2P 供應鏈金融中，融資的額度是市場化的 P2P 投資人共同決定。借貸方能否拿到足額的融資取決於標的融資需求總量、自身公司的經營業績水準、自身授信等多種方面，還會涉及投資人標的選擇時的羊群效應。

本書出於對模型複雜程度的考慮，我們並未將投資人團體作為博弈的參與方引入博弈模型中，但為了研究有限融資額度作為 P2P 平臺風險控制變量對博弈結果的影響，我們將有限融資額度作為外生變量帶入原有模型中去。我們令 θ_r 與 θ_m 分別作為 P2P 借貸平臺對零售商與生產商的有限融資系數，且 $0 \leqslant \theta_r \leqslant 1$；$0 \leqslant \theta_m \leqslant 1$ 恒成立。同樣地將採用逆向歸納法求解每個參與主體的均衡解，引入有限融資額度的博弈分析如下：

（1）有限融資時零售商最優策略

同樣地，類似本章第四節零售商最優策略的制定情況，此時加入了外生變量有限融資系數 θ_r，零售商決策問題變形為公式（12-22）與公式（12-23）所示：

$$(Follower) \max_{q} \pi_r(q; i_r, S_r, \theta_r, w) =$$
$$E[p\min(q, x)] - B_r - \theta_r(wq - B_r)(1 + i_r + S_r) \qquad (12-22)$$
$$s.\ t.\ B_r \leqslant wq \qquad (12-23)$$

引理 12-5：零售商在經營過程中存在破產風險，向 P2P 平臺借貸不破產的條件為市場隨機需求必須大於且等於 $x \geqslant \hat{x}_1 = \theta_r(wq - B_r)(1 + i_r + S_r)/p = \theta_r \lambda_r L_r /p$。證明過程參考可引理 1 的證明。

命題 12-5：如果市場需求隨機不確定，存在有限融資額度 θ_r 時，對於給定的融資本息服務費和 λ_r 及批發價格 w，零售商基於資本約束的最優訂貨量 $q_1^* = \bar{F}^{-1}[\theta_r \varphi \bar{F}(\hat{x}_1)]$，其中，$\varphi = w(1 + i_r + S_r)/p$。

證明：由公式（12-22）可得 $\pi_r = P \int_{\hat{x}_1}^{q} \bar{F}(x) dx - B_r$；該公式對 q 求導，獲得一階導數為 $\frac{d\pi_r}{dq} = p[\bar{F}(q) - \theta_r \varphi \bar{F}(\hat{x}_1)]$，二階導數為 $\frac{d^2\pi_r}{dq^2} = p[-f(q) + \theta_r^2 \varphi^2 f(\hat{x}_1)]$。已知 $p \geqslant w(1 + i_r + S_r)$，可知 $\varphi, \theta_r \leqslant 1$ 且 $\varphi^2, \theta_r^2 \leqslant 1$。又根據假設的市場隨機需求符合通用失效率遞增（IFR）性質且為了保證零售商不破產，因此可知 $q \geqslant \hat{x}_1$；綜上兩個條件可得 $-f(q) + \theta_r^2 \varphi^2 f(\hat{x}_1) < 0$，即二階導數小於零，由此可知當 $\frac{d\pi_r}{dq} = 0$ 時，$\bar{F}(q) = \theta_r \varphi \bar{F}(\hat{x}_1)$，零售商可獲得最優訂貨量 $q_1^* = \bar{F}[\theta_r \varphi \bar{F}(\hat{x}_1)]^{-1}$，證畢。

（2）有限融資時生產商最優策略

在市場存在有限融資額度 θ_m 且生產商面臨資金短缺時，生產商已知零售商優化考慮制定的最優訂貨量 q^*，為了保證自身利益的最大話，會制定有限融資額度時的最優訂貨價格，生產商的決策問題如公式（12-24）至公式（12-25）所示。

$$(Sub-leader) \max_{w} \pi_m(w; i_m, S_m, \theta_m, q) =$$
$$wq - cq - \theta_m(cq - B_m)(i_m + S_m) \qquad (12-24)$$
$$s.\ t.\ B_m \leqslant cq \qquad (12-25)$$

命題 12-6：對於 IFR 需求分佈，當 P2P 借貸平臺設置 S_m，投資人完成標的額度 θ_m 並且零售商選擇最佳訂單數量 q_1^* 時，存在資本約束生產商有一個獨特的最優解決方案 w_1^*。

$$w_1^* = c\theta_m \lambda_m - q_1^* \frac{p[\varphi^2 \theta_r f(\hat{x}_1) - f(q_1^*)]}{\theta_r \lambda_r [\bar{F}(\hat{x}_1) - \varphi q^* f(\hat{x}_1)]} \qquad (12-26)$$

證明：由公式（12-26）$\pi_m(w: i_m, S_m, \theta_m, q) = wq - cq - \theta_m(cq - B_m)(i_m + S_m)$，該公式分別對 w 求一階導數與二階導數；一階導數為 $\dfrac{d\pi_m}{dw} = q_1^* + (w - c\theta_m\lambda_m)\dfrac{\partial q_1^*}{\partial w}$，對 w 求二階導數為 $\dfrac{d^2\pi_m}{dw^2} = 2\dfrac{\partial q_1^*}{\partial w} + (w - c\theta_m\lambda_m)\dfrac{\partial^2 q_1^*}{\partial w^2}$；引入有限額度後對實際證明流程並不發生大的變化，讓原本較小量更小，比較結果是二階正負並不發生改變。因此，此當 $d\pi_m/dw = 0$ 時，生產商可以達到最優的均衡值。其中 $\dfrac{\partial q_1^*}{\partial w}$ 的求解也與前節證明方式類似，求解可得 $\dfrac{\partial q_1^*}{\partial w} = \dfrac{\theta_r\lambda_r[F(\hat{x}_1) - \varphi q_1^* f(\hat{x}_1)]}{p[\varphi^2\theta_r f(\hat{x}_1) - f(q_1^*)]}$；代入 $d\pi_m/dw = 0$ 時，可獲得生產商最優解決方案 w_1^*。

（3）有限融資時 P2P 借貸平臺最優策略

類似本章第四節的 P2P 借貸平臺最優策略，引入有限融資額度後，P2P 借貸平臺決策問題變形為公式（12-27）與公式（12-28）所示：

$$\pi_p^r(i_r, S_r: q, \theta_r) = \min\{\theta_r(wq - B_r)(1 + i_r + S_r), E[p\min(q, x)]\} - \theta_r(wq - B_r)(1 + i_r) \quad (12\text{-}27)$$

$$\pi_p^m(i_m, S_m: \theta_m, w) = \min\{\theta_m(cq - B_m)(1 + i_m + S_m), (w - c)q\} - \theta_m(cq - B_m)(1 + i_m) \quad (12\text{-}28)$$

命題 12-7：如果需求分配是符合 IFR，考慮到零售商的初始資本和有限融資額度，P2P 借貸平臺將設置最優服務費 S_r^* 如下：

$$S_r^* = \dfrac{\theta_r(wq_1^* - B_r)[f(q_1^*) - \theta_r^2\varphi^2 f(\hat{x}_1)]}{w\left[F(q_1^*) - \dfrac{w(1 + i_r)}{p}\right][\theta_r - \hat{x}_1 h(\hat{x}_1)]} - (1 + i_r)$$

證明：公式（12-27）利潤函數求導公式為 $\dfrac{d\pi_p^r}{dS_r} = \dfrac{\partial \pi_p^r}{\partial q} \cdot \dfrac{\partial q}{\partial S_r} + \dfrac{\partial \pi_p^r}{\partial S_r}$；先將公式（12-27）變形為 $\pi_p^r(i_r, S_r: q) = p\int_0^{\hat{x}_1} F(x)dx - \theta_r(wq_1^* - B_r)(1 + i_r)$；該公式先對 q 求一階偏導可得 $\dfrac{\partial \pi_p^r}{\partial q} = p\theta_r\varphi F(\hat{x}) - w(1 + i_r) = \theta_r w\lambda_r F(\hat{x}) - w(1 + i_r)$；再用公式（12-27）的變形式對 S_r 求一階偏導數可得 $\dfrac{\partial \pi_p^r}{\partial S_r} = p\bar{F}(\hat{x}_1) \cdot \dfrac{\partial \hat{x}}{\partial S_r} = \theta_r(wq_1^* - B_r)\bar{F}(\hat{x}_1)$；通過上文引理 12-3 證明可知 $\dfrac{\partial q^*}{\partial S_r} =$

$$\frac{w[\theta_r \overline{F}(\hat{x}_1) - \hat{x}_1 f(\hat{x}_1)]}{p[\theta_r^2 \varphi^2 f(\hat{x}_1) - f(q_1)]}$$ 。將三項帶入求導公式中可得 $\frac{d\pi_p^r}{dS_r}$；令 $\frac{d\pi_p^r}{dS_r} = 0$ 即可求得 S_r^*。

命題12-8：如果需求分佈為IFR，有限融資額度下，P2P借貸平臺將在給定的初始資本 B_m 下為生產商設定最佳融資服務費率 S_m，具體如下：

$$S_m^* = \frac{-p(cq_1^* - B_m)[\theta_r^2 \varphi^2 f(\hat{x}_1) - f(q_1^*)]}{c^2 \lambda_r \theta_r [F(\hat{x}_1) - \theta_r \varphi q_1^* f(\hat{x}_1)]}$$

證明：先將公式（12-28）變形為 $\pi_p^m(i_m, S_m : w) = (cq^* - B_m)S_m \theta_m$；該公式分別對 S_m 求一階導數與二階導數；一階導數為：

$$\frac{d\pi_p^m}{dS_m} = (cq_1^* - B_m)\theta_m + cS_m \theta_m \cdot \frac{\partial q_1^*}{\partial S_m}$$

公式（12-28）對 S_m 的二階導數為：

$$\frac{d^2 \pi_p^m}{dS_m^2} = 2\theta_m c \cdot \frac{\partial q_1^*}{\partial S_m} + cS_m \theta_m \cdot \frac{\partial^2 q^*}{\partial S_m^2}$$

對二階導數正負號判斷類似本節第三部分的證明方式，實際上引入外生變量有限融資額度後，對關鍵項的正負號不產生影響。$d\pi_p^m/dS_m = 0$ 時，借貸平臺對生產商的服務費率可以獲得最優均衡解 S_m^*。

二、考慮破產成本的P2P平臺對零售商的最優服務費率分析

作為SCF系統的參與者之一，在線P2P借貸平臺充當了多級Stackelberg游戲的領導者。在銷售季節結束時，零售商應從其收入中向平臺支付貸款本金和利息和服務費。然後平臺獲得服務費，並向投資者償還本金和利息。如果零售商的收入不足以支付其貸款義務和服務費，平臺將使用零售商的清算資產 $p \cdot \min[x, q]$ 還款。如果清算資產仍不足以償還本金利息服務費之和，則平臺將使用風險準備金來填補缺口。

我們假設該平臺的風險準備金資金有限，並且零售商破產的回收成本很高。讓 $\eta \in [0, 1]$ 表示平臺是否能夠應對零售商的破產，讓 ξ 表示平臺的每次恢復成本。我們將預期的恢復成本定義為 $\xi F(\eta \hat{x})$。請注意，如果 $\eta = 1$，則表示平臺沒有風險準備金。因此，該平臺必須尋求其他資金來償還投資者，這導致預期的回收成本 $\xi F(\eta \hat{x})$。如果 $\eta = 0$，則意味著平臺具有最大的能力來回應零售商的破產。這相當於平臺具有足夠的風險準備金資本，使得它不需要任何外部資本來填補缺口，這導致預期的恢復成本 $\xi F(0)$。

值得注意的是，在實踐中，風險準備金由獨立的信託機構管理。這是為了確保互聯網投資者的安全和利益。因此，風險儲備資本不能被視為平臺的利

潤。在線 P2P 借貸平臺的預期利潤可表示如下：

$$\pi_p^r = \min\{\lambda_r L_r, E[p\min(q, x)]\} - (wq - B_r)(1 + i_r) - \xi F(\eta\hat{x})$$

$$= p\int_0^{\hat{x}} F(\hat{x})\,dx - (wq^* - B_r)(1 + i_r) - \xi F(\eta\hat{x}) \quad (12\text{-}29)$$

公式（12-29）的第一項代表平臺的預期收益。具體來說，如果 $\min(q, x) > \hat{x}$，那麼平臺的收入為 $(wq^* - B_r)S_r$。否則，零售商破產，平臺清算零售商並獲得剩餘價值 $\min(q, x) - (wq^* - B_r)(1 + i_r)$。公式（12-29）的第二項代表預期的回收成本。

以下命題描述了考慮了零售商破產成本的 P2P 借貸平臺的最優服務率及其基本屬性。

命題 12-9： 考慮零售商採用最優的回應策略，在初始資本 B_r，製造商的批發價格 w 和互聯網融資利率 i_r，在線 P2P 借貸平臺的最優服務率是

$$S_r^* = \begin{cases} \underline{S_r} & \mu(\underline{S_r}) \geq (1 + i_r) \\ \hat{S_r} & \mu(\underline{S_r}) < (1 + i_r) < \mu(\overline{S_r}) \\ \overline{S_r} & \mu(\overline{S_r}) \leq (1 + i_r) \end{cases}$$

在中間情況下，其中 $\mu(\underline{S_r}) < (1+i_r) < \mu(\overline{S_r})$ 是唯一的。$\hat{S}_r$ 可以由 $\mu(S_r) = (1+i_r)$ 獲得，其中 $\mu(S_r) = \dfrac{F(q^*)[p - \xi h(\eta\hat{x})]\left[1 - \dfrac{(wq^* - B_r)}{w}h(q^*)\right]}{w[1 - \hat{x}h(\hat{x})]}$，

且 $S_r \in [\underline{S_r}, \overline{S_r}]$ 的條件下 $\mu(S_r)$ 隨 r 的增加而增加。命題 12-2 表明 P2P 借貸平臺最優服務率嚴重依賴於 $\mu(S_r)$，可以將其視為表明訂單數量對服務費率變化敏感度的係數。當 $\mu(\underline{S_r}) \geq (1 + i_r)$ 時，訂單數量被認為對服務費率變化非常敏感，這意味著服務費率的微小增加將導致訂單數量的大幅減少，零售商貸款金額也大幅下降。在這種情況下，在線 P2P 借貸平臺的利潤隨著服務率的下降而下降，從而 $\dfrac{d\pi(S_r)}{dS_r} \leq 0$。因此，在線 P2P 借貸平臺將服務費率設置在最低水準 $\underline{S_r}$，以鼓勵零售商下訂單。當 $\mu(\overline{S_r}) \leq (1 + i_r)$ 時，訂單數量對服務費率變化不敏感，因此零售商訂單決定僅受服務費率的輕微影響。在這種情況下 $\dfrac{d\pi(S_r)}{dS_r} \geq 0$，在線 P2P 借貸平臺將服務費率設置在最高水準 $\overline{S_r}$，以最大化其利潤。除上述兩種情況外，當 $\mu(\underline{S_r}) < (1 + i_r) < \mu(\overline{S_r})$，在命題 12-3 中定義唯一的服務率 $\hat{S}_r$ 可以平衡在線 P2P 借貸平臺的利潤與零售商的訂單數量。

證明： 公式（12-29）對 S_r 求一階導數，一階導數為：

$$\frac{d\pi_p^r}{dS_r} = \frac{\partial \pi_p^r}{\partial q} \cdot \frac{dq^*}{dS_r} + \frac{\partial \pi_p^r}{\partial S_r} \quad (12-30)$$

$$\frac{\partial \pi_p^r}{\partial q} = w\lambda_r \left[\bar{F}(\hat{x}) - \frac{\eta\xi}{p}f(\eta\hat{x}) \right] - w(1+i_r) \quad (12-31)$$

$$\frac{dq^*}{dS_r} = \frac{[1 - \hat{x}h(\hat{x})]}{\lambda_r[\varphi h(\hat{x}) - h(q^*)]} \quad (12-32)$$

$$\frac{\partial \pi_p^r}{\partial S_r} = \frac{[p\bar{F}(\hat{x}) - \eta\xi f(\eta\hat{x})](wq^* - B_r)}{p} \quad (12-33)$$

將公式（12-31）至公式（12-33）帶入公式（12-30）可得：

$$\frac{d\pi_p^r}{dS_r} = \frac{dq^*}{dS_r} \left\{ \frac{w\lambda_r \left[\bar{F}(\hat{x}) - \frac{\eta\xi}{p}f(\eta\hat{x}) \right][1 - \hat{x}h(\hat{x})]}{[1 - \hat{x}h(\hat{x})]} + \right.$$

$$\left. \frac{\hat{x}[\varphi h(\hat{x}) - h(q^*)][p\bar{F}(\hat{x}) - \eta\xi f(\eta\hat{x})]}{[1 - \hat{x}h(\hat{x})]} - w(1+i_r) \right\}$$

$$= w \cdot \frac{dq^*}{dS_r} \left\{ \frac{[p - \xi h(\eta\hat{x})]\bar{F}(q^*)\left[1 - \frac{wq^* - B_r}{w} \cdot h(q^*)\right]}{w[1 - \hat{x}h(\hat{x})]} - (1+i_r) \right\}$$

令 $\mu(S_r) = \dfrac{[p - \xi h(\eta\hat{x})]\bar{F}(q^*)\left[1 - \dfrac{wq^* - B_r}{w} \cdot h(q^*)\right]}{w[1 - \hat{x}h(\hat{x})]}$，判斷該式隨 S_r 的變化趨勢，我們分別三個部分討論；第一部分 $\dfrac{d\hat{x}}{dS_r} = \dfrac{w\hat{x}h(\hat{x}) - (wq^* - B_r)h(q^*) + w - w\hat{x}h(\hat{x})}{p[\varphi h(\hat{x}) - h(q^*)]} =$

$\dfrac{w\left[1 - \dfrac{wq^* - B_r}{w} \cdot h(q^*)\right]}{p[\varphi h(\hat{x}) - h(q^*)]}$，其中 $1 - \dfrac{wq^* - B_r}{w}h(q^*) > 1 - q^*h(q^*) > 0$；已知 $\hat{x} < q^*$，$0 < \varphi < 1$，我們可以得到 $\varphi h(\hat{x}) - h(q^*) < 0$，可以得到 $d\hat{x}/dS_r < 0$，$dh(\hat{x})/dS_r < 0$ 且 $dh(\eta\hat{x})/dS_r < 0$。

第二部分 $\bar{F}(q^*)$；對該部分求一階導，$\dfrac{d\bar{F}(q^*)}{dS_r} = -f(q^*) \cdot \dfrac{\partial q^*}{\partial S_r}$；已知 $\dfrac{\partial q^*}{\partial S_r} < 0$ 由此可推導出 $\dfrac{d\bar{F}(q^*)}{dS_r} > 0$，最終可得第二部分 $[p - \xi h(\eta\hat{x})]\bar{F}(q^*)$ 隨 S_r 遞增。

第三部分令 $y(S_r) = \dfrac{\left[1 - \dfrac{wq^* - B_r}{w} \cdot h(q^*)\right]}{[1 - \hat{x}h(\hat{x})]}$,由該式變形可得

$\dfrac{\left[1 - G(q^*) + \dfrac{B_r}{w}h(q^*)\right]}{[1 - G(\hat{x})]}$;對該項求 S_r 的一階導數可得:

$$\dfrac{dy(S_r)}{dS_r} = \dfrac{\left[-\dfrac{dG(q^*)}{dq^*} \cdot \dfrac{dq^*}{S_r} + \dfrac{B_r}{w} \cdot \dfrac{dh(q^*)}{dq^*} \cdot \dfrac{dq^*}{dS_r}\right][1 - G(\hat{x})]}{[1 - G(\hat{x})]^2} +$$

$$\dfrac{\left[1 - G(q^*) + \dfrac{B_r}{w}h(q^*)\right] \cdot \dfrac{dG(\hat{x})}{d\hat{x}} \cdot \dfrac{d\hat{x}}{dS_r}}{[1 - G(\hat{x})]^2} \quad (12\text{-}34)$$

對公式(12-34)進一步地考慮縮放,驗證第三部分單調性問題,繼續縮放可得:

$$> \dfrac{[1 - G(\hat{x})]\left[-\dfrac{dG(q^*)}{dq^*} \cdot \dfrac{dq^*}{dS_r} + \dfrac{B_r}{w} \cdot \dfrac{dh(q^*)}{dq^*} \cdot \dfrac{dq^*}{dS_r} + \dfrac{dG(\hat{x})}{d\hat{x}} \cdot \dfrac{d\hat{x}}{dS_r}\right]}{[1 - G(\hat{x})]^2}$$

(12-35)

$$\dfrac{d\hat{x}}{dS_r} - \dfrac{dq^*}{dS_r} = \left[\dfrac{w(1 + i_r + S_r)}{p} - 1\right] \cdot \dfrac{dq^*}{dS_r} + \dfrac{(wq^* - B_r)}{p} > 0$$

由此可得到 $\dfrac{d\hat{x}}{dS_r} > \dfrac{dq^*}{dS_r}$,根據該條件對公式(12-35)進一步縮放可得:

$$\dfrac{dy(S_r)}{dS_r} > \dfrac{\dfrac{dq^*}{dS_r} \cdot [1 - G(\hat{x})] \cdot \left[\dfrac{dG(\hat{x})}{d\hat{x}} - \dfrac{dG(q^*)}{dq^*} + \dfrac{B_r}{w} \cdot \dfrac{dh(q^*)}{dq^*}\right]}{[1 - G(\hat{x})]^2}$$

$$= \dfrac{\dfrac{dq^*}{dS_r}\left[h(\hat{x}) + \hat{x} \cdot \dfrac{dh(\hat{x})}{d\hat{x}} - h(q^*) - q^* \cdot \dfrac{dh(q^*)}{dq^*} + \dfrac{B_r}{w} \cdot \dfrac{dh(q^*)}{dq^*}\right]}{[1 - G(\hat{x})]}$$

$$= \dfrac{[h(\hat{x}) - h(q^*)] + \hat{x} \cdot \dfrac{dh(\hat{x})}{d\hat{x}} - \dfrac{(wq^* - B_r)}{w} \cdot \dfrac{dh(q^*)}{dq^*}}{[1 - G(\hat{x})]} > 0$$

綜上可知,$\bar{F}(q^*)[p - \xi h(\eta\hat{x})]$、$y(S_r)$ 均隨 S_r 單調遞增,由此可知 $\mu(S_r)$ 也隨著 S_r 遞增。

$$\frac{d\pi_p^r}{dS_r} = w \cdot \frac{dq^*}{dS_r}\{\mu(S_r) - (1+i_r)\} \qquad (12\text{-}36)$$

由公式（12-36）可知，已知 $w > 0$，$dq^*/dS_r > 0$，因此 π_p^r 單調性由 $\{\mu(S_r) - (1+i_r)\}$ 決定，我們下面分三種情況討論：

①當 $\mu(\underline{S_r}) \geq (1+i_r)$，我們可知 $\mu(\overline{S_r}) \geq \mu(S_r) \geq \mu(\underline{S_r}) \geq 1+i_r$，此時 $\frac{d\pi_p^r}{dS_r} \leq 0$，$\pi_p^r$ 為單調遞減，P2P 借貸平臺對零售商最優的服務費率 $S_r^* = \underline{S_r}$；

②當 $\mu(\overline{S_r}) \leq (1+i_r)$，我們可知 $\mu(\overline{S_r}) \leq \mu(S_r) \leq \mu(\underline{S_r}) \leq 1+i_r$，此時 $\frac{d\pi_p^r}{dS_r} \geq 0$，$\pi_p^r$ 為單調遞增，P2P 借貸平臺對零售商最優的服務費率 $S_r^* = \overline{S_r}$；

③當 $\mu(\underline{S_r}) \leq (1+i_r) \leq \mu(\overline{S_r})$，此時當 $\frac{d\pi_p^r}{dS_r} = 0$ 時，取得最優零售商服務費率，即當存在 $\mu(\hat{S}_r) - (1+i_r) = 0$，取得最優情況 $\hat{S}_r$。

$$\hat{S}_r = \frac{w(1+i_r) - F(q^*) \cdot [p - \xi h(\eta\hat{x})] \cdot \left[1 - \frac{(wq^* - B_r)}{w} \cdot h(q^*)\right]}{w(1+i_r) \cdot h(\hat{x}) \cdot (wq^* - B_r)} - (1+i_r) \qquad (12\text{-}37)$$

三、供應鏈金融系統協調分析

供應鏈的協調問題是供應鏈管理研究領域的重要組成內容之一。在供應鏈協調研究中發現，供應鏈中的各個成員分屬不同的企業，它們都基於局部目標最優進行決策。特別地，當供應鏈核心企業面臨資金約束或成本壓力時，就會對上游企業延長帳期或對下游企業實行壓貨，以犧牲上下游節點企業的利益為代價來實現自身利益的最優化。因此，為了使供應鏈成員的局部行為與供應鏈系統的最優策略相一致，必須通過設計適當的激勵機制對成員的決策行為進行協調和約束。供應鏈協調機制是基於供應鏈成員間物流、信息流、資金流、知識流等要素，從技術、制度等角度設計適當的協調機制，在供應鏈成員之間形成合作關係，實現供應鏈成員整體利益的最優化。

供應鏈金融系統是一個由多個不同性質的決策主體組成的複雜系統，不僅包括供應鏈節點企業（資金的需求主體），還包括以商業銀行為代表的金融機構（資金的供應主體）以及物流公司、保險公司、IT 服務提供商等供應鏈金融業務支持型機構。隨著金融業務融入供應鏈系統中，各個企業之間信息流、物流和資金流的管理變得更為複雜，其成員間協調與合作是供應鏈管理有效與否的前提。下面從供應鏈契約協調的角度將供應鏈金融分散系統的主從對策與

集成系統的聯合最優決策進行比較。

本書考慮由資金約束的零售商、資金約束的生產商和P2P借貸平臺共同組成的供應鏈金融系統，如果用 q_s 表示供應鏈金融集成系統中零售商的訂貨量，則由式公式（12-4）至公式（12-12）可得供應鏈金融系統的預期收益為：

$$\pi_s = p \cdot \min\{q_s, x\} - cq_s - L_r(1+i_r) - L_m(1+i_m) + B_r + B_m$$
(12-38)

由公式（12-38）化簡變形可得 $\pi_s = p \cdot \min\{q_s, x\} - [c(2+i_m) + w(1+i_r)]q_s + B_r(1+i_r) + B_m(2+i_m)$；對該公式求一階導可得 $\dfrac{d\pi_s}{dq_s} = p\bar{F}(q_s) - [c(2+i_m) + w(1+i_r)]$；對該式求二階導數可得 $\dfrac{d^2\pi_s}{dq_s^2} = -pf(q_s) < 0$；

因此，令 $\dfrac{d\pi_s}{dq_s} = 0$ 可得，$q_s^* = F^{-1}\left[\dfrac{c(2+i_m) + w(1+i_r)}{p}\right]$；

要想實現供應鏈系統得協調，則需滿足 $q^* = q_s^*$；

值得注意的是，在傳統供應鏈中，為了實現供應鏈集成系統中的最優訂貨量，製造商必須提供合適的激勵手段來實現協調，而單純的批發價格契約無法有效實現渠道協調，集成系統的聯合最優訂貨量大於分散系統主從對策的最優訂貨量。然而，在供應鏈金融系統中，通過金融機構的參與，能有效實現供應鏈協調。這說明，即使面臨資金約束，供應鏈金融系統通過資金提供方的參與以及融資決策與營運決策的有機結合，也能夠提升供應鏈系統的渠道效率。

第十三章　P2P 供應鏈線上融資風險控制策略數值分析

為了進一步分析相關的參數特性，在本章中，我們將進行一些數值例子來模擬供應鏈金融系統中的 Stackelberg 博弈。算例中出現的相關數據皆是供應鏈金融系統實際運作案例的數據。

第一節　算例參數說明

為了更加符合我們供應鏈金融系統應用的實際情況，我們著重關注中國製造業的中小型企業的相關數據，使用的數據為 2010 年至 2016 年公布的相關數據。現在我們列出了數值研究中使用的參數：

服務費率：根據中國互聯網金融協會發布的「P2P 平臺指南與收費標準」，我們設定算例分析中，借款人提供的在線 P2P 借貸平臺的服務費率（Sr 或 Sm）在 [6%～12%] 的範圍內。

互聯網融資利率：根據中國工業和信息化部於 2015 年和 2016 年發布的行業數據，我們設定了互聯網融資利率（i_r 或 i_m）在 [8%～12%] 的範圍內，其中 8% 表示低利率水準，9% 表示較低利率水準，10% 表示中等利率水準，11% 表示較高利率水準，12% 表示高利率水準。

初始資本：根據文獻 Cai 等（2014）中使用的方法，我們也使用相同的方法來評估公司的初始資本，即用平均流動資產來估計公司的初始資本。表 13-1 顯示了 2011 年至 2015 年中國製造業中小型企業的流動資產總額、企業數量和平均流動資產的詳細數據。我們使用 2015 年的數據，並將借款人的初始資本設定為平均流動資產（$B_r = B_m = 0.45$）。當使用其他年份的數據時，我們在數值研究中觀察到類似的結果。

表 13-1　2011—2015 年中國製造業中小企業資產狀況

年份	2011	2012	2013	2014	2015
流動資產總額/億元	87,273.31	103,549.79	124,501.82	134,721.44	143,742.87
中小企業總額/個	264,262	280,455	304,299	312,587	319,445
平均流動資產/億元	0.33	0.37	0.41	0.43	0.45

數據來源：中國國家統計局（http://data.stats.gov.cn）。

供應商的單位生產成本：按照 Buzacott 和 Zhang（2004），我們設定 c = 0.4。根據此設置，我們的批發價格為 $w \geq 0.4$。

市場需求：我們假設需求 D 遵循指數分佈，平均值為 10 個單位，這與文獻一致（參見 Buzacott & Zhang, 2004; Yan et al., 2016）。

有限融資額度：$0 \leq \theta_m$，$\theta_r \leq 1$，參考前人晏妮娜和孫寶文（2011）文獻中對有限融資額度的設定，我們將 θ_m 和 θ_r 初始設定為 0.8。

第二節　算例分析結果

基於上述參數設置，我們考慮 P2P 借貸平臺的兩項主要的風險控制因素（借貸服務費率、有限融資額度）對借貸方營運決策（零售商的訂單數量和製造商的批發價格）的影響。值得說明的是，互聯網融資利率和融資額度並不是 P2P 借貸平臺所能獨立決定的，若引入到博弈會將模型複雜化，因此在模型推演和算例分析時都將其視為外生變量影響決策，但我們仍將其視為 P2P 風險控制的重要因素。

一、P2P 平臺風險控制對零售商營運決策的影響

我們的第一組實驗說明了 SCF 系統的營運和風險控制決策與存在資本約束零售商之間的相互作用。圖 13-1 顯示了零售商的最優訂單數量如何隨著不同互聯網融資平臺的服務率而變化（$i_r = 8\%$、10%、12%）。我們將批發價格設定為批發價變動範圍的中點值，$\bar{w} = 0.7$。圖 13-1 表明，對於固定的 i_r，零售商的最優訂貨量隨著平臺的服務率 S_r 而降低。此外，對於給定的 S_r，最優訂貨量隨 i_r 減小。我們有這些觀察結果是因為較高的服務率或較高的互聯網融資利率意味著較高的融資成本，此時作為存在資金約束的零售商必須考慮存在一定的破產風險，特別是對於工業製造來說，本身加工環節的利潤比較低，附加值不高，一旦資金缺口使用高利息的貸款就可能會造成自身經營方面的危機，嚴重者可能導致破產。因此可以解釋在理想的理性狀態下高的服務費率將

導致較小的貸款金額和訂單數量。這也符合我們引理 12-2 的相關證明結果，零售商的最優訂貨量 q^* 隨著互聯網融資 i_r 和服務費 S_r 而降低，即 $\partial q^*/\partial i_r = \partial q^*/\partial S_r < 0$。另外在圖 13-1 預設的參數相關範圍內，我們發現服務費率 S_r 在低費率（S_r 趨向於 0）時最優訂貨量 q^* 隨著服務費率 S_r 變動的曲線更加陡峭，說明此時為最優訂貨量 q^* 隨著服務費率 S_r 變動的靈敏度更高，即一單位的服務費變動對最優訂貨量的影響更加劇烈。零售商最優訂貨量對服務費率的變化比較敏感（如圖 13-1），因此在 P2P 借貸平臺可以設定服務費率時可以考慮較低的服務費以促進訂貨，但較低的服務費帶來的更大規模的貸款也會提高金融機構的風險，一旦零售商大規模訂貨發生滯銷，必然會危及整條供應鏈。因此設置合適的服務費率可以控制風險，促進多方共贏。

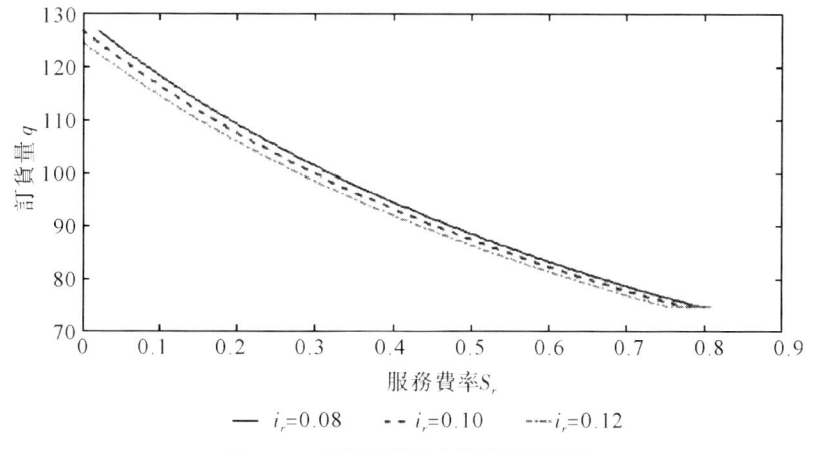

圖 13-1　最優訂貨量與服務費率關係

第二組實驗主要研究在 P2P 風險控制下零售商與生產商決策變量的相互關係，即最優訂貨量與批發價格之間的關係。圖 13-2 說明了在風險控制因素 S_r 的變動下，最優訂貨量 q^* 與批發價格 w 的關係，我們使用互聯網融資利率的 $i_r = 8\%$ 作為算例數據，其他參數也依照之前設定。我們發現當固定 S_r 時，最優訂貨量 q^* 與批發價格 w 呈負相關；在其他條件不變的情況下，批發價格越低時，零售商更傾向於大量囤積商品，同樣的，當批發價格較高時，零售商通過降低訂購數量來回應更高的批發價格，這也驗證了引理 12-2，在給定零售商的初始資本時，如果需求分佈為 IFR，零售商的最優訂購數量 q^* 隨生產商制定的批發價格 w 遞減。當對 S_r 做變動（取 $S_r = 0.06$、0.09、0.12）時，我們發現當 S_r 為高水準服務費（$S_r = 0.12$），整個相關曲線向原點方向整體平移，說明高的服務費率不僅導致訂貨數量 q^* 的水準下降，也會造成批發價格的降低，說明過高的服務費率可能會造成生產商和零售商共同的利潤損失，不利於供應鏈協調的產生。由此可以發現金融機構設置合理的服務費更有利於實

現多方共贏的局面。

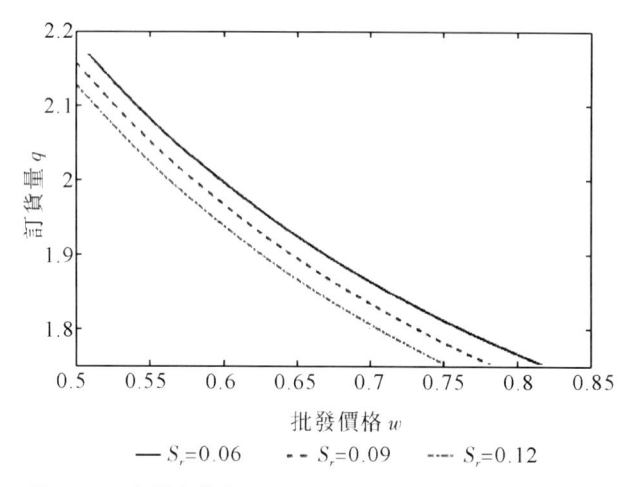

圖 13-2　在服務費率 S_r 變動下訂貨量 q 與批發價格 w 關係

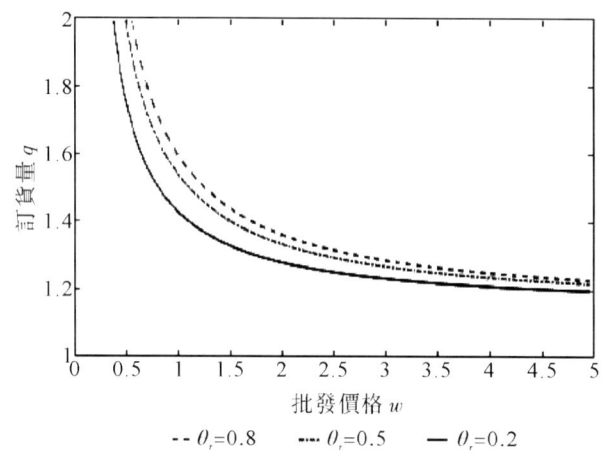

圖 13-3　在有限融資時訂貨量 q 與批發價格 w 關係

圖 13-3 與圖 13-2 在大致相等的條件下，固定了 P2P 借貸平臺的互聯網 $S_r = 0.08$，引入 P2P 平臺另一風險控制因素 θ_r；當固定 $\theta_r = 0.08$ 時，對比同樣條件下的圖 13-2，發現整條曲線彎曲得更加明顯，說明在融資額度的影響下，原來 q^* 隨 w 變化敏感度高的地方愈高，低的地方愈低，敏感度變化得更加明顯。我們發現，當 w 較低時，q^* 隨 w 變化的敏感度變高，說明此時生產商只要稍稍提升批發價即有可能引起零售商大量減少訂貨數量。當 w 較高時，q^* 隨 w 變化的敏感度變低，說明此時提升訂貨量並不會對零售商的訂貨量造成較大影響。因此我們認為，P2P 借貸平臺可以通過增加融資額度限制的方式，使

得生產商和零售商在制定自身決策變量時更加謹慎，在一定程度上降低了企業的經營風險和 P2P 平臺的借貸風險。當對 θ_r 做變動（取 $\theta_r = 0.2$、0.5、0.8）時，我們發現當 θ_r 為低水準融資額度（$\theta_r = 0.2$），整個相關曲線向原點方向整體平移，說明低水準的融資額度不僅導致訂貨數量 q^* 的水準下降，也會造成批發價格的降低，說明過低的融資限額不能滿足零售商資金缺口，可能會造成生產商和零售商共同的利潤損失，不利於供應鏈協調的產生。由此可以發現 P2P 借貸平臺對有限融資額度 θ_r 這一風控因素合理設置將更有利於實現多方共贏的局面。

第三組實驗主要探究 SCF 系統中最優訂貨量 q 與零售商自有資金 B_r、零售商融資額度 θ_r 三者之間的相互關係。根據圖 13-4 所示我們發現，當零售商自有資金較低時，特別是 $B_r \leq 0.1$ 時，即使零售商的融資限額達到最高水準 1，最優訂貨量 q 的可行解數量相對於較高自有資金的可行解數量仍有較大差距；說明此時零售商經營風險較高，資金缺口較大，需要大量足額融資才能達到最優訂貨量，因此筆者認為，當零售商自有資金非常低，融資規模大時，P2P 借貸平臺可以適當降低融資額度，以抵抗經營風險。

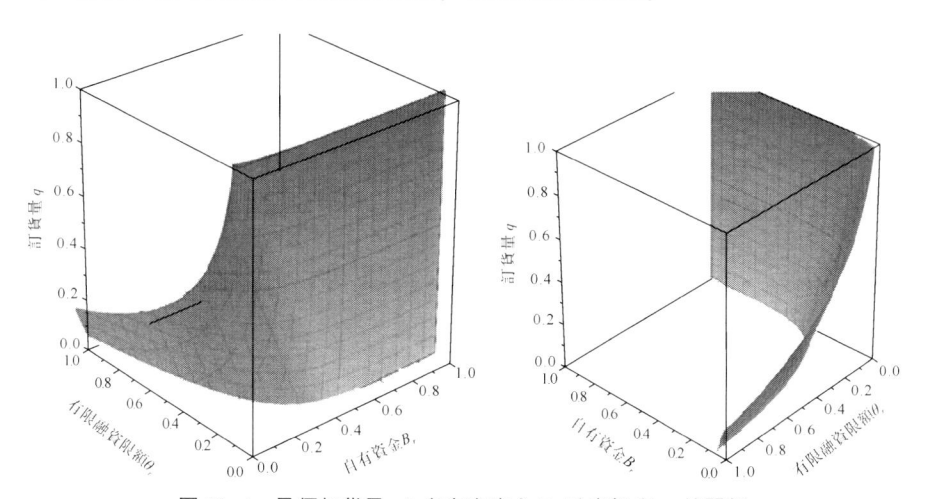

圖 13-4　最優訂貨量 q^* 與自有資金 B_r 融資額度 θ_r 的關係

第四組實驗主要探究零售商自有資金 B_r、P2P 借貸平臺風險控制因素中的服務費率 S_r 對零售商最優訂貨數量 q 的影響。根據圖 13-5 所示，當零售商的自有資金 B_r 越低時，P2P 借貸平臺約傾向於設置更高的服務費率；自有資金越低，零售商想要達成最優的訂貨數量就意味著多融資。這種行為對於 P2P 借貸平臺來說是風險等級較高行為，出於風險控制的考慮，P2P 借貸平臺傾向於設置更高的服務費率 S_r 來限制這類公司的融資。

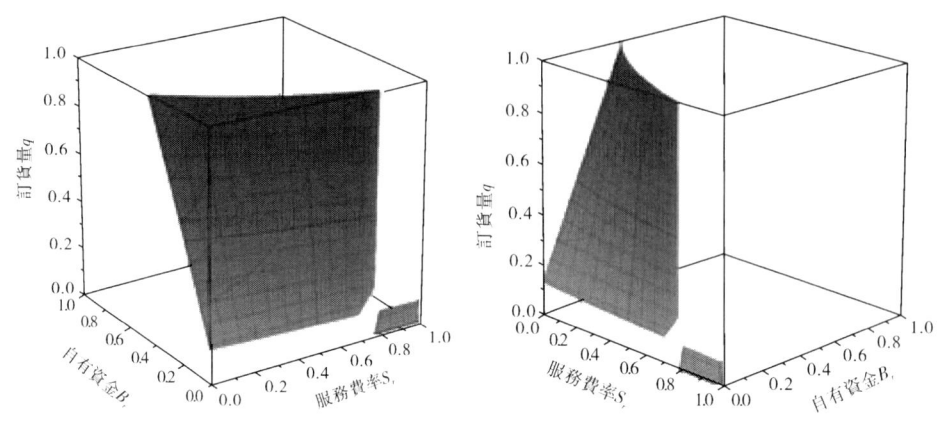

图 13-5　最优订购量与自有资金、服务费率的关系

二、P2P 平台风险控制对生产商营运决策的影响

有资本约束的生产商的核心营运指标是批发价格，我们这几组数值分析主要说明最优批发价格这项营运指标如何受到 P2P 借贷平台风险控制指标（S_r、S_m、i_r、i_m、θ_r、θ_m）等几项的影响。图 13-6 表示最优批发价格 w^* 与 S_r 的相互关系。我们将采用与上节相类似的几项数据，其中将零售商的订单数量设置为等于其平均值 $q = 10$。当我们固定 i_r 时，最优的批发价格随着 S_r 下降；我们可以发现当零售商借贷服务费增加时，他的融资成本上升，此时较高的批发价格势必会让零售商望而却步，继而如果继续按照原有订货量势必会增加破产的风险，因此为了保证利润，零售商可能会尽量降低订货数量，在订货量大幅下降的条件下，生产商为了鼓励零售商订货会采用降价促销的手段。此外，我们还增加了不同 i_r（取 0.08、0.10、0.12）作为相对浮动值，观察整体财务决策对最优批发价格影响情况。取高利率水准（0.12）相对于较低利率水准（0.08）会促进生产商降低其零售价格，以促进可以卖出零售商更多的产品。因此，总结风控指标 i_r 和 S_r 对其营运指标的影响来看，我们发现随着 P2P 平台的服务率或互联网融资利率的增加，资本约束的零售商的融资成本增加，这一行为会迫使制造商降低批发价格以维持其销售。

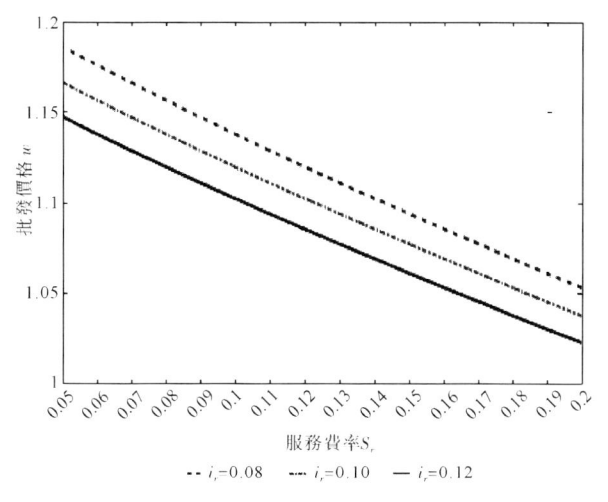

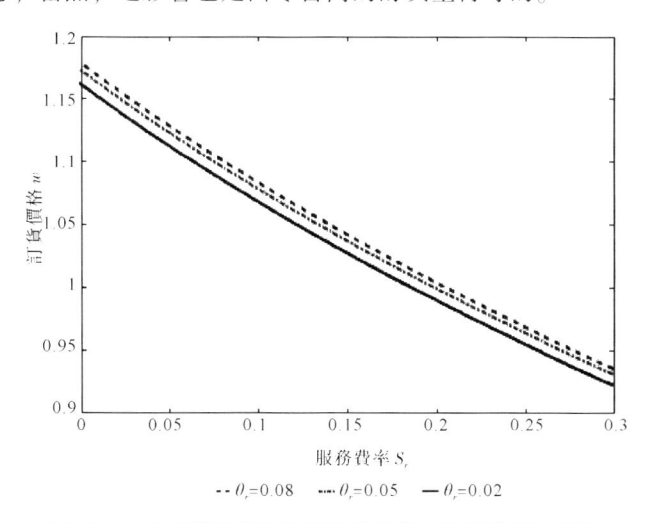

图 13-6 最优批发价格 w 与服务费 S_r 关系

图 13-7 说明了 P2P 平台风险控制因素 θ_r（取值为 0.8、0.5、0.2）下的最优批发价格 w^* 与 S_r 的相互关系。对比图 13-6 与图 13-7 我们发现，当 P2P 平台引入有限融资额度会使整个条曲线向下平移，说明 P2P 借贷平台可以通过有限融资额度的限制控制零售商的贷款规模，从而减少零售商的订货数量，生产商只有通过降低批发价格来促进零售商的订货。同时，从两图的变化间距来看，互联网融资利率 i_r 对生产商批发价格 w^* 的影响相对于有限融资额度对批发价格 w^* 影响更加显著，也就说生产商的最优批发价格对零售商的借贷利率更加敏感，当然，这影响也是由零售商的订货量传导的。

图 13-7 在有限融资下最优批发价格 w 与服务费 S_r 关系

圖 13-8 說明了 P2P 平臺對生產商的風險控制決策對最優批發價格的影響。本組算例分析中我們固定其他財務指標，僅保留生產商借貸的服務費和互聯網融資利率。我們發現融資服務費越高，生產為了保證自身利潤，會將融資成本的提高轉嫁給零售商，通過提高批發價來實現。同樣的，我們取生產商的不同的互聯網融資利率水準（i_m 取 0.08、0.10、0.12），我們發現高利率水準會促使 $w-S_m$ 曲線整體向上平移若干個單位，即批發價格整體提高若干個單位。因此，總結 P2P 平臺對生產商的風險控制決策對生產商營運指標的影響，我們發現隨著平臺的服務率或互聯網融資利率的增加，資本約束的生產商的融資成本增加，這一行為會直接影響自身批發價格的制定，即高融資成本、高批發價格，實現融資成本增加對零售商方向的轉嫁。

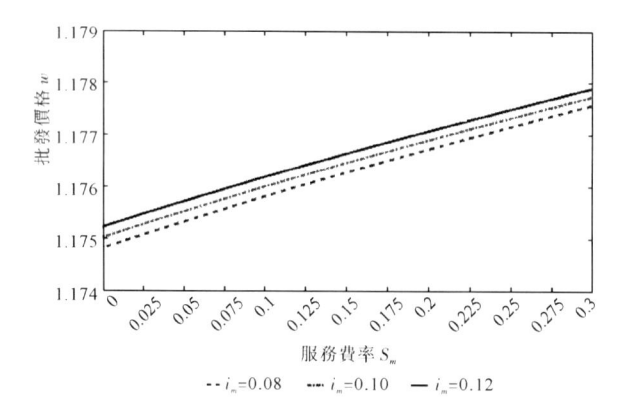

圖 13-8　最優批發價格 w 與服務費率 S_m 關係

圖 13-9 是引入有限融資額度 θ_m 對 $w-S_m$ 曲線的影響。我們發現，引入 0.8 的融資額度時，整條曲線會向下平移，說明融資金額不能滿足生產商所需時，生產商為了達到最優的利潤，傾向於通過降低批發價格來提升零售商的訂貨數量，通過「降利走量」的方式達到最優的利潤。同時，我們變動融資額度限制時，發現越降低額度，越會使得生產商降低批發價格。我們認為 P2P 平臺對生產商進行融資額度 θ_m 的風險控制對零售商來說並不一定是壞事，因為零售商可以以更低的價格批發到商品。

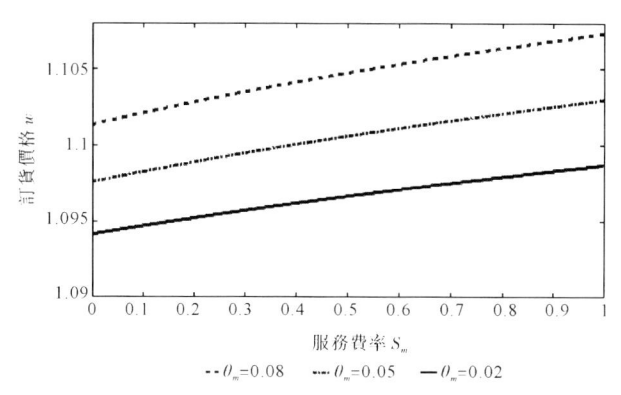

圖 13-9　有限融資下最優批發價格 w 與服務費率 S_m 關係

本組實驗主要探究 P2P 借貸平臺風險控制指標 θ_r 和 S_r 對生產商營運指標的共同作用。當 P2P 平臺對零售商的有限融資額度較低時，最優批發價格在這區域內並無最優可行解，說明融資額度不能滿足零售商的需求時，會導致零售商的最優訂貨量不能實現生產商的最優批發價格，如圖 13-10 所示。另外，P2P 平臺可以通過服務費率和融資額度多樣組合的方式實現在風險控制下，保證自身利益的最大化。本組實驗還揭示出，在對零售商放貸進行風險控制時，需要相對平均的融資限額，過低的融資限額很難使生產商找到最優的批發價格，不利於實現供應鏈平衡。

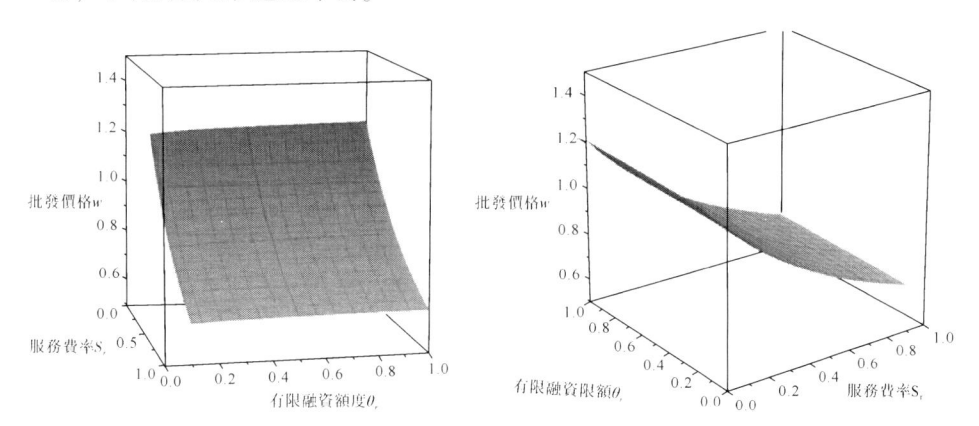

圖 13-10　最優批發價格 w 與有限融資額度 θ_r 服務費率 S_r 的關係

本組實驗主要探究 P2P 借貸平臺風險控制指標 θ_m 和 S_m 對生產商營運指標的共同作用。我們發現當 P2P 平臺的融資額度較低時，最優批發價格的可行解出現明顯的向下彎曲，說明融資額度低會導致最優批發價格出現明顯下降，特別使在融資額度小於 0.1 時，有較大明顯彎曲，此時的最優批發價格受到融資額度變化的影響明顯，較為微小的變化也能導致批發明顯下降，如圖 13-11

所示。因此，我們認為在 P2P 平臺設置風控指標融資額度時，需要盡量保持高於 0.1 的融資額度或者設置 P2P 基準交易額度，將借款期未達成 0.1 額度的交易自動終止，以防止額度過低引起批發價格隨融資限額變動劇烈。

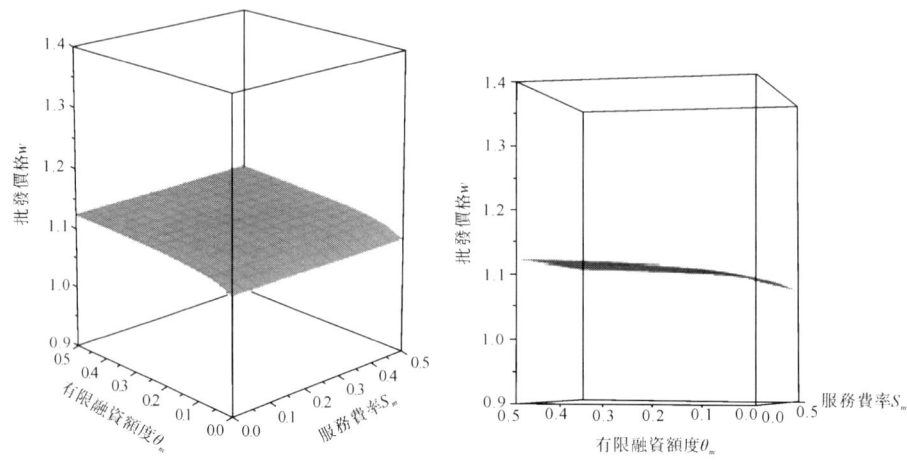

圖 13-11 最優批發價格 w 與有限融資額度 θ_r 服務費率 S_r 的關係

本組實驗主要探究 P2P 借貸平臺風險控制指標 θ_m 和 θ_r 對生產商營運指標批發價格 w 的共同作用。我們發現有限融資額度無論是對生產商還是零售商都不能設置過低，對於 θ_r 設置過低可能造成 w 無最優可行解，對 θ_m 設置過低可能造成 w 隨其變動劇烈，影響整個供應鏈協調的形成。因此我們認為 P2P 平臺若想限制生產商融資可通過直接降低 θ_m 或者降低下游零售商融資額度 θ_r 的方式以達到風險控制的目的。

圖 13-13 零售商資金約束程度對最優批發價格的影響。在算例分析中，固定財務指標中除零售商互聯網融資利率 i_r，並將該指標設置為點變動選項，比較訂貨價格 w^* 與零售商資金約束程度 B_r 的關係。我們發現當 B_r 越大，即零售商的資金約束程度越小，最優批發價格越大，w^* 與 B_r 呈正相關。零售商資金約束程度越小，融資的總體成本也就越低，其經營過程中抗風險能力相對較強，也就是說，零售商願意訂購更多的產品進行銷售，更多的產品訂購帶來了批發價格的上升。當浮動零售商互聯網融資利率 i_r，我們發現高的利率水準並不會導致實際趨勢的改變，僅會使得最優訂貨量整體下降若干個單位。零售商資金約束程度對最優批發價格的影響總結為高資金約束、低最優批發價格；低資金約束、高批發價格。因此，在實際的經濟活動中，零售商保留適當的自有資金和合理借貸行為更有利於獲得相對低廉的批發價格，從而使得整個供應鏈體系更加協調。

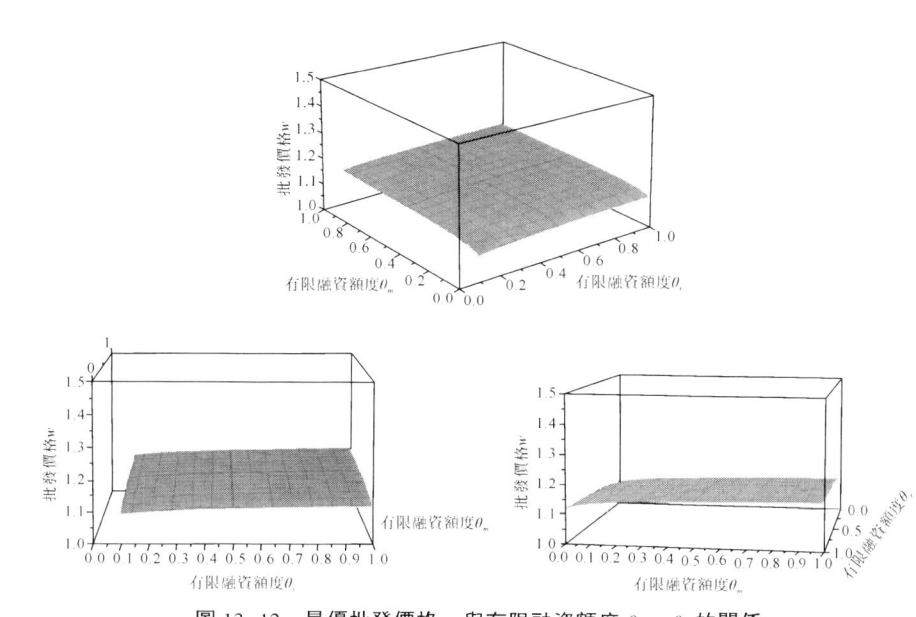

圖 13-12　最優批發價格 w 與有限融資額度 θ_m、θ_r 的關係

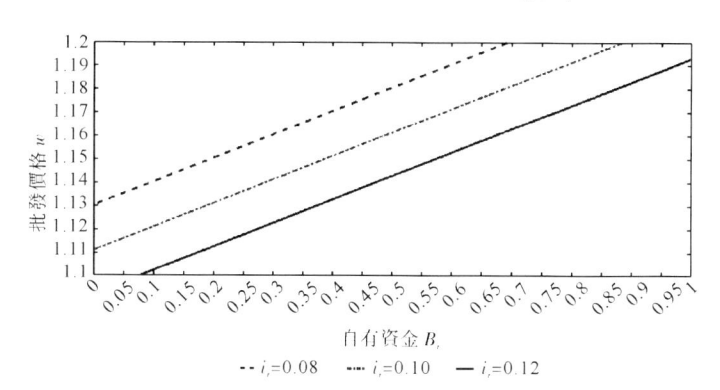

圖 13-13　最優批發價格 w 與自有資金 B_r 關係

　　以上兩節分別通過算例分析的方法，解釋 P2P 平臺作為 SCF 系統的領導者如何通過自身的風險控制指標影響生產商與零售商的營運決策。

第三節　供應鏈系統協調分析結果

　　另外，根據命題 12-1 至命題 12-4，我們計算在不同初始資金的條件下的零售商、生產商、P2P 供應鏈金融平臺的相關核心數據的變動情況，主要包含最優訂貨量 q^*、服務費 S_r、S_m 及批發價格 w^*，各參與博弈主體的預期利潤

（$\pi_r/\pi_m/\pi_p$）及供應鏈系統最優收益 π_s。考慮計算的複雜性筆者僅對零售商的自有資金做了變動分析，不考慮生產商自有資金和借貸利息和服務費率變動情況。

另外需要特別說明的是本次數值模擬還加入了供應鏈整體收益的情況，主要計算結果如表 13-2 所示。我們發現當零售的資金約束較小時，P2P 借貸平臺為了提高借貸量從而減少服務費率。因此，零售商通過融資緩解資金約束後的最優訂貨量 q^* 越大，相應地，製造商提供的最優批發價格也就越低 w^*。

表 13-2 不同初始資金情況下的最優策略

B_r	q^*	w^*	S_r	π_r	π_m	π_p	$\pi_r+\pi_m+\pi_p$	π_s
0.200, 0	5.469	1.101	0.076, 9	2.859	2.678	0.907	6.444	6.044
0.400, 0	5.256	1.153	0.073, 2	3.338	3.284	0.871	7.493	8.865
0.600, 0	5.356	1.189	0.062, 3	3.763	3.368	0.837	7.968	8.578
0.800, 0	5.698	1.356	0.062, 1	4.140	4.781	0.806	9.727	10.397
1.000, 0	5.088	1.365	0.059, 9	5.750	4.256	0.727	10.733	10.832
1.200, 0	4.883	1.895	0.055, 3	5.874	5.335	0.750	11.959	11.564
1.400, 0	4.869	1.260	0.052, 4	1.525	6.683	0.725	8.933	9.534
1.600, 0	1.731	1.002	—	1.600	1.700	0	3.3	3.8
1.800, 0	2.000	1.002	—	1.675	1.800	0	3.475	4.173
2.000, 0	2.500	1.002	—	1.750	1.900	0	3.65	4.22
2.200, 0	2.500	1.002	—	1.602	1.000	0	2.602	3.962
2.400, 0	2.598	1.002	—	1.602	1.003	0	2.605	3.962
2.600, 0	2.598	1.002	—	1.602	1.003	0	2.605	3.962
2.800, 0	2.598	1.002	—	1.602	1.003	0	2.605	3.962
3.000, 0	2.598	1.002	—	1.602	1.003	0	2.605	3.962
3.200, 0	2.598	1.002	—	1.602	1.003	0	2.605	3.962
3.400, 0	2.598	1.002	—	1.602	1.003	0	2.605	3.962

隨著自有資金的增加（$1.4 < B_r \leq 2.2$），此時我們發現當零售商自有資金充足並不需要融資，但又不足以滿足訂貨量最優 q_s^* 時，零售商的最優訂貨量較少，這時將取決於自有資金（$\frac{B_r}{w}$），因此，製造商制定的批發價格也隨之增加。當零售商自有資金非常充足可以自由支配時（$B_r \geq 2.2$），零售商可完全按無資金約束條件下的最優訂貨量訂貨（$q_s^* = 1.002$）。另外，對比不同資金條件下供應鏈金融系統整體利潤 π_s 和各分散主體利潤之和 $\pi_r + \pi_m + \pi_p$ 可以發現，當零售商不存在資金約束時（$B_r > 1.4$），系統整體最優利潤明顯大於各參與主體最優利潤之和，此時我們發現整條供應鏈無法實現最優的系統協調。在這方面傳統銀行參與的供應鏈融資也是此種情況。我們發現，零售商充足的資金並不能帶來系統最優的情況，只有當存在一定量的融資需求時，供應鏈系統才能實現協調各方參與者的利益最大化，如表 13-2 所示。

第四部分
基於在線電商的電商擔保融資模式風險控制研究

互聯網的快速發展給中小企業帶來了巨大的挑戰。互聯網從根本上改變人們生活方式的同時，也改變了各類企業的營運模式，對於中小企業來說，普遍的做法是與大型電商合作，將產品銷售給電商以擴大市場。然而，無理由退貨辦法的實施在保障消費者權益的同時，將產品退貨問題擺在了各個企業面前。其中缺陷產品退貨現象是零售商為保證產品質量而選擇延期支付貨款的主要原因，進而導致中小型供應商的生產營運資金鏈斷裂，而無缺陷產品退貨現象使零售商承擔額外的退貨成本和利潤損失。因此研究產品退貨情形下的電商擔保融資模式以解決供應商資金約束的問題是有現實意義的。

　　本部分從理論上證明了電商擔保模式的可行性，並從理論上探討了退貨率對不同融資模式下供應鏈各成員收益和風險影響，這給中小型供應商提供融資選擇以及電商對買方仲介融資模式風險控制提供了理論指導依據。

第十四章　電商擔保融資模式的決策分析

第一節　問題描述

　　傳統銀行融資模式雖然能夠提供給供應商適當的現金流，但是對於中小型供應商來說，信息不對稱、信譽缺失等問題將帶給供應商融資成本高甚至是無法獲得銀行貸款的問題。

　　電商擔保融資模式可以很好地解決這些問題，電商向中小型供應商提供擔保，承諾在期末替其償還貸款，並且它作為供應鏈中的核心大型企業，有充足的資金去償還承諾的貸款。這就使得供應商因為缺陷產品被退貨而無收益導致的違約風險或因市場需求不足導致的無法足額償款的違約風險將由零售商承擔，銀行可以確定地獲得貸款本息。本章將分析在電商擔保融資模式下，電商的最優決策。

第二節　模型假設

　　（1）單週期訂貨決策。零售商訂購的產品只能在一定時期內銷售，不考慮二次訂貨行為。

　　（2）供應商存在資金約束，需要獲得貸款來支持生產活動。

　　（3）單週期內的一級市場需求是非負的隨機變量。

　　（4）考慮消費者存在退貨行為，且存在二級市場。供應商的產品有一定概率存在缺陷產品，對這類產品消費者全部將產品經零售商退回給供應商。若產品不存在缺陷，消費者也會有退貨行為，對這類無缺陷產品，零售商只能以價格的一定折扣在二級市場銷售。

　　（5）假設存在缺貨成本，即當訂單量小於市場實際需求時，零售商對未滿足的單位產品將有一定損失；未售出產品，即訂單量大於實際市場需求，零

售商有權退回給供應商。

（6）銀行提供競爭性貸款利率。這表明銀行並不獲得額外收益，即銀行貸款所得與其投資無風險資產所獲收益相同。此假設也體現了供應商在該模式下所能獲得的最優銀行貸款利率，若銀行獲得額外收益，供應商必承受更高的貸款成本。

（7）供應商與零售商的目標均是利益最大化。

第三節 模型的建立及決策分析

與傳統銀行融資模式不同，供應商在決定貸款金額 l 後，零售商根據以往與供應商的交易數據，向供應商制定一個貸款折扣 $\delta_d = 1 - \frac{1}{1+r_d}$, $\delta_d \in (0, 1)$，其中 r_d 為電商擔保模式下的銀行貸款利率。基於此，供應商在 $t=0$ 時獲得的實際貸款額為 $l(1-\delta_d)$，零售商承諾在 $t=1$ 時向銀行償還貸款額 l，並且 $0 \leq l \leq wQ$，因為若貸款金額大於合約金額，零售商必定承擔額外損失。對供應商來說，當產品存在缺陷產品進行退貨後，他既沒有銷售收入也不用償還貸款，當產品不存在缺陷產品時，他將獲得 $w((1-a_m)S(Q)+\min\{a_m S(Q), D_2\})-l$，並且供應商同樣需要滿足貸款後滿足自身的生產活動，因此我們可得供應商的最優化決策模型為：

$$\max_{0 \leq l \leq wQ} \pi_S^d(w,Q,l,\delta_d) = (B+l(1-\delta_d)-c_p Q)(1+r_f)+(1-a_n)(w((1-a_m)S(Q)+\min\{a_m S(Q), D_2\})-l)$$

$$s.t. \quad B+l(1-\delta_d)-c_p Q \geq 0 \tag{14-1}$$

對零售商來說，與傳統銀行融資模式相比，零售商承擔了貸款的償付。當產品發生缺陷退貨時，零售商依然要償還貸款 l，這就使零售商面臨著額外的風險。此外，若供應商獲得的貸款加上自有資本多於生產所需成本，他可以利用多餘貸款進行無風險資產投資，而多餘的貸款仍由零售商償還。面對供應商的這種投機行為，零售商有必要限制供應商的貸款量，即滿足 $l(1-\delta_d) \leq (c_p Q - B)^+$。此外，對於銀行來說，他要保證貸款所獲得的收益大於等於其機會成本，他才會選擇與零售商合作。因此我們可得零售商的最優化決策模型為：

$$\max_{w,Q \geq 0, \delta_d \in (0,1)} \pi_R^d(w,Q,\delta_d) = \pi_R^b(w,Q) - a_n L$$

$$s.t. \quad \pi_S^d(w,Q,l,\delta_d) \geq B(1+r_f)+k((1-a_m)S(Q)+\min\{a_m S(Q), D_2\})$$

$$l \geq l(1-\delta_d)(1+r_f)$$

$$L(1-\delta_d) \leq (c_p Q - B)^+ \tag{14-2}$$

與傳統銀行融資模式分析類似，先從供應商的借款行為開始分析。將 π_S^d 對 l 求導可得：

$$\frac{\partial \pi_S^d(w,Q,l,\delta_d)}{\partial l} = (1+r_f)(1-\delta_d)-(1-a_n) \quad (14-3)$$

根據公式（14-3）易知，當且僅當 $\delta_d \geqslant 1 - \frac{1-a_n}{1+r_f}$ 時，供應商的期望利潤隨 l 非增。這表明，對任意的 $\delta_d \in (0, 1-\frac{1-a_n}{1+r_f})$，供應商都會選擇獲得盡可能高的貸款來提高自身期望利潤。但是核心零售商有權利去限制供應商過度的借款行為，即，使供應商實際獲得的貸款金額滿足 $l(1-\delta_d) \leqslant (c_p Q - B)^+$，所以零售商制定的 δ_d 將滿足 $\delta_d \geqslant 1 - \frac{1-a_n}{1+r_f}$。同時，考慮供應商的生產約束條件，可得供應商的最終貸款金額為 $L = \frac{(c_p Q - B)^+}{1-\delta_d}$。

接下來，我們對零售商的最優決策進行分析。

（1）當 $B \geqslant c_p Q$ 時，由前文可知，供應商的最終貸款金額為 $L = \frac{(c_p Q - B)^+}{1-\delta_d} = 0$。

與上一章相同，定義 $H(Q) = (1-a_m)S(Q) + \min\{a_m S(Q), D_2\}$。將 $L=0$ 代入公式（14-1）、公式（14-2），可得在供應商自有資金足夠生產時，供應商與零售商的最大化利潤分別為：

$$\pi_S^d = (B - c_p Q)(1+r_f) + (1-a_n)wH(Q) \quad (14-4)$$
$$\pi_R^d = \pi_R^b - a_n L = \pi_R^b \quad (14-5)$$

與傳統銀行貸款融資模式中 $B \geqslant c_p Q$ 時相同，可以求出若二級市場的需求充足，即無缺陷退貨產品能全部銷售完（$a_m S(Q) \leqslant D_2$），此時零售商最優收益模型為 $\pi_R^d = \pi_R^1(Q)$，進一步求得零售商的最優決策為 (w_1, Q_1)；若二級市場的需求不足，即無缺陷退貨產品未能全部銷售完（$a_m S(Q) > D_2$），此時零售商最優收益模型為 $\pi_R^d = \pi_R^2(Q)$，進一步求得零售商的最優決策為 (w_2, Q_2)。

（2）當 $B < c_p Q$ 時，由前文可知，供應商的最終貸款金額為 $L = \frac{c_p Q - B}{1-\delta_d}$，且此時有零售商制定的 δ_d 滿足 $\delta_d \geqslant 1 - \frac{1-a_n}{1+r_f}$。將 L 分別帶入供應商與零售商的目標函數公式（14-1）、公式（14-2），可得：

$$\pi_S^d = (1-a_n)(wH(Q) - \frac{c_p Q - B}{1-\delta_d}) \quad (14-6)$$

$$\pi_R^b(w,Q) = (1-a_n)((1-a_m)(p-w)S(Q) + (\beta p - c_l - w)\min\{a_m S(Q), D_2\})$$
$$- a_n c_l S(Q) - c_g (D_1 - Q)^+ - \frac{a_n(c_p Q - B)}{1-\delta_d} \quad (14\text{-}7)$$

根據公式（14-6）與公式（14-7），易知供應商與零售商的利潤均隨 δ_d 的減小而增大，且由 $\delta_d \geq 1 - \frac{1-a_n}{1+r_f}$ 有，

$$(1+r_f)(1-\delta_d) \leq (1+r_f)\frac{1-a_n}{1+r_f} = 1 - a_n < 1 \quad (14\text{-}8)$$

公式（14-8）證明隨著 δ_d 的減小，依然滿足公式（14-2）中的約束條件。所以在求得最優均衡解時，必定有 $\delta_d^* = 1 - \frac{1-a_n}{1+r_f}$。因此有，$L_d = \frac{c_p Q - B}{1-\delta_d^*} = \frac{(c_p Q - B)(1+r_f)}{1-a_n}$。

將 L_d 代入公式（14-2）中約束條件，與傳統銀行貸款融資模式求解相同，可求得對任意的 $Q > \frac{B}{c_p}$，有：

$$w(Q) = \frac{c_p Q(1+r_f) + kH(Q)}{(1-a_n)H(Q)} \quad (14\text{-}9)$$

若二級市場的需求充足，即無缺陷退貨產品能全部銷售完（$a_m S(Q) \leq D_2$），此時有 $H(Q) = S(Q)$。因此將公式（14-9）代入公式（14-2）中零售商目標函數，可得零售商在 $B < c_p Q$ 時的期望收益函數為：

$$\pi_R^5(Q) = ((1-a_n)((1-a_m)p + a_m(\beta p - c_l)) - a_n c_l - k + c_g)S(Q) - c_g D_1 - \frac{(c_p Q - B)(1+r_f)}{1-a_n} - B(1+r_f) \quad (14\text{-}10)$$

進一步，對 $\pi_R^5(Q)$ 進行求導可得，

$$\frac{d\pi_R^5(Q)}{dQ} = ((1-a_n)((1-a_m)p + a_m(\beta p - c_l)) - a_n c_l - k + c_g)(1 - F(Q)) - c_p \cdot \frac{1+r_f}{1-a_n}$$

$$\frac{d^2\pi_R^5(Q)}{dQ^2} = -((1-a_n)((1-a_m)p + a_m(\beta p - c_l)) - a_n c_l - k + c_g)f(Q) < 0$$

因此可知，$\pi_R^5(Q)$ 為凹函數，通過解一階條件 $\frac{d\pi_R^5(Q)}{dQ} = 0$，得 $\pi_R^5(Q)$ 取最大值時有，

$$Q=Q_d^* = F^{-1}\left(1-\frac{c_p(1+r_f)}{(1-a_n)((1-a_n)((1-a_m)p+a_m(\beta p-c_l))-a_nc_l-k+c_g)}\right)$$
(14-11)

將 Q_d^* 代入 L_d 與公式（14-9）可得，

$$L_d^* = \frac{(c_pQ_d^* - B)(1+r_f)}{1-a_n}$$
(14-12)

$$w_d^* = \frac{c_pQ_d^*(1+r_f)+kS(Q_d^*)}{(1-a_n)S(Q_d^*)}$$
(14-13)

若二級市場的需求不足，即無缺陷退貨產品未能全部銷售完（$a_mS(Q)>D_2$），此時有 $H(Q)=(1-a_m)S(Q)+D_2$。因此將公式（14-9）代入公式（14-2）中零售商目標函數，可得零售商在 $B<c_pQ$ 時的期望收益函數為：

$$\pi_R^6(Q)=((1-a_n)(1-a_m)p-k(1-a_m)-a_nc_l+c_g)\cdot S(Q)+((1-a_n)(\beta p-c_l)-k)\cdot D_2-c_gD_1-\frac{(c_pQ-B)(1+r_f)}{1-a_n}-B(1+r_f)$$
(14-14)

進一步，對 $\pi_R^6(Q)$ 進行求導可得，

$$\frac{d\pi_R^6(Q)}{dQ}=((1-a_n)(1-a_m)p-k(1-a_m)-a_nc_l+c_g)(1-F(Q))-c_p\cdot\frac{1+r_f}{1-a_n}$$

$$\frac{d^2\pi_R^6(Q)}{dQ^2}=-((1-a_n)(1-a_m)p-k(1-a_m)-a_nc_l+c_g)f(Q)<0$$

因此可知，$\pi_R^6(Q)$ 為凹函數，通過解一階條件 $\frac{d\pi_R^6(Q)}{dQ}=0$，得 $\pi_R^6(Q)$ 取最大值時有，

$$Q=Q_6=F^{-1}\left(1-\frac{c_p(1+r_f)}{(1-a_n)((1-a_n)(1-a_m)p-k(1-a_m)-a_nc_l+c_g)}\right)$$
(14-15)

將 Q_6 代入 L_d 與（14-9）可得，

$$L_6=\frac{(c_pQ_6-B)(1+r_f)}{1-a_n}$$
(14-16)

$$w_6=\frac{c_pQ_6(1+r_f)+k((1-a_m)S(Q_6)+D_2)}{(1-a_n)((1-a_m)S(Q_6)+D_2)}$$
(14-17)

在對模型求解分析後，我們最終得出以下結論：在電商擔保融資模式下，當供應商自有資金充足時，與傳統銀行貸款融資模式中相同他不會選擇貸款，此時若二級市場需求量充足，零售商的最優決策為 (w_1,Q_1)，若二級市場需求量不足，零售商的最優決策為 (w_2,Q_2)；當供應商存在資金約束時，他的貸款額 L_d，此時若二級市場需求量充足，零售商的最優決策為 (w_d^*,Q_d^*)，

若二級市場需求量不足，零售商的最優決策為 (w_6, Q_6)，且有貸款利率 $r_d = \frac{1}{1-\delta_d} - 1 = \frac{1+r_f}{1-a_n} - 1 > r_f$。

第四節 模型的比較分析

本節將對傳統銀行貸款融資模式與電商擔保融資模式進行橫向比較，分別從訂貨量、批發價格、貸款利率、供應商利潤與零售商利潤的角度著手分析。且，本節主要考慮二級市場需求充足的情況，即無缺陷退貨產品能以折扣價格在二級市場全部銷售，這也符合生活中存在大量二級市場的現狀。

一、供應商無資金約束時的比較分析

由於信息的不對稱，與供應商長期合作的零售商，基於以往的銷售數據所推算的供應商產品缺陷率 a_n 更貼近產品實際缺陷產品退貨率；而銀行缺少關於供應商的歷史數據，其預期的缺陷產品退貨率 η 會更偏離實際值，因此有 $0 < a_n < \eta < 1$。進一步，通過比較，可以得到 $Q_1 > Q_\varphi^*$，其中 $\varphi \in \{b, d\}$。不論是傳統銀行融資模式還是電商擔保融資模式，若 $B > c_p Q_\varphi^*$，那麼供應商在均衡時將不會獲得貸款，因為此時供應商的自有資本足夠支持生產活動。

命題 14-1：若 $B \geq c_p Q_1$，則最優訂貨數量為 $Q_\varphi^* = Q_1$。

證明：首先考慮傳統銀行貸款融資模式。

令 $\pi_R^1(Q) = \pi_R^3(Q)$，可得 $Q = \frac{B}{c_p}$。

當 $\frac{B}{c_p} \geq Q_1$ 時，有 $Q_b^* < Q_1 \leq \frac{B}{c_p}$。因為 $\pi_R^3(Q)$ 為凹函數，並且在 $Q > Q_b^*$ 時隨 Q 的增加而減小，所以對任意的 $Q > \frac{B}{c_p}$ 有，$\pi_R^3(\frac{B}{c_p}) > \pi_R^3(Q)$。

又因為 $\frac{B}{c_p} \geq Q_1$，$\pi_R^1(Q)$ 為凹函數，並且在 Q_1 時取得最大值，所以有 $\pi_R^1(Q_1) \geq \pi_R^1(\frac{B}{c_p})$。

因此，對任意的 $Q > \frac{B}{c_p}$ 有，

$$\pi_R^b(w(Q_1), Q_1) = \pi_R^1(Q_1) \geq \pi_R^1(\frac{B}{c_p}) = \pi_R^3(\frac{B}{c_p}) > \pi_R^3(Q) = \pi_R^b(w(Q), Q)$$

(14-18)

由公式（14-18）可知，當 $B \geq c_p Q_1$ 時，在傳統銀行融資模式中，零售商的最優訂貨量為 $Q_b^* = Q_1$。同理可證明在電商擔保融資模式中，零售商的最優訂貨量為 $Q_d^* = Q_1$。因此有 $Q_\varphi^* = Q_1$，得證。命題 14-1 說明，當供應商的資金十分充足時，他將不考慮任何的融資方式，依靠自有資金進行生產。此時零售商所做的最優決策為訂貨量 Q_1。

命題 14-2：若 $c_p Q_1 > B \geq c_p Q_\varphi^*$，則最優訂貨數量為 $Q_\varphi^* = \dfrac{B}{c_p}$。

證明：同樣先考慮傳統銀行融資模式。

當 $Q_b^* \leq \dfrac{B}{c_p} < Q_1$ 時，因為 $\pi_R^1(Q)$ 是凹函數，並且在 Q_1 時取得最大值，那麼有 $\pi_R^1(Q)$ 在 $0 \leq Q \leq \dfrac{B}{c_p}$ 時隨 Q 遞增，所以有 $\pi_R^b(w(Q),Q) = \pi_R^1(Q) \leq \pi_R^1(\dfrac{B}{c_p})$，此時 $\pi_R^1(Q)$ 在 $Q = \dfrac{B}{c_p}$ 處取得極大值。

又當 $Q_b^* \leq \dfrac{B}{c_p} < Q_1$ 時，因為 $\pi_R^3(Q)$ 是凹函數，並且在 Q_b^* 時取得最大值，那麼有 $\pi_R^3(Q)$ 在 $Q > \dfrac{B}{c_p}$ 時隨 Q 遞減，所以有 $\pi_R^b(w(Q),Q) = \pi_R^3(Q) < \pi_R^3(\dfrac{B}{c_p})$，此時 $\pi_R^3(Q)$ 在 $Q = \dfrac{B}{c_p}$ 處取得極大值。

最後，由命題 14-1 可知 $\pi_R^1(\dfrac{B}{c_p}) = \pi_R^3(\dfrac{B}{c_p})$。綜上，可以得出當 $c_p Q_1 > B \geq c_p Q_b^*$ 時，在傳統銀行融資模式中，零售商取得最大收益的均衡訂貨量為 $Q_b^* = \dfrac{B}{c_p}$。同理可證明在電商擔保融資模式中，零售商的最優訂貨量為 $Q_d^* = \dfrac{B}{c_p}$。因此有 $Q_\varphi^* = \dfrac{B}{c_p}$。得證。

此命題說明，當供應商的自有資金不足以生產訂貨零 Q_1，但是足以生產兩種融資模式的最優訂貨量，此時零售商的決策為供應商自有資金所能生產的最大產量。

二、供應商面臨資金約束時的比較分析

接下來探討當供應商自有資金不足，存在生產資金約束時，需要從銀行貸款以支持生產活動的情況，即 $L_b^*, L_d^* > 0$。

命題 14-3：$r_f < r_d^* < r_b^*$，即電商擔保融資模式下供應商的貸款利率低於傳統銀行融資的貸款利率。

證明：因為有，

$$\frac{L_b^*(1+r_f)}{1-\eta} = L_b^*(1+r_b)\overline{F_y}(L_b^*(1+r_b)) + \int_0^{L_b^*(1+r_b)} zf_y(z)dz$$

$$< L_b^*(1+r_b^*)\overline{F_y}(L_b^*(1+r_b^*)) + L_b^*(1+r_b^*)F_y(L_b^*(1+r_b^*)) = L_b^*(1+r_b^*) \quad (14-19)$$

因此有，$1+r_b^* > \dfrac{1+r_f}{1-\eta}$，又有 $1+r_d^* = \dfrac{1}{1-\delta_d^*} = \dfrac{1+r_f}{1-a_n}$ 且 $0 < a_n < \eta < 1$，所以有，

$$1 + r_f < \frac{1+r_f}{1-a_n} = 1 + r_d^* < \frac{1+r_f}{1-\eta} < 1 + r_b^* \quad (14-20)$$

所以有 $r_f < r_d^* < r_b^*$。這說明，相較於傳統銀行貸款，零售商在給供應商做擔保以獲得的銀行貸款時，能夠有效地降低供應商的融資成本。

命題14-4：存在 $\theta > 0$，若 $Var[D] < \theta$，則有 $w_d^* < w_b^*$，即此時電商擔保融資模式下的批發價格低於傳統銀行融資的批發價格。

證明：首先考慮傳統銀行融資模式，當供應商面臨資金約束時，
$F(Q_b^*) = \int_0^{Q_b^*} f(D)dD$

$$= 1 - \frac{c_p(1+r_f)(1-a_n)}{(1-\eta)((1-a_n)((1-a_m)p + a_m(\beta p - c_l)) - a_n c_l - k + c_g)} > 0 \quad (14-21)$$

從公式（14-21）可知，等式右邊獨立於 $Var[D]$。當 $Var[D] \to 0$ 時，對任意的 $D \ne E[D]$ 有，$f(D) \to 0$。所以有，$\lim\limits_{Var[D] \to 0} Q_b^* = E[D]$。同理可得 $\lim\limits_{Var[D] \to 0} Q_d^* = E[D]$。並且，當 $Var[D] \to 0$ 時，$D \xrightarrow{P} E[D]$，因此對 $\varphi \in \{b, d\}$ 有，

$$\lim_{Var[D] \to 0} E[\min\{Q_\varphi^*, D\}] = E[D] \quad (14-22)$$

將公式（14-22）代入公式（14-22）與公式（14-9）可得，

$$\lim_{Var[D] \to 0}(w_b^* - w_d^*) = \frac{(1+r_f)}{E[D]}\left(\frac{1}{1-\eta} - \frac{1}{1-a_n}\right)(c_p E[D] - B) \quad (14-23)$$

因為有 $\lim\limits_{Var[D] \to 0} Q_\varphi^* = E[D]$，若 $c_p E[D] < B$，那麼存在 $\theta > 0$，對所有 $Var[D] < \theta$，有 $L_\varphi^* = 0$，矛盾。因此必有存在 $\theta > 0$，若 $Var[D] < \theta$，有 $c_p E[D] > B$。又 $0 < a_n < \eta < 1$，所以根據公式（14-23）可得 $\lim\limits_{Var[D] \to 0}(w_b^* - w_d^*) > 0$，即 $w_b^* > w_d^*$。得證。

命題14-5：當且僅當 $\eta > 1 - (1-a_n)^2$ 時，有 $Q_d^* > Q_b^*$，$\pi_S^d > \pi_S^b$，$\pi_R^d > \pi_R^b$，並且在電商擔保融資模式中供應商能夠獲得其生產成本的更高比例的貸款。

證明：由前文論述可得，當供應商存在生產資金約束時，傳統銀行融資模式與電商擔保融資模式均衡時的最優訂貨量分別為：

$$Q_b^* = F^{-1}(1 - \frac{c_p(1+r_f)(1-a_n)}{(1-\eta)((1-a_n)((1-a_m)p+a_m(\beta p-c_l))-a_n c_l-k+c_g)})$$

$$Q_d^* = F^{-1}(1 - \frac{c_p(1+r_f)}{(1-a_n)((1-a_n)((1-a_m)p+a_m(\beta p-c_l))-a_n c_l-k+c_g)})$$

因為 $F^{-1}(\cdot)$ 為單調遞增，所以可得當且僅當 $\eta > 1-(1-a_n)^2$ 時有 $Q_d^* > Q_b^*$。

又由前文有，處於均衡解時，對於 $\varphi \in \{b, d\}$ 有，$\pi_S^\varphi = B(1+r_f) + kS(Q_\varphi^*)$，易知當 $Q_d^* > Q_b^*$ 時，有 $\pi_S^d > \pi_S^b$。由公式（14-23）與公式（14-10）可得，

$$\pi_R^d(Q)-\pi_R^b(Q)=\pi_R^5(Q)-\pi_R^3(Q)=(c_p Q-B)(1+r_f)(\frac{1-a_n}{1-\eta}-\frac{1}{1-a_n}) \quad (14-24)$$

當 $\eta > 1-(1-a_n)^2$ 時，根據（14-24）有，$\pi_R^d(Q) > \pi_R^b(Q)$。

又因為當 $\eta > 1-(1-a_n)^2$ 時，有 $Q_d^* > Q_b^*$，並且 π_R^5 與 π_R^3 均為凹函數，此時有 $\pi_R^5(Q_d^*) > \pi_R^5(Q_b^*) > \pi_R^2(Q_b^*)$，即得 $\pi_R^d > \pi_R^b$。

最後，對於 $\varphi \in \{b, d\}$，供應商所獲得的貸款與其生產成本的比例 $\varepsilon_\varphi = \frac{c_p Q_\varphi^* - B}{c_p Q_\varphi^*} = 1 - \frac{B}{c_p Q_\varphi^*}$。當 $\eta > 1-(1-a_n)^2$ 時，有 $Q_d^* > Q_b^*$，從而有 $\varepsilon_d > \varepsilon_b$。這表明，電商擔保融資模式相較於傳統銀行融資模式，供應商能夠獲得其生產成本的更高比例的貸款，得證。

命題14-6：π_R 與 β 正相關，與 a_m 負相關，即零售商的利潤與二級市場銷售的折價比率正相關，與無缺陷產品退貨率負相關，零售商利潤受無缺陷產品退貨率與二級市場銷售率綜合影響。

證明：根據前文零售商最優利潤模型，當 $0 < \beta < 1$ 時有，

$$\frac{d\pi_R}{d\beta} = (1-a_n) \cdot a_m p \cdot S(Q) > 0$$

$$\frac{d\pi_R}{da_m} = (1-a_n)(\beta-1) \cdot PS(Q) < 0$$

得證。

特別的，當 $\beta = 0$ 時，表明無缺陷退貨產品的殘值為 0，這類產品無法在二級市場繼續銷售，如一些易逝品，雖然產品為無缺陷，但可能因為具有時效性無法繼續銷售；當 $\beta = 1$ 時，表明產品無缺陷退貨並不會影響其價值，能在二級市場以原價出售，如消費者後悔性購物行為，產品未經拆封就退貨；而生活中大部分退貨現象都是處於這兩種之間，零售商經常會對無缺陷產品折價出售，即 $0 < \beta < 1$。

此外，通過零售商最優利潤模型，可知零售商的收入來源由兩部分組成，正常銷售所獲收入 $(1 - a_m)p$ 與二級市場銷售收入 $a_m(\beta p - c_l)$，β 值的大小直接影響了零售商二級市場的收入，而 a_m 的大小影響著零售商收入的主要來源。從而可知，若產品無缺陷退貨率較高，零售商決定的折價率對零售商總體利潤的影響較大；若產品無缺陷退貨率較低，零售商決定的折價率對零售商總體利潤的影響微乎其微。

第十五章　電商擔保融資模式的數值分析

本章節通過具體的算例分析，對傳統銀行貸款融資模式（以下簡稱傳統）與電商擔保融資模式（以下簡稱擔保）的最優決策進行分析。

結合模型假設條件，本書選取了一家向京東商城供貨的玩具企業製造商作為模型的應用，進行算例分析。通過與商家的工作人員溝通，瞭解到該製造商規模較小，自有資金量比較少，為維持日常的生產資金週轉，該企業一直依靠的是直接向銀行申請貸款。他們反應雖然直接向銀行申請貸款審批通過不難，但是貸款額度不高而貸款成本較高是他們一直面臨的問題。因此，本書選取了該企業作為模型的應用，來比較傳統與擔保。

該企業生產的產品在京東商城零售價格為19.98元。在與企業聯繫後得知，企業產品的生產成本約為12元。後通過向京東客服以及相關工作人員諮詢瞭解到，該企業的產品由於售價不高，好評相對較好，產品無缺陷，退貨率較低約為0.02；京東有自己的物流系統，這就使逆向物流的成本很低，此處假設退貨成本為1元；並且京東有自己的二級市場銷售渠道，此市場中產品因為打折往往供不應求。另外，通過閱讀相關的參考文獻，並且結合現實情況，本章假設市場需求是不確定的隨機變量，服從均值 μ 為0.5，標準差 σ 為0.5的對數正態分佈，產品的缺貨成本為5元，零售商承諾給予供應商每單位的補償為1.5元，市場的無風險利率為0.06。據前文分析，下文將根據銀行預期的不同缺陷產品退貨率，同時考慮零售商評價的缺陷產品退貨率較高與較低（標準為 a_n 與 $1-\sqrt{(1-\eta)}$ 的大小關係）時，從貸款利率、訂貨量、批發價格以及供應商和零售商的利潤這幾個方面，對兩種融資模式進行對比分析。

第一節　供應商貸款利率分析

從圖15-1中我們可以看出，不論是在傳統模式還是擔保模式下，供應商的貸款利率 r 均與銀行對供應商產品預期的缺陷產品退貨率 η 正相關。貸款利率反應的是銀行對貸款違約風險的補償，當銀行預期供應商有較高的缺陷產品

退貨率時，就意味著銀行認為供應商有較高的可能性因產品缺陷而賣不出去致使違約的發生，這時銀行就會收取較高的風險補償，體現在更高的貸款利率。特別地，因為信息不對稱，零售商具有與供應商的交易記錄，而銀行沒有供應商的相關信用記錄，因此零售商能夠較為準確地推算供應商的缺陷產品退貨率，而銀行預估的缺陷產品退貨率往往會高出許多。並且從圖 15-1 中易知，當 a_n 較低時，r_d 始終在 r_b 下方，即當零售商預估的缺陷產品退貨率較低時，擔保中的貸款利率始終優於傳統；而當 a_n 較高時，擔保下的貸款利率在 η 較小時高於傳統，但是傳統的貸款利率隨著 η 的增大速度大於擔保，因此當 η 較大時依然有傳統貸款利率大於擔保貸款利率。綜上所述，作為供應鏈中的核心企業，零售商為供應商做擔保，以幫助供應商獲得融資，能夠顯著地降低其融資成本。

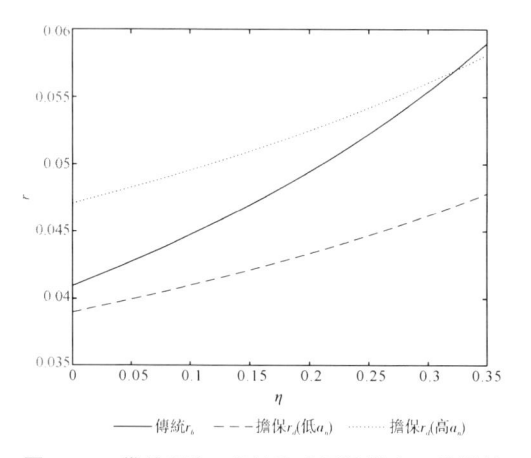

圖 15-1　貸款利率 r 與缺陷產品退貨率 η 的關係

第二節　零售商最優訂貨量分析

據圖 15-2 可知，首先，不論傳統模式還是擔保模式，零售商的最優訂貨數量隨著銀行的預期缺陷產品退貨率水準增加而減少，並且隨著 η 的增大，訂貨量遞減的幅度也在增大。其次，當 a_n 較低時，Q_d 始終在 Q_b 上方，即當零售商預估的缺陷產品退貨率較低時，擔保中的最優訂貨量始終優於傳統；而當 a_n 較高時，Q_d 始終在 Q_b 下方，即當零售商預估的缺陷產品退貨率較高時，擔保中的最優訂貨量始終不如傳統。不論哪種模式，訂貨量的下降主要是因為，隨著 η 的增加，供應商的貸款利率也在急遽增加，這就增加了供應商的融資成本，他需要留出更多的資金以償債，這就降低了他所能夠生產的上限。

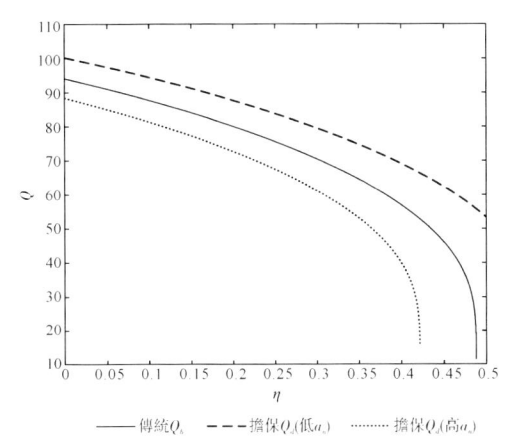

圖 15-2　最優訂貨量 Q 與缺陷產品退貨率 η 的關係

第三節　零售商最優批發價格分析

我們可以從圖 15-3 看出，當市場需求分佈的 $\sigma = 0.5$ 時，在擔保模式下的最優批發價格可以低於也可以高於傳統模式下的最優批發價格。在該分佈下，傳統模式的最優批發價格變動較大，從圖中可以看出，當 η 大約大於 0.45 時，供應商批發價格 w_b 急遽下降，這是因為雖然此時供應商面臨著較高的貸款利率，但是產品訂貨量卻很少，進而供應商需要貸款的數額也很少，這意味著零售商不需要提高批發價格來補償供應商的融資成本；當 η 小於 0.45 時，隨著

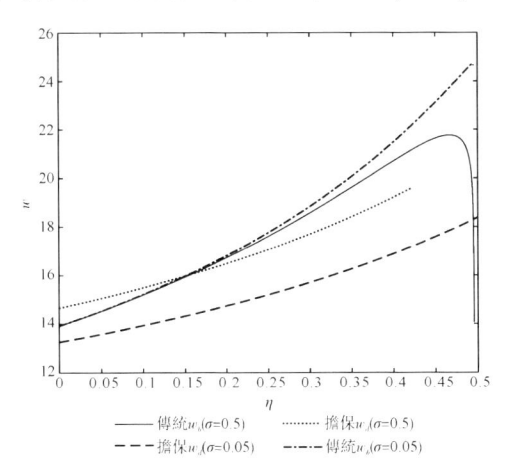

圖 15-3　最優批發價格 w 與缺陷產品退貨率 η 的關係

η 的增加，供應商面臨的貸款利率在增加，雖然訂貨量在減少，但仍需要一筆相當的貸款以完成生產，零售商考慮要與供應商合作，在供應商融資成本提高時會相應地增加批發價格。而當市場需求分佈的 $\sigma = 0.05$ 時，隨著 η 的增加，在擔保模式下的批發價格始終低於傳統銀行貸款模式，這也驗證了命題 14-4 的結論。

第四節 供應商的利潤分析

從圖 15-4 中我們可以得到，不論傳統模式還是擔保模式，供應商的利潤與 η 負相關，且隨著 η 的增加下降幅度在增大。這是因為，隨著 η 的增加，一方面供應商所獲得的貸款利率在上升，融資成本的增加直接降低了供應商的利潤；另一方面，訂貨量的下降直接影響了供應商的銷售收入，降低利潤。另外，當 a_n 較低時，π_d 始終在 π_b 上方，即當零售商預估的缺陷產品退貨率較低時，擔保中的供應商利潤始終優於傳統；而當 a_n 較高時，π_d 始終在 π_b 下方，即當零售商預估的缺陷產品退貨率較高時，擔保中的供應商利潤始終不如傳統，並且隨著 η 的增加，兩種模式中的供應商利潤差距越來越大。

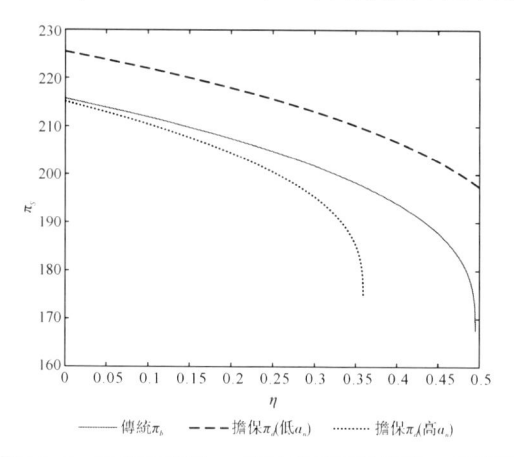

圖 15-4 供應商利潤 π_s 與缺陷產品退貨率 η 的關係

第五節　零售商的利潤分析

從圖 15-5 中我們可以得到，不論傳統模式還是擔保模式，零售商的利潤同樣與 η 負相關，且隨著 η 的增加下降幅度增大。這是因為，隨著 η 的增加，零售商最優的訂貨量在下降，銷售的產品減少了，最直接地影響了零售商的利潤。另外，當 a_n 較低時，π_d 始終在 π_b 上方，即當零售商預估的缺陷產品退貨率較低時，擔保中的零售商利潤始終優於傳統；而當 a_n 較高時，π_d 始終在 π_b 下方，即當零售商預估的缺陷產品退貨率較高時，擔保中的零售商利潤始終不如傳統。

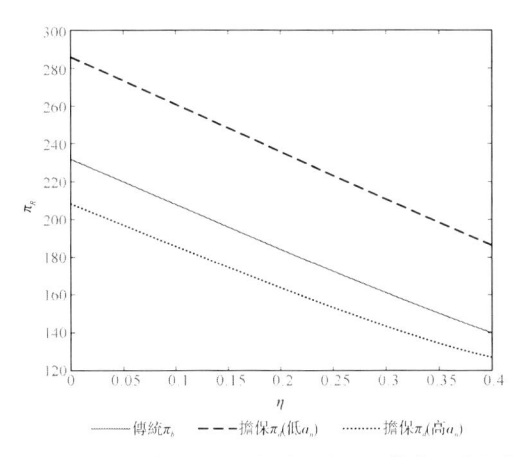

圖 15-5　零售商利潤 π_R 與缺陷產品退貨率 η 的關係

本章通過對一家玩具企業的具體算例分析，從圖形上對傳統銀行貸款融資模式與電商擔保融資模式進行了相應的比較分析。因為信息不對稱原因，零售商具有與供應商的交易記錄，而銀行沒有供應商的相關信用記錄，這就導致零售商能夠較為準確地推算供應商的缺陷產品退貨率 a_n，而銀行預估的缺陷產品退貨率 η 往往會高出許多，為更直觀地比較，本章不光考慮了 a_n 取值較低時的情況，還對比了 a_n 較高的情形。最終驗證，該企業如果選擇了電商擔保融資模式，可以有效地提高供應鏈整體效益，因為該模式降低了供應商的融資成本，同時提高了供應商與零售商雙方的利潤。

第十六章　供應鏈金融風險控制研究的進一步探索

第一節　供應鏈金融風險控制研究的總結

一、基於銀行視角的保兌倉模式合約風險管理研究總結

供應鏈金融是一種商業銀行為了順應時代發展的創新產物。該業務自20世紀80年代誕生到現在，經歷了理論探索階段、理論研究階段、業務實踐階段。中小企業面臨的融資瓶頸，核心企業具有高資信水準，商業銀行對中小企業貸款時出現的逆向選擇，物流企業的發展，各企業對增加收益的共同期待促使了供應鏈金融的出現、發展。從業務誕生角度出發，供應鏈金融業務是以解決中小企業的融資瓶頸為宗旨的創新業務。從商業銀行角度出發，該業務是增加銀行中間收入、參與行業競爭的創新業務。從物流企業的角度出發，該業務有助於企業拓展業務渠道從而增加企業收入。從核心企業角度出發，該業務有利於企業挖掘新客戶，並有利於核心企業與新客戶建立長遠的商業夥伴關係。

本書第一部分首先從供應鏈金融的概念出發進行分析，然後對供應鏈金融的具體模式進行詳細的分類，進而分析供應鏈金融業務面臨的風險。根據供應金融業務的開展流程可知，該業務主要存在以下幾種風險：核心企業與融資企業合謀騙貸的風險，融資企業、核心企業、物流企業的信用風險，合約關鍵參數設置不當的風險，緊接著對化解風險的措施進行介紹，最後以四方保兌倉融資業務模式為例，從融資企業的角度出發，根據信息不對稱理論分析融資企業行為選擇的影響因素，分析商業銀行授信額度的影響因素，分析產品市場波動、融資企業第一次提貨量對商業銀行期望利潤帶來的影響。

研究的主要結論包括：

（1）融資企業行為選擇

當市場需求量高於商品訂購量時，無論保證金比率的大小如何設置，融資企業將守約，交納所有相關費用。

當 $q_1 \leq (1 - \dfrac{wr}{p-w-s}) \cdot q$，且商品的市場需求滿足 $q_1 \leq x \leq q$ 時，在

$x \geqslant x_0$ 的條件下，融資企業遵守合約。當商品處於低需求狀態時，融資企業一定違約。

（2）保證金比例、銀行授信額度影響因素

產品批發價格、產品處理價格、產品零售價格、單位倉儲費用、合同的訂購數量、貸款利率、核心企業的回購比例、融資企業的違約概率、市場需求的密度函數。

（3）授信額度、保證金比例、市場波動關係

銀行對授信額度以及保證金比率的確定與市場需求波動有關。授信額度與市場需求波動程度呈反比，保證金比率與市場需求波動程度呈正比。

（4）在不對稱信息情形下，商業銀行控制風險的措施

供銷雙方簽訂高於實際批發價的合約，若合約價格與真實批發價之差不太大，銀行往往採取默認的態度。當合約價格與真實批發價之差不太大時，違約概率增加並不是太多。此時，銀行的期望利潤是增加的。若合約價格與真實批發價之差較大時，違約概率增加較大，風險增加較多，此時銀行需要物流企業強有力的監管。

二、基於商業保理的雙保理融資模式風險控制研究總結

隨著中國市場經濟的日益發展，市場貿易越來越透明公開化，以至於中國大多數企業開始憑藉自身信用進行交易從而占據市場，使得企業大量的流動資金被強制占用，從而也伴隨著大量的應收帳款產生，使得中國國內目前的保理業務得以發展。

近年來，中國國內的保理商註冊數逐年增加並在 2016 年劇增，註冊數新增 2,740 家，較 2015 年 43.3% 的增長率相比，2016 年的商業保理公司註冊數增幅達到了 126.3%。隨著保理商數目的增加，保理業務總量卻並沒有如此大的增加幅度。為了解決這一矛盾，除了從保理業務相關制度上進行完善外，還需加速保理商之間的協同合作，分散業務風險獲得更多的融資渠道。

於是本書第二部分重點研究雙保理融資模式，通過保理商之間的協同合作來分散風險提高保理業務量，為減少這一複雜模式下雙保理商將會產生的風險問題，我們主要提出重複博弈來減少合謀的出現概率，並建立買方保理商參與擔保雙邊共同決定市場的模型，有效地解決因信息不對稱而導致的合謀問題。

本書還對比研究了買方保理商是否參與保理提供擔保的兩種情況下，買方保理商最佳保理利率的確定及兩家保理商各自的最大期望收益及影響因素，分析比較了兩種情況下的最大期望收益的大小關係。重點分析了在買方保理商擔保的情況下，應如何確定最佳風險承擔比例及風險承擔比例的大小實際取決於哪些因素等問題。

最終通過函數關係指出若買方保理商參與保理提供擔保，不僅能擴大整個

經濟市場的融資需求，還能拓寬中國保理商的保理業務範圍，獲得更多的保理業務收益。在雙保理業務模式下，為有效防止買方保理商與買方合謀從而減少買方保理商的保理業務風險提供解決方法，並為日後相關研究提供參考依據。

三、P2P平臺供應鏈在線貸款融資模式風險控制研究總結

本書第三部分研究了一個由在線P2P借貸平臺、生產商和零售商組成的SCF系統。我們分析了SCF系統中參與者的最優Stackelberg決策。具體而言，我們考慮了P2P借貸平臺風險控制指標下的生產商與零售商同時存在資金約束時的情景。相比於以往的供應鏈融資的策略研究，本書最為直觀的特點是將傳統的銀行角色替代為P2P借貸平臺，實際上在博弈模型中主要區別如下：

第一，對比傳統銀行參與的博弈，本書在博弈模型中增加了投資人的角色。在實際業務中，投資人可以自由選擇供應鏈融資項目進行投資，而投資人選擇的主要依據除標的公司自身情況外還有兩大量化性指標——融資利率i和有限融資額度θ。投資人更加願意選擇融資利率高、企業資質條件好的企業，同時因為存在羊群效應的影響，投資人更願意選擇標的完成較高的，即有限融資額度θ接近1的企業；這一過程實際上也涉及一定程度的博弈情況，投資人覺得什麼樣的利率水準和有限融資額度可以在一定程度上量化企業優劣程度，以此來實現自身利益的最大化。但引入投資人行為可能造成多方博弈的情況，會大大提高了模型複雜程度，因此在實際模型推導過程中，將投資人的行動不作為博弈參與方處理，而融資利率i和有限融資額度θ則作為博弈系統的外生變量；而在傳統銀行參與博弈模型中，銀行融資利率i和有限融資額度θ是作為決策變量處置的，因此單純將P2P平臺置換成銀行是難以合理解釋的。

第二，研究方向賦予的模型特徵。P2P平臺最為核心的營運因素是風險控制，因此本書研究重點在於P2P平臺在參與供應鏈金融時風險控制策略，即在風險控制策略下實現自身利益的最大化，其核心指標包括P2P平臺的服務費率S、投資人選擇的融資利率i和有限融資額度θ，而傳統銀行在供應鏈融資策略研究中往往追求利益最大化，忽視風險控制因素。

我們研究發現P2P風險控制因素（借貸服務費率、有限融資額度）對借貸方營運決策（零售商的訂單數量和製造商的批發價格）的影響，一般是通過直接或者間接的傳導。總結P2P平臺的風控指標i_r和S_r對其營運指標的影響來看，我們發現隨著P2P平臺的服務率或互聯網融資利率的增加以及資本約束的零售商的融資成本增加，這一行為會迫使製造商降低批發價格以維持其銷售。另外P2P借貸平臺既可以設定較低服務費率以促進訂貨，也可以通過增加融資額度限制的方式，使得生產商和零售商在制定自身決策變量時更加謹慎，在一定程度上降低企業的經營風險和P2P平臺的借貸風險。另外我們發現較低的融資限額不但不能滿足零售商資金缺口，還可能會造成生產商和零售

商共同的利潤損失，不利於供應鏈協調的產生。由此可以發現 P2P 借貸平臺對有限融資額度 θ, 這一風控因素的合理設置將更有利於實現多方共贏的局面。

我們研究發現零售商的最優訂貨量隨著平臺的服務率和互聯網融資利率而下降。這是因為較高的服務率或較高的互聯網融資利率意味著較高的融資成本，這也會導致較小的貸款金額和訂單數量。我們還發現生產商的最優批發價格隨著平臺的服務率和互聯網融資利率而下降。這可以解釋為：隨著平臺的服務利率或互聯網融資利率的增加，資本約束的零售商的融資成本增加。這迫使製造商降低批發價格以維持其銷售。上述觀察結果在上述模型推演中得到證實，並在我們的數值研究中得到證實。

對於生產商的最佳批發價格隨著平臺的服務率和互聯網融資利率而增加。隨著服務利率或互聯網融資利率的增加，生產商的融資成本也越來越高。因此，生產商將通過設定更高的批發價格將融資成本轉移給零售商。為了回應更高的批發價格，零售商降低了訂單數量。這些觀察結果在第三章中模型推導求出並在我們的數值研究中得到證實。

我們擴展模型中考慮了存在零售商破產風險。我們發現，存在破產風險的零售會影響最優服務費率，使得服務費率呈現一個不同敏感度的結果。另外我們在擴展模型中還加入供應協調分析，最終的結果顯示，存在一定融資需求時可以讓整個供應鏈系統達到最優條件。

我們的分析和數值結果表明了對供應鏈融資參與者的一些管理影響。首先，利用 P2P 借貸平臺進行供應鏈融資是那些面臨銀行信貸困難的公司的替代資金來源。從企業的角度來看，供應鏈融資活動允許資本有限的零售商和製造商放寬支付條款，從而減少或避免供應鏈中的衝突和不穩定，並提高整個供應鏈的財務效率。其次，作為「供應鏈合作夥伴」，P2P 借貸平臺可以將供應鏈融資視為獲得比傳統銀行放貸收益更具吸引力的新方法，並提供擴展現有客戶關係的寶貴機會。它可以將傳統的「雙贏」效應更新為「三贏」效果。最後，供應鏈融資從業者應該意識到，對信貸限額的動態，即時監控對於供應鏈融資實踐中的決策和風險控制至關重要。因此，應該投入大量精力來設計合同，通過風險、利潤或成本分擔來加強承諾，以實現更好的業績。

結論表明，適當的融資既能夠激勵資金約束零售商通過有效融資增加訂貨數量，還能夠實現有效協調，提高供應鏈系統的渠道效率。由此可見，在供應鏈金融管理實踐中，作為資金提供方的 P2P 借貸平臺等金融機構可以通過制定合理的資金成本（利息與服務費率之和）來激勵資金需求方增加訂貨決策，並有效實現供應鏈金融系統的協調。

四、在線電商供應鏈擔保融資模式風險控制研究總結

在中國的經濟發展過程中，中小企業一直以來都扮演著十分重要的角色，

他們為中國經濟的增長做出了巨大的貢獻。但是在中小企業的發展中，始終面臨著融資困難的問題，這主要是因為中國銀行放貸的申請條件較為嚴苛，尤其是對信用的調查，此外中小企業自身缺乏完善的財務制度和健全的資本機構也是成功融資的一大障礙。

　　本書的第四部分主要研究的是為中小企業融資難的問題提供一種解決方案，由供應鏈中大型核心的零售商為資金短缺的中小型供應商提供擔保獲得融資，預防由於供應商生產資金的不足而導致的供應鏈中斷問題。我們考慮了電商普遍存在的無理由退貨問題，將產品退貨對供應鏈的影響引入到模型的建立中。基於上述考慮，在經典報童模型的基礎上，分別對傳統銀行貸款融資模式與電商融資擔保模式進行最優化模型的建立，並求解零售商的最優決策。接著在供應商無資金約束與存在資金約束下，對兩種模式進行比較分析，具體得到的結論如下：①當供應商不存在資金約束時，供應商不會選擇獲得貸款，並且此時的最優訂貨量高於供應商存在資金約束時的最優訂貨量。②電商擔保融資模式能夠幫助供應商降低融資成本，在算例分析中，容易看出電商擔保融資模式中的貸款利率始終低於傳統銀行貸款融資模式的貸款利率。③當市場需求分佈的標準差足夠小時，電商擔保融資模式的最優批發價格會始終低於傳統銀行貸款融資模式。④大多數情況下，電商擔保模式相較於傳統銀行貸款模式來說，在提高零售商訂貨量的同時，增加了供應商與零售商雙方的利潤。綜上，可以得出電商擔保模式能夠有效解決中小企業融資難的問題和提高供應鏈整體的效益。

第二節　研究的不足與展望

　　首先，由於受到研究資料及保兌倉融資模式參與者多樣性的限制，以及研究保兌倉業務模式的定量分析文獻較少，本書的理論深度與實踐深度有待提高。在對商業銀行主導的供應鏈保兌倉融資模式風險控制過程中，本書主要從四方保兌倉融資模式出發分析合約關鍵參數設置對中小企業行為選擇的影響，對商業銀行授信額度影響因素進行分析，對銀行期望利潤、產品市場波動、融資企業第一次提貨數量三者關係進行分析。但是，由於融資企業的行業類型、規模大小、資產狀況不盡相同，本書的研究假設並不能保證適合所有行業的中小企業。因此，該問題的進一步研究方向在於：商業銀行如何通過該業務贏得競爭優勢；不局限於風險方面，可拓展到該業務對參與者的積極影響，例如這種積極影響對參與者內、外部發展的長遠影響，該積極影響對參與者所在行業的作用等；相關研究可以朝著單企業－多模式的複合選擇方向發展，分析單融

資企業選擇多融資模式的情景下，融資業務對企業發展帶來的影響。

其次，在對雙保理融資模式的參與方進行風險分析時，僅選取雙保理商為主要研究對象，探究買方保理商與買方合謀損害賣方保理商利益的風險問題。而其他風險因素的存在將在本書後續研究中加以討論。在風險防範機制設計過程中，為有效防止合謀問題的出現，僅引入重複博弈模型進行風險防範研究，在後續研究中，可對獎懲機制加以討論，即對買方保理商是否存在包庇買方的行為進行監控，一旦發現則需支付懲罰成本，而未發現包庇行為則進行獎勵，探究該模型是否能從一定程度上對合謀問題的出現有所抑制。在統一授信模式下研究雙保理商的 Stackelberg 博弈行為時，為簡化模型僅考慮保理利率對賣方融資需求的影響，忽略了其他相關因素（如賣方的自有資金等），在未來研究中將對更多的相關參數加以考慮，依此對雙保理模式提出風險防範方面的建議。

再次，在對 P2P 供應鏈融資的研究中，供應鏈系統僅是二級供應鏈系統，雖然引入了 P2P 借貸平臺作為博弈參與方，但與實際的情況仍有不小的差距，未來可以引入更多抽象參數作為變量考慮。同時，為了模型求解方便，本書簡化了一些變量的設置，對博弈參與三方的設置均是理性的經濟人假設，對於他們的風險設置都為中性的，但實際經濟過程風險因素的多變的，未來可以考慮在研究中設置風險厭惡或者風險偏好，甚至是風險可變的情況下的博弈情況。另外，P2P 參與的供應鏈融資仍有許多地方值得深入挖掘，包括羊群效應對融資利率的影響；我們只是基於零售商和生產商同時存在資金約束進行了初步探索，但是，在我的工作中，忽略了資本約束代理人的信用違約風險，在風險控制方面的研究只局限於兩個變量，未來可以增加風險控制變量，重點研究 P2P 平臺參與供應鏈金融業務的風險控制手段，考慮更多更具體的時間節點進行決策，研究結論將更比單一回合的研究具有現實意義。

最後，在對在線電商供應鏈擔保融資模式風險控制研究時，本書對產品退貨的處理方式較為簡單，即缺陷退貨產品直接退還給供應商，無缺陷退貨產品在二級市場進行折價銷售，而在現實生活中存在專門處理退貨產品的公司，若將該類企業加入供應鏈的博弈中，會對供應鏈中各成員產生不同的影響。同時，本書只考慮了一個簡單的二級供應鏈系統，只存在一個資金約束的中小型企業以及一個大型核心企業。而現實生活中，供應鏈是由多個供應商和多個零售商組成的，就資金流向來說就能形成一個複雜的網絡。將電商擔保融資模式引入多個供應商與零售商組成的複雜供應鏈以解決中小企業融資難的問題同樣有豐富的現實意義，值得深入研究。另外，本書考慮的主要是單週期的零售商最優決策研究，未來可以深入研究當決策為多週期決策時，零售商在不同模式下對每一週期進行決策。此外，還可以考慮銀行在多週期的過程中，對供應商缺陷率的不斷糾偏，研究對零售商最優決策、供應商和零售商利潤的影響。

參考文獻

[1] 白少布, 劉洪. 基於供應鏈保兌倉融資的企業風險收益合約研究 [J]. 軟科學, 2009（10）: 118-122.

[2] 白少布. 基於有序 logistic 模型的企業供應鏈融資風險預警研究 [J]. 經濟經緯, 2010（6）: 66-71.

[3] 白世貞, 徐娜, 鄢章華. 基於存貨質押融資模式的供應鏈金融最優決策 [J]. 物流技術, 2013, 32（5）: 212-214.

[4] 白彥其. 基於財務報告表分析的供應鏈金融研究 [J]. 對外經貿, 2012（10）: 108-110.

[5] 白志潮. 淺談國際保理業務中保理商的法律風險及防範 [J]. 太原理工大學學報（社會科學版）, 2005（4）: 81-83, 88.

[6] 包曉嵐, 高思新. 應收帳款融資的方式與前景分析 [J]. 財會通訊, 2004（4）: 58-61.

[7] 鮑彬彬, 邵俊崗. 基於 AHP 的中小企業供應鏈融資風險評估 [J]. 企業經濟, 2014（5）: 88-92.

[8] 曹文彬, 馬翠香. 基於供應鏈金融的應收帳款融資博弈分析 [J]. 商業研究, 2013（3）: 168-173.

[9] 曹瑛. 道德風險下的中國出口保理商與保理業務中其他三方的風險博弈 [J]. 管理觀察, 2010（9）: 34.

[10] 陳寶峰, 馮耕中, 李毅學. 存貨質押融資業務的價值風險度量 [J]. 系統工程, 2007（10）: 21-26.

[11] 陳丹, 何廣文. 應收帳款質押貸款的風險及其模糊綜合研究 [J]. 金融理論與實踐, 2010（9）: 17-21.

[12] 陳歡. 中小企業應收帳款質押融資模式中的道德風險研究 [J]. 江蘇商論, 2014（11）: 53-55.

[13] 陳李宏, 彭芳春. 供應鏈金融——中小企業融資新途徑 [J]. 湖北社會科學, 2008（11）: 101-103.

[14] 陳立峰, 邵智章. 供應鏈金融的法律風險研究——以供應鏈金融的融資模式為切入點 [J]. 浙江萬里學院學報, 2016（1）: 25-29.

[15] 陳其安, 肖映紅, 程玲. 中小企業融資的三方信貸擔保模型研究 [J]. 中國管理科學, 2008, 16（S1）: 210-214.

[16] 陳祥鋒, 朱道立, 應雯珺. 資金約束與供應鏈中的融資和營運綜合決策研究

[J]. 管理科學學報, 2008, 11 (3): 70-77, 105.

[17] 鄧小軍. 基於三角模糊數評價法的集群供應鏈風險評估研究 [J]. 中國管理信息化, 2011 (5): 53-55.

[18] 刁葉光, 任建標. 供應鏈金融下的反向保理模式研究 [J]. 上海管理科學, 2010 (1): 47-50.

[19] 傅雪紅, 劉松先. 供應鏈風險管理過程探析——基於愛立信供應鏈風險管理過程案例研究 [J]. 重慶科技學院學報, 2010 (22): 94-96.

[20] 高凌, 董寶田. 供應鏈金融視角下商業銀行貸款定價分析 [J]. 煤炭經濟研究, 2010 (11): 56-59, 45.

[21] 呆志宏. 供應鏈金融下應收帳款質押融資的風險管理研究 [J]. 中外企業家, 2016 (6): 102.

[22] 郭登輝, 王毅成. 關於網絡聯保貸款方式的探究 [J]. 金融與經濟, 2010 (2): 83-85.

[23] 郭清馬. 供應鏈金融模式及其風險管理研究 [J]. 金融教學與研究, 2010 (2): 2-5.

[24] 郭志俊, 吳椒軍. 論中國個人信用體系的法律制度建設 [J]. 社會科學論壇, 2010 (5): 34-38.

[25] 韓東東, 施國洪, 馬漢武. 供應鏈管理中的風險管理 [J]. 工業工程, 2002 (3): 37-41.

[26] 韓剛, 李隨成. 動態質押模式下的存貨質押融資業務風險控制 [J]. 系統工程, 2010 (12): 18-22.

[27] 韓國薇. 中小企業應收帳款融資創新模式研究 [J]. 中國商貿, 2012 (3): 150-151.

[28] 韓景豐, 章建新. 供應鏈風險的系統性識別與控制研究 [J]. 商業研究, 2006 (20): 45-48.

[29] 何娟, 劉苗苗. 存貨質押業務關鍵風險因子實證辨識分析 [J]. 金融理論與實踐, 2012 (1): 28-32.

[30] 何宜慶, 陳華強, 曾斌. 應收帳款融資的定價分析 [J]. 金融與經濟, 2010 (9): 14-16, 8.

[31] 胡海青, 張琅, 張道宏, 等. 基於支持向量機的供應鏈金融信用風險評估研究 [J]. 軟科學, 2011 (5): 26-36.

[32] 黃河, 但斌, 劉飛. 供應鏈的研究現狀及發展趨勢 [J]. 工業工程, 2001 (1): 16-20.

[33] 江瑋潘, 易東波, 吳容, 等. 多批次存貨質押融資下的庫存管理 [J]. 系統工程, 2015 (1): 122-127.

[34] 金偉, 駱建文. 基於雙邊資金約束供應鏈的均衡組合融資策略 [J]. 系統工程理論與實踐, 2017, 37 (6): 1441-1451.

[35] 金雪軍, 毛捷. 違約風險與貸款定價: 一個基於期權方法和軟預算約束的新模型 [J]. 經濟學 (季刊), 2007 (4): 1217-1238.

[36] 孔媛媛, 王恒山, 朱珂, 等. 模糊影響圖評價算法在供應鏈金融信用風險評估中

的應用[J]. 數學的實踐與認識, 2010 (21): 80-86.

[37] 冷凱君, 王玉霞. 信息不對稱條件基於TOC的供應鏈協調方法研究[J]. 湖北大學學報, 2012 (1): 89-93.

[38] 李超, 駱建文. 針對資金約束供應商的預付款融資均衡策略[J]. 上海交通大學學報, 2017, 51 (2): 229-236.

[39] 李娟, 徐渝, 馮耕中. 基於存貨質押融資業務的博弈分析[J]. 生產力研究, 2007 (20): 49-51.

[40] 李夢宇, 周瑩. 供應鏈融資風險傳染度量及貸款利率定價[J]. 統計與決策, 2015 (20): 152-156.

[41] 李前. 保理雪中送炭, 多方共贏市場: 訪豐匯國際商業保理有限公司總裁宮釗[J]. 進出口經理人, 2013 (5): 64-66.

[42] 李偉平. 企業應收帳款保理業務應用[J]. 財經界(學術), 2010 (24): 265.

[43] 李文蘭. 民營中小企業應收帳款風險管理體系探析[J]. 財會通訊: 綜合(中), 2010 (9): 93-94.

[44] 李豔華. 供應鏈金融模式分析[J]. 物流技術, 2012, 31 (7): 352-353.

[45] 李毅學, 徐渝, 王非. 存貨質押融資業務中外比較分析及案例研究[J]. 商業經濟與管理, 2007 (7): 35-40.

[46] 李占雷, 孫悅. 供應鏈應收帳款質押融資的雙重Stackelberg博弈分析[J]. 物流科技, 2014 (2): 24-27.

[47] 廖理, 李夢然, 王正位, 等. 觀察中學習: P2P網絡投資中信息傳遞與羊群行為[J]. 清華大學學報(哲學社會科學版), 2015, 30 (1): 156-165, 184.

[48] 林強, 李苗. 保兌倉融資模式下收益共享契約的參數設計[J]. 系統科學與數學, 2013 (4): 430-444.

[49] 林強, 李曉微, 師杰. 保兌倉融資模式下數量折扣契約的參數設計[J]. 天津大學學報, 2014 (1): 12-17.

[50] 劉佳, 隋超. 存貨質押融資模式下煤炭供應鏈收益分配模型研究[J]. 中國商論, 2017 (21): 142-143.

[51] 劉圻, 應暢, 王春芳. 供應鏈融資模式在農業企業中的應用研究[J]. 農業經濟問題, 2011 (4): 92-98.

[52] 劉原亮, 高書麗. 供應鏈金融模式下的小企業信用風險識別——基於北京地區信貸數據的實證研究[J]. 新金融, 2013 (287): 45-49.

[53] 柳鍵, 葉影霞. 供應鏈風險管理的研究與對策[J]. 工業技術經濟, 2007 (12): 95-98.

[54] 魯其輝, 曾利飛, 周偉華. 供應鏈應收帳款融資的決策分析與價值研究[J]. 管理科學學報, 2012 (5): 10-18.

[55] 魯其輝, 曾利飛, 周偉華. 供應鏈應收帳款融資的決策分析與價值研究[J]. 管理科學學報, 2012 (5): 10-18.

[56] 魯其輝, 姚佳希, 周偉華. 基於EOQ模型的存貨質押融資業務模式選擇研究[J]. 中國管理科學, 2016, 24 (1): 56-66.

[57] 路芳芳, 段元萍. 次貸危機下加快中國保理業務發展的探討[J]. 國際經貿探

索, 2009 (2): 50-54.

[58] 馬青波. 需求隨機時的存貨質押融資質押量決策研究 [J]. 科學技術與工程, 2012 (9): 2246-2250.

[59] 馬士華, 林勇. 供應鏈管理 [M]. 北京: 高等教育出版社, 2006.

[60] 牛曉健, 郭東博, 裘翔, 等. 供應鏈融資的風險測度與管理——基於中國銀行交易數據的實證研究 [J]. 金融研究, 2012 (11): 138-151.

[61] 錢佳, 王文利. 預付款融資下供應鏈協調的定價策略 [J]. 系統工程, 2016, 34 (7): 85-89.

[62] 任慧軍, 李智慧, 方毅. 物流金融下保兌倉模式中的風險分析 [J]. 物流技術, 2013 (7): 24-26.

[63] 阮祺. 國際保理中應收帳款轉讓的法律風險及防範研究 [J]. 華北電力大學學報 (社會科學版), 2017 (6): 51-55.

[64] 孫海雷, 王勇, 陳曉旭, 等. 隨機需求下基於存貨質押融資的項目投資決策 [J]. 系統工程學報, 2016, 31 (2): 227-233.

[65] 孫喜梅, 徐博, 韓彪. 基於Stackelberg模型的應收帳款融資決策優化 [J]. 深圳大學學報 (理工版), 2014, 31 (6): 654-660.

[66] 湯秀麗, 董銀霞. 保理業國際競爭力的影響因素: 跨國面板數據的實證研究 [J]. 經濟問題探索, 2014 (3): 142-148.

[67] 陶恒清, 朱東紅. 供應鏈金融存貨質押融資多階段博弈研究 [J]. 物流工程與管理, 2017, 39 (OS): 59-61.

[68] 甯紅地. 供應鏈金融的風險模型分析研究 [J]. 經濟問題, 2008 (11): 109-112.

[69] 王春喜, 查建中, 李建勇. 供應鏈性能評價的研究現狀和發展趨勢 [J]. 管理工程學報, 2003 (3): 27-30.

[70] 王海濤. 中小企業應收帳款質押與保理融資方式比較 [J]. 西南金融, 2011 (10): 47-49.

[71] 王輝, 沈潔, 石英琳. 基於物聯網的供應鏈管理發展新趨勢 [J]. 商業時代, 2010 (26): 21-22.

[72] 王會娟, 廖理. 中國P2P網絡借貸平臺信用認證機制研究——來自「人人貸」的經驗證據 [J]. 中國工業經濟, 2014 (4): 136-147.

[73] 王杰, 喬香蘭. 中國國際保理業務的現狀與對策 [J]. 商業時代, 2013 (3): 64-65.

[74] 王靈彬. 基於信息共享機制的供應鏈融資風險管理研究 [J]. 特區經濟, 2006 (10): 105-106.

[75] 王琪. 基於決策樹的供應鏈金融模式信用風險評估 [J]. 新金融, 2010 (4): 38-41.

[76] 王文利, 駱建文. 基於價格折扣的供應鏈預付款融資策略研究 [J]. 管理科學學報, 2014, 17 (11): 20-32.

[77] 王文利, 駱建文. 零售商提前支付與貸款擔保下的供應商融資策略 [J]. 管理工程學報, 2013, 27 (1): 178-184.

[78] 王曉彥. 關於國內保理業務的優勢與對策分析 [J]. 現代會計, 2012 (1):

10-12.

[79] 王志宏, 陳曉晴. 考慮質押物耗損的倉單質押融資決策研究 [J]. 物流科技, 2017, 40 (1): 140-145.

[80] 王忠偉, 吳亞輝. 農產品物流倉單質押盈利模式研究 [J]. 物流技術, 2012, 31 (7): 4-6, 34.

[81] 夏蘭, 徐雯, 宋婷婷. 保兌倉模式下供應鏈協調策略研究 [J]. 物流技術, 2013 (9): 360-386.

[82] 肖肖, 駱建文. 面向資金約束製造商的雙渠道供應鏈融資策略 [J]. 系統管理學報, 2016, 25 (1): 121-128, 138.

[83] 徐賢浩, 鄧晨, 彭紅霞. 基於供應鏈金融的隨機需求條件下的訂貨策略 [J]. 中國管理科學, 2011, 19 (2): 63-70.

[84] 徐欣彥. 應收帳款融資的典型形式及其風險防範 [J]. 浙江金融, 2009 (8): 26-27.

[85] 許彥妮. 應收帳款模式銀行檢查率的研究 [J]. 江蘇論壇, 2011 (9): 155-157.

[86] 鄢章華, 滕春賢. 供應鏈管理發展研究——基於市場角度 [J]. 科技與管理, 2011 (2): 1-3.

[87] 顏明, 王軍, 張繼霞, 等. 基於 VaR 的保兌倉部分承諾回購模式研究 [J]. 2013 (5): 91-94.

[88] 晏妮娜, 孫寶文. 考慮信用額度的倉單質押融資模式下供應鏈金融最優策略 [J]. 系統工程理論與實踐, 2011, 31 (9): 1674-1679.

[89] 楊滿順. 供應鏈融資的風險特徵及其防範 [J]. 中國集體經濟, 2011 (2): 139-140.

[90] 楊紹輝. 從商業銀行的業務模式看供應鏈融資服務 [J]. 物流技術, 2005 (10): 179-182.

[91] 尹立, 易欣星. 中國國際保理中保理商的風險與防範對策研究 [J]. 東岳論叢, 2009 (5): 144-151.

[92] 於輝, 馬雲麟. 訂單轉保理融資模式的供應鏈金融模型 [J]. 系統工程理論與實踐, 2015 (7): 1733-1743.

[93] 於洋, 馮耕中. 物資銀行業務運作模式及風險控制研究 [J]. 管理評論, 2003 (9): 45-49.

[94] 餘大勇, 駱建文. 資金約束下的逆向拍賣 [J]. 系統管理學報, 2012, 21 (2): 206-211.

[95] 袁東, 陶宇博, 姜帆, 等. 國際保理業務定價的博弈分析與建議 [J]. 技術與市場, 2011 (4): 92.

[96] 袁開福, 高陽. 中國第三方物流企業倉單質押的盈利機理及增值業務分析 [J]. 生產力研究, 2007, 161 (24): 124-126.

[97] 袁明. 淺析國際貿易中保理商的風險防範與救濟 [J]. 中國商貿, 2014 (23): 23-36.

[98] 雲虹, 胡明珠. 供應鏈中的關係治理模式比較研究 [J]. 物流技術, 2004 (11): 59-61.

[99] 占濟舟, 張福利, 趙佳寶. 供應鏈應收帳款融資和商業信用聯合決策研究 [J]. 系統工程學報, 2014, 29 (3): 384-393.

[100] 占濟舟, 周獻中, 公彥德. 生產資金約束供應鏈的最優融資和生產決策 [J]. 系統工程學報, 2015, 30 (2): 190-200.

[101] 張成勇. 保理業務在中小企業融資運用中的困境 [J]. 華東經濟管理, 2003 (A1): 79-81.

[102] 張紅梅, 楊敏, 桑海燕. 商業銀行開展國際保理業務的風險及其防範 [J]. 經濟導刊, 2010 (6): 14-15.

[103] 張明, 韓瑞珠. 商業銀行對中小企業物流融資模式的收益模型分析 [J]. 物流技術, 2010 (11): 96-98.

[104] 張濤, 吳生秀. 供應鏈融資中各方的機遇與風險 [J]. 山西財經大學學報, 2010 (1): 113-115.

[105] 張小娟, 王勇. 零售商倉單質押融資二次訂購模式下決策與協調 [J]. 系統工程學報, 2015, 30 (5): 671-681.

[106] 張義剛, 唐小我. 供應鏈融資中的製造商最優策略 [J]. 系統工程理論與實踐, 2013, 33 (6): 1434-1440.

[107] 張志輝. 供應鏈金融融資模式與風險研究 [J]. 知識經濟, 2016 (1): 39-40.

[108] 章玲. 中小企業供應鏈金融的優勢及風險評估研究 [J]. 湖北經濟學院學報, 2014 (2): 35-36.

[109] 鄭春賢, 宗科濤. 國際保理業務的法律風險分析 [J]. 寧夏師範學院學報, 2008 (2): 86-90, 95.

[110] 鄭霞忠, 陶青, 何嘉璇. 供應鏈融資風險分析模型研究與應用 [J]. 中國市場, 2012 (49): 30-32.

[111] 鄭忠良, 包興, 郝雲宏. 供應鏈金融保兌倉融資模式的擔保物質押率研究 [J]. 現代管理科學, 2012 (10): 36-39.

[112] 鐘遠光, 周永務, 李柏勳, 等. 供應鏈融資模式下零售商的訂貨與定價研究 [J]. 管理科學學報, 2011, 14 (6): 57-67.

[113] 朱懷意, 朱道立, 胡峰. 基於不確定性的供應鏈風險因素分析 [J]. 軟科學, 2006 (3): 37-41.

[114] ALAN YASIN, GAUR VISHAL. Operational investment and capital structure under asset-based lending [J]. Manufacturing & Service Operations Management, 2018, 20 (4): 601-616.

[115] ALLEN N BERGERA, GREGORY F. Udellc. A more complete conceptual framework for SME finance [J]. Journal of Banking and Finance, 2006.

[116] ALMEHDAWE EMAN, MANTIN BENNY. Vendor managed inventory with a capacitated manufacturer and multiple retailers: Retailer versus manufacturer leadership [J]. International Journal of Production Economics, 2010, 128 (1): 292-302.

[117] BARBARA SUMMERS, NICHOLAS WILSON. Trade credit management and the decision to use factoring: an empirical study [J]. Journal of Business Finance and Accounting, 2000, 27 (1): 37-68.

[118] BARDIA KAMRAD, AKHTAR SIDDIQUE. Supply contracts, profit sharing, switching, and reaction options [J]. Management Science, 2004 (1): 64-82.

[119] BEN J SOPRANZETTI. The economics of factoring accounts receivable [J]. Journal of Economics and Business, 1998, 50 (4): 339-359.

[120] BERGER N A. A more complete conceptual framework for SME finance [J]. Journal of Banking and Finance, 2006 (11): 2945-2966.

[121] BERGER S C, GLEISNER F. Emergence of financial intermediaries in electronic markets: the case of online P2P lending [J]. Business Research, 2009, 2 (1): 39-65.

[122] BERNABUCCI, ROBERT J. Supply Chain gains from integration [J]. Financial Executive, 2008, 24 (3): 46-91.

[123] BUZACOTT J A, ZHANG R Q. Inventory management with asset-based financing [J]. Management Science, 2004, 50 (9): 1274-1292.

[124] CALDENTEY R, CHEN X. The Role of nancial services in procurement contracts, The handbook of integrated risk management in global supply chains [M]. Hoboken: John Wiley & Sons, 2011.

[125] CALDENTEY, RENE, XIANG-FENG C. The role of financial services in procurement contract. Working paper, INFORMS, and Stern School of Business in New York University [W]. Submitted to MSOM, 2007.

[126] CHAMI RALPH, SHARMA SUNIL, FULLENKAMP CONNEL. A framework for financial market development [W]. IMF Working Papers, 2002.

[127] CHEN D, HAN C. A Comparative study of online P2P lending in the USA and China [J]. Journal of Internet Banking and Commerce, 2012, 17 (2): 1-15.

[128] CHEN D, LAI F, LIN Z. A trust model for online peer-to-peer lending: a lender's perspective [J]. Information Technology and Management, 2014, 15 (4): 239-254.

[129] CHEN X, WANG A. Trade credit contract with limited liability in the supply chain with budget constraints [J]. Annals of Operations Research, 2012 (196): 153-165.

[130] COHEN M A, H L LEE. Strategic analysis of integrated production-distribution systems: Modeling and methods [J]. Operation Research, 1988 (2): 216-228.

[131] CUNAT V. Trade credit: Suppliers as debt collectors and insurance providers [J]. Rev. Financial Stud., 2007, 20 (2): 491-527.

[132] DADA M, HU Q. Financing newsvendor inventory [J]. Operations Research Letters, 2008, 36 (5): 569-573.

[133] DAVID BESANKO, ANJAN V. Thakor. Collateral and rationing: sorting equilibria in monopolistic and competitive credit markets [J]. International Economic Review, 1987, 28 (3): 671-689.

[134] EMEKTER R, TU Y, JIRASAKULDECH B, et al. Evaluating credit risk and loan performance in online Peer-to-Peer (P2P) lending [J]. Applied Economics, 2015, 47 (1): 54-70.

[135] GAVIRNENI S, R KAPUSCINSKI, S TAYUR. Value of information in capacitated supply chain [J]. Management Science, 1999 (1): 16-24.

[136] GIANLUIGI V. The research on modes and application of inventory financing [J]. Advances in Intelligent and Soft Computing, 2012 (137): 35-42.

[137] GONZALO GUILLÉNA, MARIANA BADELLA, LUIS PUIGJANER. A holistic framework for short-term supply chain management integrating production and corporate financial planning [J]. International Journal of Production Economics, 2007 (106): 288-306.

[138] GUILLEN G, BADELL M, PUIGJANER L. A holistic framework for short-term supply chain management integrating production and corporate financial planning [J]. Production Economics, 2007 (106): 288-306.

[139] GUO Y, ZHOU W, LUO C, et al. Instance-based credit risk assessment for investment decisions in P2P lending [J]. European Journal of Operational Research, 2016, 249 (2): 417-426.

[140] GUOMING LAI, LAURENS G. DEBO, KATIA SYCARA. Sharing inventory risk in supply chain: The implication of financial constraint [J]. Omega, 2008, 37 (4): 811-825.

[141] HANS-CHRISTIAN PFOHL, MORITZ GOMM. Supply chain finance: optimizing financial flows in supply chains [J]. Logistics Research, 2009, 1 (3): 149-161.

[142] HERTZELA G M, LI Z, OFFICER M S. Inter-firm linkages and the wealth effects of financial distress along the supply chain [J]. Journal of Financial Economics, 2008 (87): 374-387.

[143] HERZENSTEIN M, DHOLAKIA U M, ANDREWS R L. Strategic herding behavior in peer-to-peer loan auctions [J]. Journal of Interactive Marketing, 2011, 25 (1): 27-36.

[144] JING B, CHEN X, CAI G. Equilibrium nancing in a distribution channel with capital constraint [J]. Production and Operations Management, 2012 (21): 1090-1101.

[145] JOAO F GOMES, AMIR YARON, LU ZHANG. Asset prices and business cycles with costly external finance [J]. Review of Economic Dynamics, 2003, 6 (4): 767-788.

[146] JOBST A. Asset security station as a risk management and funding tool [J]. Managerial Finance, 2006, 32 (9): 731-760.

[147] JOCHEN FRANKE, DONOVAN PFAFF, RALF ELBERT, et al. Die financial chain in supply chain management [M]. Heidelberg: Wirtschaftsinformatik, 2005.

[148] JOHN A BUZACOTT, RACHEL Q ZHANG. Inventory management with asset-based financing [J]. Management Science, 2004, 50 (9): 1274-1292.

[149] KASPER VAN DER VLIET, MATTHEW J REINDORP, JAN C FRANSOO. The price of reverse factoring: Financing rates vs. payment delays [J]. European Journal of Operational Research, 2015, 242 (3): 842-853.

[150] KHALED SOUFANI. On the determinants of factoring as a financing choice: evidence from the UK [J]. Journal of Economics and Business, 2002, 54 (2): 239-252.

[151] KOUVELIS P, ZHAO W. Financing the newsvendor: supplier vs. bank, and the structure of optimal trade credit contracts [J]. Operations Research, 2012, 60 (3): 566-580.

[152] LEE C H, RHEE B D. Coordination contracts in the presence of positive inventory financing costs [J]. International Journal of Production Economics, 2010, 124 (2): 331-339.

[153] LEE E, LEE B. Herding behavior in online P2P lending: an empirical investigation

[J]. Electronic Commerce Research and Applications, 2012, 11 (5): 495-503.

[154] LEE H L, BILLINGTON C. Supply chain management: pitfalls and opportunities [J]. Sloan Management Review, 1992 (3): 65-73.

[155] LEE H L, C S TANG. Modeling the costs and benefits of delayed product differentiation [J]. Management Science, 1997 (1): 40-53.

[156] LEE H L, S WHANG. Decentralized multi-echelon inventory control systems: Incentives and information [J]. Management Science, 1992 (5): 633-640.

[157] LEORA KLAPPER, GREGORY F UDELL. Corporate governance and bank performance: A joint analysis of the static, selection, and dynamic effects of domestic, foreign, and state ownership [J]. Journal of Banking and Finance, 2005, 29 (8): 2179-2221.

[158] LEORA KLAPPER. The role of factoring for financing small and medium enterprises [J]. Journal of Banking and Finance, 2006, 30 (11): 3111-3130.

[159] LIU D, BRASS D, LU Y, et al. Friendships in online peer-to-peer lend-ing: pipes, prisms, and relational herding [J]. MIS Quarterly, 2015, 39 (3): 729-742.

[160] MAQBOOL DADA, QIAOHAI HU. Financing newsvendor inventory [J]. Operations Research Letters, 2008, 36 (5): 569-573.

[161] MIKE BURKART, TORE ELLINGSEN. In-kind finance: a theory of trade credit [J]. The American Economic Review, 2004 (3): 569-590.

[162] MURFIN J, NJOROGE K. The implicit costs of trade credit borrowing by large firms [J]. Rev. Financial Stud. 2015, 28 (1): 112-145.

[163] N R SRINIVASA RAGHAVAN, VINIT KUMAR MISHRA. Short-term financing in a cash-constrained supply chain [J]. International Journal of Production Economics, 2011, 134 (2): 407-412.

[164] PANOS KOUVELIS, WENHUI ZHAO. The newsvendor problem and price-only contract when bankruptcy costs exist [J]. Production and Operations Management, 2011, 20 (6): 921-936.

[165] RALF W SEIFER, DANIEL SEIFERT. Financing the chain [J]. International Commerce Review, 2011, 268 (15): 1-22.

[166] RUI H, LAI G. Sourcing with deferred payment and inspection under supplier product adulteration risk [J]. Production & Operations Management, 2015, 24 (6): 934-946.

[167] SMITH, JANET KIHOLM. Trade credit and informational asymmetry [J]. The journal of finance, 1987 (62): 863-871.

[168] SRINIVASA RAGHAVAN N R, MISHRA V K. Short-term financing in a cash-constrained supply chain [J]. International Journal of Production Economics, 2011, 134 (2): 407-412.

[169] TAMARA MILENKOVIC-KERKOVIC, KSENIJA DENCIC-MIHAJLOV. Factoring in the changing environment: Legal and financial aspects [J]. Procedia -Social and Behavioral Sciences, 2012 (44): 428-435.

[170] TANRISEVER F, REINDORP M. Value of reverse factoring in multistage supply chains [R]. New York: Social Science Research Network, 2011.

[171] TOWERGROUP. While supply chain finance is a powerful concept for wholesale banking, it is also widely misunderstood [EB/OL]. http://www.jrj.com.

[172] TUNCA T I, ZHU W. Buyer intermediation in supplier finance [J]. Management Science, 2017, 64 (12): 5461-5959.

[173] WU A, HUANG B, CHIANG M H. Support SME suppliers through buyer-backed purchase order financing [J]. Social Science Electronic Publishing, 2014.

[174] XIANGFENG CHEN, ANYU WANG. Trade credit contract with limited liability in the supply chain with budget constraints [J]. Annals of Operations Research, 2012, 196 (1): 153-165.

[175] XU X, BIRGE J R. Joint production and financing decisions: modelling and analysis [W]. The University of Chicago Graduate School of Business, 2004.

[176] XU X, BIRGE R. Joint production and financing decisions: modeling and analysis [R]. Chicago: Graduate School of Business, University of Chicago, 2004.

[177] YAN N, DAI H, SUN B. Optimal bi-level Stackelberg strategies for sup-ply chain financing with both capital-constrained buyers and sellers [J]. Applied Stochastic Models in Business and Industry, 2014, 30 (6): 783-796.

[178] YAN N, SUN B, ZHANG H, et al. A partial credit guarantee contract in a capital-constrained supply chain: financing equilibrium and coordinating strategy [J]. International Journal of Production Economics, 2016 (173): 122-133.

[179] YAN N, SUN B. Comparative analysis of supply chain financing strategies between different financing modes [J]. Journal of Industrial and Management Optimization, 2015, 11 (4): 1073-1087.

[180] YAN N, SUN B. Coordinating loan strategies for supply chain financing with limited credit [J]. OR Spectrum, 2013, 35 (4): 1039-1058.

[181] YANG WANG, YUNLU MA, YUHE ZHAN. Study on supplier-led supply chain finance [J]. Research Journal of Applied Sciences, Engineering and Technology, 2012 (18): 3375-3380.

國家圖書館出版品預行編目（CIP）資料

基於不同放貸主體的供應鏈金融風險控制研究 / 蘇應生 編著. -- 第一版.
-- 臺北市：財經錢線文化, 2020.06
　　面；　公分
POD版

ISBN 978-957-680-451-9(平裝)

1.融資 2.金融 3.風險管理 4.供應鏈管理

562.33　　　　　　　　　　　　　　　109007588

書　　名：基於不同放貸主體的供應鏈金融風險控制研究
作　　者：蘇應生 編著
發 行 人：黃振庭
出 版 者：財經錢線文化事業有限公司
發 行 者：財經錢線文化事業有限公司
E - m a i l：sonbookservice@gmail.com
粉 絲 頁：　　　　　　網　址：
地　　址：台北市中正區重慶南路一段六十一號八樓 815 室
8F.-815, No.61, Sec. 1, Chongqing S. Rd., Zhongzheng
Dist., Taipei City 100, Taiwan (R.O.C.)
電　　話：(02)2370-3310　傳　真：(02) 2388-1990
總 經 銷：紅螞蟻圖書有限公司
地　　址: 台北市內湖區舊宗路二段 121 巷 19 號
電　　話:02-2795-3656 傳真 :02-2795-4100　網址：
印　　刷：京峯彩色印刷有限公司（京峰數位）
　　本書版權為西南財經大學出版社所有授權崧博出版事業股份有限公司獨家發行電子書及繁體書繁體字版。若有其他相關權利及授權需求請與本公司聯繫。

定　　價：420元
發行日期：2020 年 06 月第一版
◎ 本書以 POD 印製發行